장재의 도덕교육 사상

2011년도
대한민국학술원 선정
우수학술도서

이 도서는 대한민국학술원에서 선정한
"2011년도 우수학술도서"로서 교육과학기술부의
지원으로 구입 배부한 것임.

이경신서
012

장재의 도덕교육 사상

이 종흔 지음

도서출판 이경

서 문

장재에 관심을 가지게 된 것은 대학원 1학년 宋明儒學史 과목을 수강했을 때부터로 기억된다. 왠지 장재의 氣 철학이란 용어에 관심이 쏠렸다. 당시 주자 성리학에 몰두해 있었던 시기라 장재의 사상체계는 신선하게 다가왔다. 그후 학기말 과제로 장재 사상에 관한 레포트를 제출하였고, 그것이 직접적 단초가 되어 '장재의 인간해석에 관한 연구'와 '장재 인륜사상 연구'라는 논문으로 대학원의 석·박사 과정을 졸업했다. 이 책은 필자의 석·박사논문과 그 이후 관련 연구결과를 토대로 하여 만들어졌다. 이 책을 출판하게 된 동기는 크게 두 가지 이다. 우선은 장재 사상의 본질과 학문사적 위상을 제대로 검토해 보고 싶었으며, 다음으로는 장재 사상의 실체적 본질이 현대 도덕교육의 방향모색에 줄 수 있는 시사점은 무엇일까 하는 점을 고찰해 보고 싶었다.

먼저, 일반적으로 宋朝 六賢의 한 사람인 橫渠 장재는 氣철학자로 잘 알려져 있다. 그의 사상은 외재적 특질로 인해 많은 학자들의 연구 대상이 되었으며, 자연히 그의 사상에 대한 연구는 '太虛卽氣'의 우주본체론 중심으로 이루어 질 수밖에 없었다. 예컨대 氣哲學, 易哲學, 心性論, 天人一物論 등을 위주로 진행되었다. 그 결과 이런 부분에 대한 연구성과들이 많이 나올 수 있었으며, 그것은 장재 사상의 전모를 파악하고 이해하는데 유익한 참고자료로 활용될 수 있었다. 하지만 필자는 장재의 원전과 성과물을 읽으면서 학계의 우주본체론 편중의 연구가 그의 사상의 전모를 반영한 것은 아니라는 생각을 하게 되었다. 그에 따라 자연적으로 과연 장재 사상의 궁극적 지향점은 무엇일까? 장재 사상의 최종적 안착처는 어디일까? 그의 사상은 종국적으로 우주론 본체론에 관한 해명으로 끝나는 것일까? 하는 등의 궁금증을 갖게 되었다. 그 의문의 구체적 단초는 德性之知와 見聞之知의 인식론, 天地之性과 氣質之性의 인성론, 天理와 人欲의 욕망론, 民胞物與의 공동적 삶의 이론, 宗法과 禮論 등 '太虛卽氣'의 우주 본체론 이외의 다른 부문 역시 장재 사상에서 매우 중요한 위치를 점하고 있으며, '太虛卽氣'의 우주 본체론에 의해 가려지거나 간과될 성질의 것이 아니라는 판단에 의해서 촉발되었다. 무엇보다 '太虛卽氣'의 우주 본체론에 편향된 기존의 연구성과들의 제한적 이해가 극복되어야만 한다고 생각했다. 이 문제가 해결되지 않고서는 장재 사상이 주희 중심의 성리학적 전통과 어떤 차이점을 가지고 있으며, 후대 성리학의 형성에 어떤 이론적 토대를 제공했는가 하는 점, 즉 신유학사의 큰 흐름 속에서 차지하는 그의 학문적 위치에 대한 정당한 자리매김이 온당하게 진행될 수 없을 것이다. 이 과제만 해소될 수 있다면, 장재 사상의 실체에 제대로 접근할 수 있으며, 또한 그것에 맞는 합당한 평가도 내려질 수 있을 것으로 생각된다.

또 한 가지 동기가 있다. 그것은 장재의 도덕·윤리사상이라 할 수 있는 인륜사상이 가질 수 있는 현대 도덕교육론적 함의를 살펴보는 것이다. 서구사회의 가치 덕목을 무비판적으로 수입해서 무조건 가르치기 이전에 전통도덕과 시민윤리 가운데 어디에 비중을 더 두고 교육시키는 것이 현실 적실성과 효과 면에서 바람직한 가를 생각해 볼 필요가 있다. 과거의 도덕 윤리관이 문헌학적으로는 현실과 단절될 수는 있어도 현실적 인간들의 가치판단이나 도덕적 실천과 관련해서는 절연이란 거의 불가능하다. 어떤 경로를 통해서이든 간에 일정 부분 실제적 영향을 미치고 있음은 부인할 수 없는 사실이다. 도덕이나 윤리의 가치론적 속성이 본질적으로 이와 같다면 우리 사회의 대표적 내재가치라 할 수 있는 유학적 인륜관의 영향력을 현실적으로 인정할 수밖에 없다. 그렇다면 유학적 인륜가치를 무조건 부정적으로 보고 폐기시키려 하기보다는 오히려 현대적 해석에 심혈을 기울여 효용성을 제고시키는 것이 우리 사회의 도덕지수를 향상시키는데 훨씬 유익할 것이다. 예를 들면 우리가 그렇게 신봉하는 서구 근대의 시민윤리에서 유학의 仁義禮智에 필적할 만한 지혜롭고 포괄적인 덕을 찾아보기란 쉽지 않다. 서양적 가치를 도입하는데 학문적 에너지를 쏟기에 앞서 우리 사회에 이미 토착화된 유학적 인륜가치의 현대적 존재가치를 부각시키기 위한 해석학적 작업이 선행되어야 할 것이다.

우리 사회의 도덕 윤리적 환경에서 유학적 인륜관의 존재론적 위치가 이렇다고 볼 때 신유학 인륜사상 형성의 역사에서 여러 가지 이론적 맹아와 단초를 제공한 장재의 인륜사상을 현대 서양 도덕교육론에 비춰 조명해보는 일과 우리의 도덕교육에의 포괄적 적용 가능성을 고찰해보는 것은 주체적 도덕교육론의 정립에 유익한 작업으로 여겨진다. 이러한 목적을 성취하기 위해서는 장재의 유가적 인륜사상의 체계를 도덕교육철학, 도덕교육심리학, 도덕교육방법론의 측면 등 현대 도덕교육론의 광범위한 이론적 요구를 만족시킬 수 있도록 다양한 각도에서 해석학적으로 접근할 필요가 있을 것으로 생각된다. 마치 요즘 우리 도덕교육계가 주목하고 있는 인격교육론이 미국 사회 자체의 절실한 필요성에 의해 정립된 것처럼 우리도 우리의 독자적 도덕교육론을 정립하고, 거기에 어울리는 도덕교육과정을 편성하여 국적 있는 도덕교육을 실시해야 할 것으로 보인다. 이 한 권의 책이 그러한 작업의 작은 기초가 되었으면 하는 바램을 가져본다.

차 ●●● 례

제1장

서　론

1. 연구목적 및 문제의식

宋代 新儒學의 중심인 性理學은 크게 두 방향으로 전개되었다. 하나는 程頤(자는 正叔, 호는 伊川, 1033~1107)의 理 중심의 전개이고, 다른 하나는 張載(자는 子厚 호는 橫渠, 1020~1077)의 氣 중심의 전개이다. 물론 이러한 신유학적 구도를 창안한 선구적 인물은 周敦頤(자는 茂叔, 호는 濂溪, 1017~1073)이다. 이 주돈이는 漢代 이래의 전통대로 氣를 중심 개념으로 삼아 우주론을 전개하며, 현상 속의 氣로부터 그 氣의 원초적 모습을 분리해 내어, 이것을 인간의 도덕적 본성의 내원으로 삼음과 동시에 또한 사회공동체의 질서로 확대

시키는 입장이었다.[1] 그런데 程頤는 理氣論과 性卽理의 논리에 의거 理와 氣 사이에 선후의 순서를 두고, 도덕성의 내원을 理로 보는 二元論的 경향의 始端을 열었으며, 뒤이어 송대 성리학의 집대성자인 朱熹(자는 元晦, 호는 晦庵, 1130~1200)는 氣의 존재 원리로서 理를 추론하고 도덕성을 바로 이 理에 귀속시키는 理先氣後의 사상체계를 정립하였다.

宋朝 六賢의 한 사람인 張載에 대한 사상적 연구는 주로 氣哲學, 易哲學, 心性論, 天人合一論, 道德哲學 등 철학체계의 설명과 해석을 중심으로 이루어져 왔다.[2] 즉 그의 論著를 주로 철학사상의 입장에서 파악하는 태도를 보이고 있는 것이다. 그 결과 지금까지의 연구성과들은 인간의 도덕적 본성의 내원이 무엇이며, 그의 본체론과는 어떠한 연결 구도 속에 놓여 있는가 하는 점들에 대한 연구성과를 낼 수 있었다.

그러나 그를 대상으로 한 인륜 사상적 측면의 체계적 연구는 미진한 상황이다. 하지만 이것은 매우 중요하다고 본다. 왜냐하면 장재 사상의 궁극적 지향점은 오히려 본체와 현상의 연계구도에 의거한 도덕성의 해명을 통해 사회적 인륜의

---

1) 이 점에 대하여 武內義雄은 주돈이가 우주현상과 인간도덕을 하나의 生成調和라고 하는 원리로 일관시키고 있다고 주장한다. 『中國思想史』(李東熙 譯), (驪江出版社, 1987), 190쪽.

2) 장윤수의 「張載 氣哲學의 이론적 구조」(경북대학교 박사논문, 1993), 「張載哲學에서의 性論」, (『철학연구』, 58輯),이상선의 「橫渠의 '太虛卽氣'와 宇宙本體論」(『孔子學』, 창간호, 1995), 정해왕의 「張載의 氣哲學」(부산대, 『인문논총』, 제38집, 1991), 김양용의 「橫渠의 易哲學 硏究」(제7회 한국철학자 연합학술대회보, 1994), 김양용의 「張載의 道德哲學」(제6회 한국철학자연합대회보, 1993), 김길환의 「張橫渠의 形而上學과 天人合一思想」(『史叢』 17·8合輯, 고려대 사학회, 1973), 고재욱의 「張橫渠 正蒙의 形而上學的 도덕철학」(『철학연구』 제10집, 고려대 철학회, 1985), 박경환의 「張載의 氣論的 天人合一思想 硏究」(고려대학교 박사논문, 1997)

문제를 해결하려 한 데 있었다고 보이기 때문이다. 그의 사상은 존재의 문제로부터 앎과 인성의 문제, 선악과 수양의 문제를 거쳐 종국에는 공동체에서의 도덕성의 실천에 이르는 인륜성 지향의 포괄적 사상체계로 구성되어 있는 것이다. 따라서 장재에 대한 인륜 사상적 조명은 그의 사상전개의 실상을 이해하는데 기여할 수 있을 뿐만 아니라 그 학술사적 의의를 제고시키며, 나아가 현대 윤리의 차원에서도 기여할만한 요인을 찾을 수 있다는 점에서 그 의의를 말할 수 있다.

인간으로서 인간다움을 추구하고 사회적 공동체의 삶을 영위함에 있어서는 언제나 '人倫'의 문제가 중시된다. 특히 유가에 있어서는 이 人倫性 확보를 가장 큰 과제로 여기고 있었으니, 『孟子』의 이른바 "학문하는 것은 夏·殷·周 三代가 공통적이었던 바 모두 人倫을 밝히기 위함이었다", "舜임금은 사물에 밝고 인륜을 잘 알았다."[3]라는 말로 상징된다. 또한 그 내용면에 있어서 인륜도덕을 기본 중심으로 추구하고 있음은 『大學』의 三綱領 즉 '明明德, 親民, 止於至善'의 논리구조로서도 실증되는 바이다. 따라서 聖人의 能力과 教化의 중심부분에도 이 人倫의 문제가 자리하고 있었던 것이다.[4]

중국 고대에서 이러한 人倫意識은 祭禮와 禮制의 시행으로 구체화되었다. 殷에서 祭禮가 중시되었다면 周에서는 禮制에 중심이 두어졌다. 그런데 양자 사이에는 중요한 차이점이 있다. 이 점과 관련하여 宇野精一은 殷의 祭禮는 종교적 성격을 띠고 있음에 반하여 周의 禮制는 인륜질서의 전형의 성격을

3) "學則三代共之, 皆以明人倫也." (『孟子』「滕文公上」) "舜 明於庶物 察於人倫." (『孟子』「離婁下」)

4) "孟子曰 規矩 方圓之至也 聖人 人倫之至也." 朱子 註 ; "倫 序也." (위와 같음)

지닌다고 밝힌다.[5] 즉 周代에 들어서는 神 중심적 사고에서 벗어나 인간 중시의 인문주의적 의식성향이 강해짐에 따라 祭禮보다는 인간 공동체의 질서를 도모하기 위한 禮制에로 비중이 옮겨 간 것으로 보는 것이다. 공자가 "周는 이전의 두 왕조[夏·殷]를 거울삼았으니, 그 문화가 찬란하도다. 나는 周를 따르리라"[6]고 이른 때의 공자가 따르고자 했던 周의 실상은 禮制文化에 있는 것으로서 그것의 복원을 통해 인문적 인륜질서를 회복시키고자 했던 것으로 보이기 때문이다.

그러면 구체적으로 그 '人倫'이란 무엇을 의미하는 것일까. 우선, '人倫'의 字意를 『說文解字』에 의거하여 破字해 보면, '倫字'는 '人+侖'으로서 도리, 사려 또는 조리를 뜻하는 '侖'에 '亻'변이 붙은 것으로 '인간사의 조리'를 의미한다. 더 세분하면 '倫'은 亻변에 '亼'字와 '冊'字가 모여 합해진 文字로서 '亼'字는 세획이 서로 상호의존의 관계를 맺고 있음을 보여준다. 상호의존은 단순한 관계만을 뜻하는 것은 아니며, 반드시 도리, 조리, 질서, 협력의 전제를 필요로 한다. 그렇지 않고는 온전한 관계자체가 성립될 수 없다. 따라서 '倫'의 전체적 의미는 도리, 조리, 질서, 협력과 이것을 토대로 이루어지는 협력성과 협조성 그리고 의존성, 상관성이다. '倫'字가 지닌 이런 字意를 인간에게 적용시킨 것이 바로 '人倫'이라 할 수 있다. 즉 '人倫'이란 좁게는 인간과 인간 사이의 관계성, 즉 인간공동체 속에서 인간이 마땅히 행해야 할 도리와 차례를 뜻하며, 넓게는 그러한 도리에 근거한 상호간의 관련, 의존, 협조를 통해 善的인 공동체의 삶을 영위해

---

5) 宇野精一(김진욱 譯), 『중국의 사상』, (열음사, 1986), 16쪽.

6) "子曰 周監於二代, 郁郁乎文哉, 吾從周." (『論語』「八佾」)

가는 화합적 모습을 총체적으로 일컫는 것이라 하겠다.

그리고 '人倫'이라는 용어의 辭典的 의미를 살펴보면, 『새국어대사전』(양주동 편, 신한출판사)에서는 "사람이 지녀야 할 떳떳한 도리, 자연적으로 정하여진 인륜의 질서관계"라 정의했으며, 『세계철학대사전』(허육 편, 성균서관)에서는 "단순한 개인적·주관적 도덕의식이 아니라 풍습·제도·법률·사회조직 등으로 객관화된 도덕을 의미하며, '인륜'을 독일어로 'Sittlichkeit'라 하는데 이 뜻은 공동사회를 지배하고 있는 관습 · 풍습이란 의미의 'Sitte'에서 유래한다."고 하였고, 『中國哲學辭典』(韋政通 편, 臺灣大林出版社)에서는 "사람이 사람다울 수 있는 常理이며 행위의 規範이 되는 것"이라 하였으며, 『유교대사전』(유교사전편찬위원회편, 박영사)에서는 "人倫이란 人間共同態임과 동시에 이것을 가능하게 하는 질서·도의·도리이다"라고 정리하였다. 이 같은 내용들은 모두 공통의 밀접한 연계성 속에 있는 것임을 알 수 있겠다.

즉 지금까지 살핀 辭典的 字意와 意味에 근거하여 '人倫'의 뜻을 종합해 보면, '人倫'이란 인간다움을 가능케 하는 이치와 도리의 차원에서부터 인간다움의 존재양식인 인간공동체의 사회적 현상에 이르기까지 제반 내용을 가리키며, 나아가 그것은 전통의 風習과 禮制 및 社會組織 등도 지칭하는 것으로 정리된다. 이러한 의미에 비추어 볼 때 유학에서 중시된 인간이란 '人倫 속의 인간', '人倫과 더불어 살아가는 인간'을 말하며, 또 그 도리란 인간이 이러한 人倫을 좇아 바람직한 삶을 영위하는 데 요구되는 원리라 볼 수 있다. 따라서 유학적 인간은 人倫의 범주를 벗어날 수 없으며, 인간 삶에 관계된 모든 관념과 행위는 人倫의 영역과 불가분의 관계에 놓여 있음과 동시에 공동체적인 삶의 범주에서 벗어날 수가 없게 된다. 요컨대 유학적 인간이 나아가야 할 궁극적 지향점은 '人倫에의 順應'뿐이라는 것이다.

宋代 신유학의 사상전개는 先秦儒學에 보이는 일상적 생활 중심의 논설과는 달리, 宇宙本體와의 유기적 관계를 통해 주체적 도덕성의 존재론적·당위론적 정당성을 확보한 다음 이 우주본체에 근원을 둔 주체적 도덕성을 공동체에서 실현되어야 할 사회적 인륜성으로 확대시켜 나아가는 입장이었다. 이렇게 함으로써 송대의 신유학자들은 도덕성과 인륜성의 근원에 대하여 우주론적 조망을 가질 수 있었고, 선악시비의 가치문제에 대해서 확신을 가질 수 있게 되었으며, 또한 이상적 인륜공동체의 실현에 필요한 도덕 형이상학적 근거를 마련할 수 있었다.

장재는 송대 신유학의 보편적 체계인 인성론과 본체론의 유기적 구도에 의거해 인륜·도덕의 재해석을 시도한 점에서는 程朱學과 동일선상에 있으나, 그 실질적 내용에 들어가 보면 완연히 다른 길을 택하고 있음을 알 수 있다. 장재는 氣 이외의 상위 개념을 따로 설정하지 않고 氣로서 존재와 당위를 총섭하는 氣 中心的 이론체계를 세운다. 이를 중심으로 그는 인간과 자연, 현상과 본체, 존재와 당위, 가치와 사실을 하나로 통합하였다. 도덕성과 인륜성을 다룸에 있어 정주학이 理에 중점을 두는 體系를 취했다면, 장재는 氣를 중심으로 삼는 별개의 體系를 정립하고 있었던 바, 그는 이 우주공간에 대하여 '太虛'라는 본체론적 용어를 처음으로 사용하면서 그것은 다름아닌 氣로 충만되어 있다는 '太虛卽氣'의 명제를 내세웠다.

그렇다면 장재는 인간의 주체적 도덕성과 사회적 인륜성의 본체론적 근원과 그 현상론적 구현의 문제를 탐론함에 있어 왜 氣를 중시할 수밖에 없었을까. 그것은 다음의 생각에서 비롯된 것으로 보인다. 즉 장재는 주체적 도덕성과 사회적 인륜성의 有機的 關係를 本體와 現象의 연계구도위에 정초시키고자 하는 문제의식을 담아내기에 적합한 우주본체론을 생각하게 되었으며, 그 결과로 案出된 것이 바로 '氣一元論'이라는 점이다. 이러한 점을 주목해 볼 때에 장재의 인륜사상 정립에의 문제의식은 다음의 몇 가지로 생각해 볼 수 있겠다.

첫째, 장재는 天道世界의 理致로 人道世界의 주체적 도덕성과 사회적 인륜질서를 포괄할 수는 없을까 하는 문제의식을 가지게 되었다는 점이다. 그리하여 그의 氣哲學의 궁극적 지향점은 우주 유기체의 정합적 理致를 사회공동체의 인륜질서로 구현시키고, 그 인륜질서를 인간의 내적인 당위성으로 환원시키고자 하는 데 두었다는 사실이다.

둘째, 장재에게는 자연세계의 이치와 인간세계의 인륜질서가 하나임을 체득하기 위하여 心性修養이 반드시 요구되었다는 점이다. 그에게 있어 사회적 공동체 차원의 인륜성과 개체적 차원의 주체적 도덕성은 서로 맞닿아 있는 것으로 파악되었다. 즉 자연세계의 조리와 절차로서의 理致를 인식하고 인간세계의 인륜질서를 체득해 가는 과정으로 心性修養이 필요하다고 본 것이다.

셋째, 장재는 우주본체의 이치가 구현된 인륜공동체의 성격을 어떻게 규정할 것인가 하는 과제의식을 가지고 있었다는 점이다. 이에 그는 天道의 본질을 人道의 도덕성으로 자각하고, 나아가 이 도덕성이 사회적 인륜성으로 확장된 공동체적 삶을 理想으로 여겼던 것이다.

따라서 본서의 연구목적은 장재의 이상과 같은 문제의식에 따른 그 사상전개의 실상을 파악하고자 하는 데에 있다. 즉

氣一元的 宇宙有機體로서의 본질이 어떻게 인간의 내면적 도덕성으로 자리하게 되며, 그리고 이러한 도덕성이 사회공동체의 인륜성으로 어떻게 실현되어 나아가는가 하는 점을 체계적으로 고찰해 보려는 것이다.

그러면 그 서술의 구도와 차서를 어떻게 설정하는 것이 바람직할 것인가. 여기에는 위에서 언급한 세 가지의 문제의식과 그의 사상체계가 유기적으로 작용하여야 된다고 본다. 그의 全思想 체계를 살펴 보면, 특히 인륜성 지향의 입장은 本體觀과 世界觀을 대전제로 하며, 인간 자체의 본질에 대한 해석으로 心性論과 善惡論이 제시되고, 이어서 앎과 실천의 문제로서 知行論이 논의되며, 동시에 인륜정신을 구현하기 위한 修養論이 중시되고, 종국적으로는 그러한 인륜정신이 구현되는 사회상에 연계되어 있음을 알 수 있다.

따라서 인륜사상의 기초로서는 그의 우주론을 주목하지 않을 수 없으며, 인륜사상의 전개 부분으로는 인간론과 수양론의 내용 확인이 요구되고, 이어서 그 실천궁행의 개인적, 사회적 양상에 대하여 논급하는 서술방식이 요구된다.

이러한 서술상의 차서를 기본으로 하면서 그 세부적 연구내용을 밝혀 보면 다음과 같다.

첫째, 장재의 신유학이 인륜사상으로 정립됨에 있어 왜 宇宙論과 人性論의 有機的 構圖에 의거할 수밖에 없었는가 하는 점이다. 장재에 있어서는 형이상학 자체를 수립하려는 의도에서 '太虛卽氣' '天人一物' '萬物一如'의 우주론이 수립된 것이 아니라 인간과 인간이 마땅히 지향해야 할 人倫 이해의 사전 토대로서 전개된 것이다. 따라서 그가 추구한 인륜사상의 기본으로서는 이 부분의 확인이 필수적인 것이다.

둘째, 그에 있어서 인간해석의 중심으로 性論과 心論 그리고 知論에 근거해 心性修養의 문제가 어떻게 풀려나가는가 하는 점이다. 이 부분은 인륜사상 전개의 원론의 성격을 갖는 것이다. 장재는 인간을 본질적으로 性善的 존재로 파악하면서도 후천적으로는 惡意的 측면을 간과할 수 없다고 보는 것이었다. 그는 현실의 인간 세계는 性善的 요소로만 이루어져 있는 것이 아니라 善行과 惡行이 혼재된 채로 영위되는 사실을 인정한다. 하지만 인간이란 본체로부터 품수받은 至善性을 본질로 지니고 있으면서, 단초로서의 본질을 상실하지 않고 부단히 정진하는 性善的·精神的 존재라고 보는 것이다. 바로 여기서 心性修養의 방법과 인식의 문제가 제기된다.

셋째, 장재에게 있어 개인의 心性修養을 통한 도덕성의 함양이 어떻게 사회적 공동체에서의 인륜성의 구현으로 일관되게 이어지는가 하는 부분이다. 그의 눈에 비친 북송의 현실은 사회적 모순이 첨예화되어 가고 있는 상황이었다. 사회적 모순의 해결은 개인의 인격완성과 그에 기반한 제도적 개혁 및 인륜성의 회복, 그리고 그것을 통한 새로운 인륜 공동체의 건설밖에 없다고 보았다. 이 부분은 개인과 사회의 모든 면을 포괄하기 때문에 장재 인륜정신의 중심이면서 동시에 그 현상적인 성격을 갖는다고 하겠다.

넷째, 장재의 인륜사상을 현대 도덕교육론의 관점에서 접근할 경우 어떻게 해석될 수 있는가를 고찰하고자 한다.

이러한 내용들은 본서의 본론 부분을 이루는 것으로서 다음과 같은 구도에서 밝혀진다. 즉 제1장의 서론에 이은 제2장에서는 장재 인륜사상 형성의 사회적 사상적 토대를 살펴볼 것이다. 제3에서는 장재사상의 기본이 되는 宇宙論을 인륜사상의 기초로 보고 우주와 세계에 관한 장재의 중심 논지에 따라서 '太虛卽氣論' '萬物一如觀' '神化의 世界' 등을 그 세부항목으로 설정하여 논술하고자 한다.

다음 제4장에서는 위의 우주론을 전제한 人間論 그 자체를 인륜사상의 전개 부분으로 보는 것이다. 인간 본성론과 관련하여 '天地之性과 氣質之性'[7] 및 선악의 문제를, 인지적 측면으로는 '見聞之知'와 '德性之知'의 양대 知論을, 그리고 心의 이론 측면으로는 '心統性情'의 논리를 소항목으로 설정하여 논하는 것이다.

다음 제5장에서는 이상의 우주론과 인간론을 전제하며 인륜사회 구현의 차원에서 요구되는 도덕적 修養論을 살피는 것이다. 여기서는 특히 앞의 인간론을 기본으로 하는 것이므로, 氣質 純化에 의한 天性의 涵養論, 窮理와 盡心을 통한 德性之知의 확충, 및 天理 보존을 위한 人欲의 문제 등을 그 세부 항목으로 설정하여 논한다.

다음 제6장에서는 개인과 사회에 있어서 인륜정신이 구현되는 총화적 실상을 주목하는 것이다. 여기 개인에게 요구되는 인격완성의 핵심으로는 장재가 강조한 '大心'의 이론을 확장하는 것이며, 사회적 측면으로는 그가 중시한 '民胞物與'[8]와 民本의 정치, 그리고 宗法과 禮制 중시의 입장을 각기의 항목으로 설정하여 살펴보았다. 이들은 시종 일관하여 人倫共同體의 社會相을 지향하는 데에 그 의의가 있는 것이었다.

---

7) '天地之性'이란 용어 그 자체는 『孝經』 「聖治章」에서 처음 보이지만, '氣質之性'이란 장재가 처음 사용하는 용어이다. 前者가 인간이 보편적으로 갖추고 있는 선천적인 선한 본성을 지칭하는 것임에 대하여, 後者는 사람마다 다를 수 있는 후천적 기질에 따른 특수한 성품으로서 惡意가 작용할 수도 있다고 본다.

8) 여기 '民胞物與'란 장재 「西銘」에서의 이른바 "民吾同胞 物吾與也(백성은 나와 포태를 같이하는 것이요 만물은 나와 함께 더불어 있는 것이다.)"라는 명제의 略語이다.

마지막으로 제7장에서는 장재의 인륜사상이 한국 현대 도덕교육론의 모색과 방향 정립에 줄 수 있는 시사점과 이론적 함의점을 고찰할 것이다.

이상과 같은 내용들을 심층적으로 파악하는 데에는 다음과 같은 연구방법을 취하고자 한다.

첫째, 장재가 살았던 11세기 당시의 역사적, 사상적 상황에로 돌아가 보는 하나의 회귀적 방법을 취하는 것이다. 장재 인륜사상의 구조와 그것을 구성하고 있는 용어들의 의미 그리고 그것들 상호 간의 유기적 관계를 정확히 파악하기 위해서는 시대적 사실성을 전제하지 않을 수 없다고 보기 때문이다. 장재의 인륜사상은 본체와 현상의 역동적 관계위에 구축되어 있는 최종적 귀결물인 바, 바로 이 점을 통하여 그의 사상적 실상을 보다 생생하게 파악할 수 있을 것으로 본다. 그 자신이 이상적으로 그렸던 국가·사회 공동체의 바람직한 모습과 그 공동체 구성원이 추구해야할 인륜도덕을 어떤 난해한 형이상학적 언어로 연관지어 표현하고 있는지 내밀하게 파악하기 위해서는 그러한 역사적 상황성을 간과할 수 없는 것이다.

둘째, 장재의 사상적 원론을 '一而二, 二而一'의 不離와 合一의 관점에서 보고자 한다. 장재는 정주학자들에 비해 보다 현실중심적·실천지향적 성격의 신유학을 추구하면서도 다른 한편으로는 그것의 정당성과 타당성을 본체로부터 철저히 보증받고자 한다. 그의 이러한 신유학적 사고는 「正蒙」의 유물론적 경향과 「西銘」의 관념론적 성향으로 대표되어 나타난다. 그러나 양자는 程朱學者들이나 중국 대륙의 唯物論者들이 주장하는 것처럼 그렇게 분리시켜 볼 수 있는 것들이 아니다. 장재의 현실지향성과 실천지향성은 「正蒙」에서 본체론적·형이상학적 토대를 닦으며 「西銘」에서 바람직한 현실 인륜 공동체의 모습을 보여주는 것으로 완결된다. 따라서 장재 사상은 그도 말했듯이 兩者 不離의 논리적 구도[9]에서 파악되지 않을 수가 없는 것이다. 정주학은 理와 氣를 형이상과 형이하의 중핵적 개념으로 상정하고 양자 사이에 서로 넘어설 수 없는 분명한 선을 그어 놓고 그 한계 내에서 자신들의 신유학 체계를 전개한다. 그러나 장재에게 있어 理와 氣의 개념은 정주학에서 처럼 그렇게 명확한 선을 그을 수 있는 것은 아니다. 본체와 현상은 밀접한 유기적 관계 속에서 서로 넘나드는 성격의 것으로 보는 입장이었기 때문이다.

그리고 문헌연구를 기본으로 하는 자료의 활용면에 있어서는 실증주의적 태도를 취하고자 한다. 왜냐하면 장재 인륜사상 연구라는 목적을 제대로 달성하기 위해서는 무엇보다도 그 실질적 내용을 분명히 확인해 가는 일이 긴요하다고 보기 때문이다. 장재는 일생 동안 많은 저술을 남겼다. 「西銘」, 「東銘」, 「橫渠易說」, 「經學理窟」, 「禮樂說」, 「論語說」, 「孟子說」, 「信聞記」, 「橫渠孟子解」, 「崇文集」, 「語錄」, 「祭禮」, 「文集」 등이 그것이다. 그러나 이 저술들은 대부분 송대 이후 유실되었고, 明 萬歷 연간에 沈自彰은 장재의 저술을 수집하여 『張子全書』를 간행하였으나, 겨우 「西銘」, 「東銘」, 「正蒙」, 「經學理窟」, 「橫渠易說」과 明代의 呂柟이 嘉靖 5년(1526)에 편집한 『張子抄釋』 중의 「語錄抄」, 「文集抄」만이 수록되어 있을 뿐이다. 1978년 中華書局에서 출간된 『張載集』은 오늘날까지 보존되어 온 장재의 모든 저술을 수록하였고, 아울러 각종 판본에 근거하여 校訂 補遺를 덧붙였다. 그리고 특히 『正蒙』에

9) "兩不立則一不可見, 一不可見則兩之用息." (「正蒙·太和」)

대해서는 많은 주석본이 전해오고 있다.10) 본 연구에서는 주로 그 핵심 자료인 『張載集』과 『張子全書』를, 후대 학자들의 注解로는 朱子의 「西銘注」,「正蒙注」, 王夫之의 『張子正蒙注』, 王植의 『正蒙初義』, 李光地의 『正蒙注』 등을 활용하기로 한다

2. 張載의 思想史的 位相과 연구동향

張載 思想을 구성하는 주요 개념들은 이후에 신유학사에서 전개된 이론적 논쟁과 전향적 발전의 핵심토대가 된다. 天地之性과 氣質之性의 개념은 人性論 전개의 기본 토대가 되며, 見聞之知와 德性之知의 개념은 認識論의 밑그림이 된다. 또한 心統性情論은 心·性·情 상호 관계에 관한 중핵이 되며, 氣一分殊論은 사상의 내적 체제에 관한 골격이 되고, 變化氣質論은 수양론의 근간이 된다. 송명시대의 주리론적 이학자들과 명말 청초 이래의 주기론자들은 모두 자신들의 사상적 근원을 張載思想에 두고 있으며, 심지어 육왕심학의 형성에도 이론적 기여를 하고있다. 이들 세 학파는 각기 자신들의 관점에서 張載의 氣철학을 계승하였다고 볼 수 있다. 명청 교체기의 기철학자들은 주로 張載 氣중심의 자연관에 주목하고 이를 계승하였으며, 송명시대의 정주리학은 張載 기철학의 인

10) 朱熹의 「西銘注」, 「正蒙注」, 王夫之의 『張子正蒙注』, 王植의 『正蒙初義』, 劉璣의 『正蒙會稿』, 高攀龍·徐必達의 『正蒙釋』, 李光地의 『正蒙注』 등이 그것이다. 侯外廬外(박완식譯), 『송명이학사 I 』, (이론과 실천, 1993), 111쪽.

간관에 주목하여 이를 발전시켰다. 왕양명의 심학은 張載의 태허론과 견문지와 덕성지의 인식론을 자신의 심학의 토대로 삼는다. 張載思想의 영향은 중국에만 그치는 것이 아니라 한국과 일본에까지 영향을 미치게된다. 서경덕으로부터 임성주에 이르는 주기론적 계열에 특히 영향을 많이 미쳤으며, 퇴계는 심통성정의 해까지 쓰게 된다.

張載思想이 후대의 유학사상의 전개에 어떻게 영향을 미치는 가는 크게 理 중심의 程朱學의 평가와 왕선산과 같은 氣 중심적 계열 학자군의 평가로 나눌 수 있다. 자신의 학문에 대해서 자부심이 대단했던 二程은 "맹자 이후 유학자 중에는 어느 누구도 그와 식견을 견줄만한 이가 없다"[11]고 평한다. 윤리·도덕 사상면에 관해서는 극구 칭송하면서도 우주본체론 방면에 관해서 찬동의 입장을 보이지 않는다. 그 점은 『西銘』은 극찬을 하면서도 『正蒙』에 대해서는 비판의 태도를 취하는 데서 잘 드러난다. 朱子 역시 二程과 비슷한 관점을 지니고 있으나 二程보다는 분별적으로 평가한다. 張載의 심통성론[12], 심성론,[13] 『西銘』[14] 등에 대해서 높이 평가한다. 『正蒙』 氣를 만물의 본체로 삼는 '太虛卽氣'의 관점에 대해서는 비판적이면서도 자연관(천관)대해서는 긍정적으로 평가한다.[15] 전체적으로 보아 이정과 주희는 張載의 사상사적 의의

11) "自孟子後 儒者都無他見識"(『張子全書』)

12) "橫渠云, 心統性情, 此說極好"(『朱子語類』 卷53)

13) "氣質之說, 起於張程, 極有功於聖門, 有補於後學, 前者未曾有人說到此"(『朱子語類』 卷4)

14) "『西銘』之書, 橫渠先生所以示人, 至爲深切"(『張子全書·西銘』 朱熹注)

15) "橫渠云 天在旋, 處其中者, 順之少逆, 則反右矣, 此說好"(『朱子語類』, 卷99).

를 높이 평가한다. 하지만 그들은 理중심의 체계를 지향했기 때문에 장재의 견해에 전적으로 찬동하지는 않으며 분별적 관점에서 받아들인다. 心性論과 認識論 그리고 心統性情論 등에 대해서는 긍정적 시각을 취하면서, '太虛卽氣'중심의 본체론에 대해서는 비판적이다.

氣論者인 王船山(名은 夫之, 字는 而農, 號는 薑齊 : 1619 - 1692)은 "張子의 학문은 위로는 공·맹의 뜻을 잇고, 아래로는 장차의 잘못을 구하였으니, 밝은 해가 하늘에 걸려 있어 어두운 곳을 밝히지 않음이 없는 것과 같다. 성인이 다시 나와도 그것을 바꿀 수 있는 자는 없을 것이다."[16]라고 칭송한다. 王船山이 張載를 이처럼 높이 평가하는 이유는 그가 송대의 신유학적 과제를 정연하게 잘 체계화했다고 여긴데에서 비롯한다. 즉, 張載가 本體의 영역과 現象의 영역을 유기적으로 종합해 논리적 무리가 없는 정합적 체계를 이루냈다고 평가한 것이다. "『正蒙』은 음양 고유의 존재성과 굴신의 필연성을 특별히 드러냄으로써 중도(中道)를 확립하였다. 그리하여 지극히 합당하고 모든 것이 순응하는 위대한 근본이 이를 따름으로써 성립하는 것이다. 그러므로 성(性)을 따르는 것을 도(道)라 하였다. 天의 바깥에 道는 없으며 기의 바깥에 신묘한 작용은 없고 신묘한 작용 바깥에 변화는 없다."[17] 특히 인륜의 문제와 관련하여 "天을 건립하고 地를 건립하였으며 人을 건립하였다. 근본에 돌아가면 현상화의 계기를 연구하였고

16) "張子之學, 上承孔孟之志, 下求來玆之失, 如皎日麗天, 無幽不燭, 聖人復起, 未有能易焉者也"(王先山, 『張子正蒙注·序論』)

17) "正蒙特揭陰陽之固有, 屈伸之必然, 以立中道. 而至當百順之大經, 皆率此以成, 故曰率性之謂道, 天之外無道, 氣之外無神, 神之外無化"(위와같음)

義에 정통하면서도 神을 보존함으로써 天·地·人 三才를 하나로 통일하였으며, 生을 바르게 하고 죽음을 편안케 하였으니 張子가 아니면 그 누가 지나간 성인의 가르침에로 돌아가겠는가"18)

張載철학은 心學에도 영향을 미치고 있다. 왕양명은 "양지의 허는 천의 태허와 같고 양지의 무는 태허의 무형과 같은 것이다"라고 말한다. 이 구절은 왕양명의 사상 속에 뿌리내리고 있는 태허론이 장재가 이룩한 태허사상을 수용함으로써 비로서 성립한 것임을 보여준다. 또한 "양지는 견문에 의해서 있는 것은 아니지만 견문은 양지의 작용이 아님이 없다. 이 구절은 장재의 견문지와 덕성지의 인식론을 자신의 양지론의 토대로 삼고 있음을 알 수 있다. 心學論者인 왕양명은 장재의 우주론인 '태허즉기'론과 견문·덕성의 知論을 심학 속에 수용하여 그의 치량지론과 결합시킨다. 그렇게 하여 장재가 이 세계의 일체 변화를 氣로서 설명하듯이 왕양명은 양지로서 설명한다.

하지만 후대학자들의 개별적인 평가보다도 張載哲學의 위상을 종합적이고 대표적으로 보여주는 것은 다음과 같은 사실이다. 張載 이후의 이학가 또는 역대 위정자들은 모두 그를 높이 받들었다. 程顥와 程頤 二程은 그를 맹자·한유에 비기고, 주희는 『伊洛淵源錄』에서 그를 주돈이·소강절·이정과 병렬시켰으며, 또한 『近思錄』 또한 장재 학설의 많은 부분을 수록하고 있으며, 宋의 理宗은 張載를 郿伯에 봉하여 공자의 사당에 배향하였다. 『宋史』「道學傳」에는 張載를 위하여 傳을

---

18) "立天, 立地, 立人, 反經硏幾, 精義存神, 以綱維三才, 貞生而安死, 則往聖之傳, 非張子其孰與歸" (『張子正蒙注 · 序論』)

두었고, 『宋元學案』에는 『橫渠學案』이 있을 정도로 그의 영향력이 있었다는 점이다. 元代 趙復은 주돈이 사당에 장재와 정주를 함계 배향하였으며, 명청 양대에는 장재의 저술이 위정자에 의해 이학의 대표저술로 간주되어 과거에 임하는 유학자들의 필독서로 대두되었고 아울러 전후 어찬의 『성리대전』과 『성리정의』에 편입되었다. 이와 같은 모든 사항들은 이학가로서의 장재 사상의 학술사적 위상을 상징적으로 보여준다.

김충열은 "張橫渠는 邵, 周에 이어 『주역』과 漢 대의 氣論, 그리고 『孟子』, 『中庸』을 천리와 인성의 양대 근간으로 하면서 인간 행위의 수정양식으로 禮를 새로이 내세워 송학 수양론의 단설을 열었다"[19)]고 평가한다.

김능근은 "『태극도설』과 『서명』은 송학의 쌍벽이라고 할 수 있다. 張橫渠는 그의 역작인 『서명』에 의하여 古來의 유가윤리관을 종합하고 일대체계를 세웠다. 『서명』은 유교윤리의 대본이 되는 仁道와 孝道에 理一分殊의 哲理를 가하여 그의 학적 근거를 명시하였다"[20)]고 말한다.

장재 사상에 대한 기존의 연구는 크게 중국대륙을 중심으로 한 사회주의권의 연구성과와 대만과 일본 그리고 한국을 중심으로 한 비사회주의권 연구성과로 대별해 볼 수 있으며, 비사회주의권은 대만과 일본 그리고 한국의 연구성과로 나누어 볼 수 있다. 사회주의권의 원로 학자들은 중국사상을 연구하는 데 있어 史的 唯物論, 계급 분석적 방법, 역사주의적 시각 등을 견지하며, 또한 중국사상사를 유물주의와 유심주의,

---

19) 김충열, 『중국철학산고(II)』, (온누리, 1988), 281쪽.
20) 김능근, 『중국철학사』, (백영사, 1971), 252쪽.

변증법과 형이상학의 투쟁사로 규정하고, 인간의 인식의 발전과정을 유물주의와 변증법 사상이 유심주의와 형이상학을 극복하는 과정이라고 주장하였다. 원로 학자들이 장재 사상을 연구하는 데 있어 기본적으로 취하고 있는 시각 역시 변증법적 유물론과 사적유물론에 기초한 정치경제학적 기조가 주류를 이룬다.[21] 정치경제학적 시각에 입각해 쓰여진 원로 학자들의 이러한 연구성과[22]들이 나온 후 문화혁명 기간동안 뚜렷한 연구성과들이 없다가 1980년대에 들어오면서 관점상의 변화를 보이는 신진 연구물들[23]이 나온다. 문화혁명 이후에 나온 위의 1980·90년대 저서들은 절충주의적 경향을 가진다. 이들은 기본적으로 유물론과 변증법의 입장을 견지하면서도 정통성리학의 입장이나 청대 고증학적 성과를 연구에

---

21) 예를 들면, 張岱年은 『中國唯物思想史』에서 송명시대의 대표적 유물중의 사상가로 장재를 지목하면서 "장재는 명료하게 세계의 물질성을 논증하였고, 물질의 자기운동을 분석하였으며, 자연법칙의 객관성을 인정하였다. 이들은 모두 중국유물주의 발전에 대한 장재의 지대한 공헌이다"라고 평가하고 있다. 候外廬는 『中國思想通史』 "장재가 자연과학에서부터 출발하여 우주의 법칙을 논증할 때는 유물주의 방향으로 나갔으며 일단 그가 철학적으로 사유와 존재의 관계를 논증할 때는 점점 더 유심주의적 방향으로 나갔다"고 주장한다.

22) 馮友蘭의 『中國哲學史』(商務印書館, 1947), 候外廬 主編의 『中國思想通史』(人民出版社, 1959), 張岱年의 『中國哲學史大綱』(中國社會科學出版社, 1982), 『中國唯物主義思想簡史』(靑年出版社, 1956), 「張橫渠哲學」(『哲學硏究』, 1955年 第1期), 楊榮國의 「張載的唯物主義思想」(『初學集』, 1962)

23) 程宜山의 『張載哲學的系統分析』(學林出版社, 1989), 姜廣輝의 「試論張載的天人合一思想」(『人文染志』 第6期, 1982), 陳來의 『「關於張載的氣觀和理觀」(『中國社會科學』, 第1期, 1981), 曾樂山의 「張載的自然觀分析」(『陝西師範大學報』, 1983), 丁偉志의 「張載理氣觀析疑」(『中國社會科學』, 第4期, 1980), 邱漢生의 「對張載理氣觀析疑的評議」(『中國社會科學』, 第1期, 1981)

혼합시킨다.

대만학자들의 대체적 연구[24]경향을 살펴보면, 장재사상의 본래적 생각에 충실히 접근하려는 의도에서 비교론적 시각과 내재적 접근 방법 그리고 문헌학적 접근 방법을 취한다. 장재의 저작과 후대의 주석서 등으로부터 필요한 자료들을 추출해 장재가 생각했던 사상의 전체적 구도를 재구성하려는 경향을 보인다. 장재 사상의 개별적 특성과 전체적 성격을 일관된 흐름 속에서 살피고자 그에 관련된 자료를 수집하여 기본내용과 사변논리를 분석하여 현저한 특징을 고찰한다든지, 또는 장재 사상을 서양철학과 비교·분석함으로써 그 특성을 드러내고자 한다. 그들은 이를 통해 장재 사상 연구자들에게 장재 사상의 내용을 심층적으로 이해하는 데 도움을 주고자 하는 경향을 보인다.

장재 사상에 대한 일본학계의 연구[25] 경향은 대체로 그 기본 논조가 실증적 경향을 띤다. 이들이 장재 사상을 연구함에 있어 드러나는 특징은 중국 한문 원전자료를 독해할 수 있는

---

24) 程運의 『張橫渠教育思想研究』(商務印書館, 1968), 朱建民의 『張載思想研究』(文津出版社, 1989),陳俊民의 『張載哲學與關學學派』(學生書局, 1990), 黃秀璣의 『張載』(東大圖書公司, 1987), 北宋周張二程思想之分析(國立臺灣大學文史叢刊, 1979)

25) 山根三芳의 「張橫渠思想研究序說」(『廣島大學文學部紀要』, 1963), 「張橫渠の禮思想研究」(『廣島大學文學部紀要』, 1965), 「張橫渠の天人合一思想」(『日本中國學會報』, 1967), 「張子禮說考」(『日本中國學會報』, 1970), 戶田豊三郎의 「橫渠易說考」(『廣島大學文學部紀要』, 1965), 「橫渠易學小論」 (『廣島大學文學部紀要』, 1961), 「張橫渠の經學理窟について」(『中文大學文學部紀要』, 1972), 湯 淺幸孫의 「宋學に於ける自然と人倫 - 張載の唯物論」(『京都大學文學部紀要』, 1976), 久須本文雄의 「張橫渠思想い於ける禪的なもの」(『禪文化研究所紀要』, 1971), 大島晃의 「張橫渠の太虛卽氣論について」(『日本中國學會報』, 1975)

학문적 능력을 겸비한 세대에 속한다는 점이다. 신세대의 학자들이 한문원전을 그대로 해석하여 보기보다는 일본어로 해석된 자료를 주로 이용하는 반면에 이들은 논문이나 책을 저술함에 있어 한문 원문을 그대로 인용하는 경향이 많다. 따라서 장재 사상의 본래적 의미를 최대한 정치하고 내밀하게 살피는데 강점을 지닌다. 반면에 실증적 방법에 치중하다보니 장재 사상의 주요개념들을 종합적으로 연결하여 하나의 정합적인 이론을 제시하지 못한다. 장재 사상의 주요내용을 지엽적인 데까지 세밀히 연구하여 문헌학적으로나 고증학적으로 분석하는 데 치중하다보니 장재 사상의 전반적 내용을 총망라해 집대성한 종합적인 연구서를 내지 못하는 한계를 보이고 있다.

이상과 같은 연구동향을 주목해 볼 때 장재의 인륜사상에 대한 체계적 연구는 긴요한 것이라 하겠다. 장재에 대한 인륜사상적 조명은 그의 사상전개의 실상을 이해하는 데에 기여할 수 있을 뿐만 아니라 그 학술사적 의의를 제고시키며, 나아가 현대 윤리교육의 차원에서도 높이 평가될 요인을 찾을 수 있을 것이기 때문이다.

제2장

장재 인륜사상 형성의 토대

장재가 선진유학의 인륜해석과는 달리 新儒學的 관점에서 인륜을 새롭게 해석할 수밖에 없었던 동기는 조정에 나아가 벼슬을 했던 관학자로서 당면한 사회적 문제를 해결해야만 한다는 당위적 의식에서 비롯하였다. 즉 장재가 太虛卽氣의 新儒學에 근거해 氣 중심의 인륜 해석을 하게 된 데에는 前代의 시대가 남긴 몇 가지 요소에서 기인한다. 첫째는 수·唐 시대의 사회, 정치, 경제의 부정적 측면이 북송 시대의 인륜 환경 형성에 끼친 영향이고, 둘째는 수·唐 시대의 佛家와 道家 사상이 남긴 부정적 유산이다. 사회·경제적 영역과 사상적 영역은 독립적 요인이 아니라 상호 밀접한 관계에 놓여 있다. 따라서 도덕, 윤리, 인륜 등과 같은 가치문제에 관한 氣 중심의 해석은 이 두 요소의 결합으로 인해 발생한 당시의 인습 내지 인륜에 대한 총체적 비판과 지양의 결과로서 나타난다. 말하자면 두 가지 환경 요소는 종국적으로 佛家의 脫世間的 성격의 인륜관과 道家의 物化的 성격의 인륜의 부정과 지양을 통한 유가의 인문주의적 氣 중심의 인륜관 수립에로 귀결된다. 그러므로 장재의 인륜사상 형성의 직접적 원인이 되었던 사회적 환경과 사상적 배경을 고찰하지 않을 수 없다.

1. 11세기 중국의 사회상

유학자로서의 장재에게 있어 인륜성은 현실성의 철저한 반영이다. 따라서 여기서는 그의 인륜사상의 형성의 직접적 환경이었던 정치, 경제, 역사적 상황을 주목해 보지 않을 수 없으며, 또한 그러한 환경이 그의 인륜사상의 형성에 어떻게 반영되어졌는가 하는 점 역시 고찰해 보지 않을 수 없다.

중국 역사에서 唐에서 宋으로의 교체는 안팎으로 중요한 국면 전환을 가져오는 획기적인 역사적 단계이다. 六朝시대와 당 초기는 여러 면에서 고대 중국사의 마지막 국면이었으며 그 뒤를 이은 당 후기와 송 시대는 근대 중국사의 첫 국면이었다. 사실 이 시기는 근대 초기의 국면이라 부를 수 있다. 이 시기에 발달된 문화가 20세기 초엽에 이르기까지 중국의 특징으로 존속해 왔기 때문이다. 지난 1000여 년 동안중국의 가장 특징적인 것으로 알려진 것들의 다수가 적어도 당 후기에 배태되었고 송 대에 처음으로 꽃을 피우게 되었다. 당 후기와 송 대에 성취된 문화적·제도적 수준은 그 이후의 수백 년 동안 크게 달라지지는 못하였다.[1)]

그러나 문화적 측면에서의 이러한 상황과는 달리 정치적으로는 매우 어려운 국면에 처하는 시기이기도 하다. 대외적으로는 송나라는 중국이 많이 쇠약해져 있을 시기에 세워졌기에 강한 外族의 압력을 받아야 했다. 이러한 점에 대하여 侯

---

1) John K. Fairbank 外(김한규 外譯), 『동양문화사上』, (을유문화사, 1991), 149쪽.

外廬는 북송 시기 이후 약 3백년간은 중국 영토 내에 여러 민족의 많은 정권이 난립하는 새로운 국면으로 접어들게 되었다고 말한다. 즉 북송의 북쪽과 서쪽에는 遼·西夏·吐蕃 등이 있었고, 그후 동북쪽의 국경에는 金나라가 들어서게 되는데, 宋과 金의 대치는 북송 시대로부터 남송 시대에 이르기까지 계속된다.[2] 宋 태조 형제는 비록 兩代에 걸쳐서 群雄을 평정하였으나, 태종은 遼를 정벌하려다 패하였다. 더우기 眞宗 때는 澶淵之盟(1004)을 겪게 된다.[3] 이처럼 北宋대는 줄곧 외족의 침략 위협하에서 생존을 도모하였다고 볼 수 있다. 요컨대 宋대는 중국 영토 내에서 민족간의 대립이 복잡화, 첨예화되고 있었던 시점이라 할 수 있다.

대내적으로는 송왕조는 정치적으로는 호족 귀족 절도사 중심의 지배 체제에서 지주 지식인 중심의 중앙집권적 관료 지배 체제에로 이행하는 시기이며, 경제적으로는 토지제도가 균전제에서 양세법으로 바뀌는 시기이다. 사회 구성 체제의 전체적 성격이 唐代 절도사 중심의 지방분권적인 분열 체제에서 宋代 왕권 중심의 중앙집권적 사회 체제로 급격히 전환되는 시기이다. 송초의 이와 같은 일련의 개혁정책과 그에 따른 긍정적인 사회, 경제적 변화 양상은 북송 중기를 맞으면서 부패와 타락의 징후를 보이기 시작하였다. 眞宗, 仁宗, 英宗 시기에 통치기구는 날로 부패해져 불필요한 관리의 수가 증가하고, 군대의 수가 필요 이상으로 증가한데다, 사치가 성행함에 따라 심각한 사회문제가 발생하였다. 불필요한 관료, 남아도는 병력, 과도한 낭비의 증가는 북송의 부패한 봉건 통치

---

2) 候外廬 外 (박완식 譯), 『송명이학사 1』, (이론과 실천, 1993), 13쪽.

3) 宮崎市定(曺秉漢 編譯), 『中國社』, (역민사, 1986), 231-232쪽.

를 반영함과 동시에 백성들에게 극심한 부담을 초래하였다. 농민들은 사방으로 떠도는 流民이 되거나 도적떼가 되기도 했고, 또 역량이 모여지면 농민봉기에 참여하기도 하였다.4) 송조 사회는 사회적 재편성의 와중에서 전체적으로 전환기적 불안정의 상태를 보인다. 당연한 결과로서 지배계층과 피지배계층을 불문하고 사회 구성원 역시 미래 삶에 관한 불확실성, 사고의 과도기성, 사회 구성체에 대한 유동적 의식, 체제에 대한 불안, 사회적 혜택에 대한 욕구불만 등 사회와 국가 운영의 미숙에 대한 총체적인 비판 의식을 드러내기 시작했다.

송대가 통일 시대라고 하지만 북에는 遼가 있었고 서에는 夏가 있었으므로 진정한 통일국가라고는 할 수 없었다. 뿐만 아니라 五代로부터 전해 내려온 어둡고 퇴폐적인 분위기마저 지니고 있었으므로 한·당과는 결코 비교될 수 없었다. 錢穆은 漢·唐의 유학자들의 심정과 문제의식을 宋初의 유학자들과 대비시켜 파악하고 있다. 漢·唐의 유학자들은 대체로 말해서 태평한 세상에서 살아보고 싶어했다. 宋이 개국한지 육칠십 년에 이르러 유학이 부흥하게 되었음에도 당시 유자들이 품었던 心情은 아직도 난세를 벗어나지 못하고 있었다. 외환으로 말하면 오랫동안 누적된 피폐로 인해 兵制와 稅制의 개혁이 절실하였다. 그리고 정부의 체제와 조정의 법도에 있어서도 五代의 것을 이어 받았을 뿐 한번도 근본적으로 정리한 적이 없었다. 사회의 문화와 풍속에 있어서는 여전히 唐代와 같이 禪宗의 불학이 득세하고 있었다. 이렇게 사면초가의 형세 하에서 宋儒들의 심정은 극히 예민하여 漢儒나 唐儒

4) 이규성編, 『동양철학 그 불멸의 문제들』, (이화여대출판부, 1995), 323쪽.

의 편안하고 안락하였던 심정과는 같을 수가 없었다.[5)]

한당의 유학자들은 편안하고 화락한 심정을 유지하고자 했던 반면에 송초의 신유학자들은 날카롭고 격렬했던 심정을 지녔던 것으로 보인다. 똑같은 유학자들이 그 같은 상이한 인생관 내지 세계관을 가지게 된 것은 물론 당시 양자가 처했던 국가 사회의 정치, 경제, 역사적 환경의 상이함에서 비롯한다. 한당의 유학자들은 명목상으로는 유학자였지만 실제로는 사회 중핵 이념이었던 道佛 사상에 이미 浸染 당해 있었기에 유가 고유의 經世 개념으로부터 동떨어져 있었다. 대비적으로 북송의 신유학자들은 유가의 經世 개념으로 무장되어 있었기에 당시 백성들의 생활상과 국가적 위기에 무관심할 수가 없었다. 예를 들면, 구법당의 대표적 인물이었던 程頤는 신법당의 공리주의적 개혁정책에 대해서 많은 반대를 하였지만, 당시의 사회적 조건이 많은 문제점을 지니고 있었다는 점에 대해서는 신법당과 의견을 같이 하면서, 당시 북송 수도의 백성들 생활상과 국가 관리들의 태도를 다음과 같이 적고 있다.

> "수도에는 유랑하는 백성들의 수가 백만을 넘고, 놀고 먹는 사람들은 이루다 헤아릴 수가 없다. 그들의 궁색한 모습과 고통을 살펴보자면, 고아나 가난한 사람들이나 병든 자들은 속임수를 써서라도 스스로 방도를 구하지만 언제나 살기에 족하지 못하다."[6)]

> "지금 국가의 재용은 항상 많이 부족하다. 부족하면 三司에 책임을 묻는데, 三司는 그것을 또 轉運[7)]에 책임을 넘

---

5) 錢穆(이완재·백도근 譯), 『주자학의 세계』, (이문출판사, 1996), 18-19쪽.

6) "今京師浮民, 數逾百萬, 游手不可貲度. 觀其窮蹙辛苦, 孤貧疾病, 變詐巧僞, 以自求生, 而常不足以生." (『二程文集』「論十事箚子」)

7) 조세나 쌀을 운반하는 책임을 맡은 벼슬.

긴다. 그런데 轉運은 그것을 어디에서 끌어나오는 것인가. 그것은 백성들로부터 인정 사정없이 벗겨내는 것이다."[8)]

북송 조정은 이러한 격변하는 역사적 전환기를 맞아 수당 시대의 총체적 사회 모순이 남긴 부정적 유산을 청산하고 국가의 전반적 통치 운영의 흐름을 통합적 안정의 방향으로 끌고 가기 위해서 무엇보다도 사회·정치적 견지에서의 변증법적인 부정과 지양을 필요로 하게 된다. 이러한 작업을 실행하기 위해 宋황실은 포용성과 관용성을 정치의 원칙으로 삼아 신하의 諫權을 보장하고 민생을 중시하는 정책을 취하게 된다. 前代의 인륜부재의 혼란 상황을 극복하고 건국된 송왕조는 앞 왕조들과는 다른 사회, 정치, 경제, 역사, 민생 정책을 펼친다.[9)]

북송 왕조는 대체로 그 全時期에 걸쳐서 이러한 정치·사회·경제·문화적인 조건하에 놓여져 있었다. 이러한 제 조건들은 송왕조의 지식인들의 정치·사회적인 의식의 틀을 특정한 문양으로 결정지워 준 인자들이었다고 말할 수 있다.[10)] 또한 宋왕실의 이러한 통치 방식은 사대부 지식인 계층의 광범위

---

8) "今國家財用, 常多不足, 不足則責於三司, 三司責諸路轉運, 轉運何所出. 誅剝於民爾." (위의 책 「上仁宗皇帝書」)

9) 송왕조가 취했던 정책을 대략 다음과 같은 다섯 가지로 나누어 말할 수 있다.
첫째, 송왕조는 중앙집권적 체제를 확립한다.
둘째, 송왕조는 문신지배적 관료체제를 확립한다.
셋째, 송왕조는 보다 개방적인 신분질서 체제를 확립한다.
넷째, 송왕조 시대에는 근대적인 상업경제 체계의 맹아들이 여러 가지 출현한다.
다섯째, 송왕조시대에 있어서는 현실경영을 목적으로 하는 학문적 요구가 광범위하게 일어난다.

10) 중국철학연구회 編著, 『중국의 사회사상』, (형설출판사, 1993), 321쪽.

한 현실 정치에의 참여와 책임감을 불러일으키게 된다. 송대의 지식인들인 사대부 계층은 송왕실의 이 같은 조치에 적극 호응하여 천하의 통치와 경영에 자신들의 유가적 정치 이념을 반영시킨다. 그들은 시대적 문제에 대하여 강한 책임감을 느끼고 있었으므로 아직 仕籍에 登載되지 않았음에도 불구하고 天下를 걱정하였고, 일단 조정에 들어가면 才識의 高下를 막론하고 國事에 대하여 주장하는 바가 있었다. 그들은 또한 천하의 일을 자기의 장엄한 임무로 여기고, 관직 생활을 단순한 생계의 방편 내지 수단으로 여기지 않았다.[11] 천하의 경영과 통치에 대한 사대부 지식인들의 이러한 책임감의 발호는 前代의 수당 시대에서는 전혀 찾아 볼 수 없었던 현상이었다.

宋의 지식인들은 건국 초부터 滅亡이라는 위태로운 역사적 환경에 처하여 국가의 장래에 대하여 일종의 憂患意識을 지니게 되었다. 憂患意識은 지식인들로 하여금 현존하는 滅亡의 압력에 대면하지 않을 수 없게 했으며, 또한 멸망으로부터 국가를 구제해야 한다는 召命意識을 불러일으키게 했다. 당연한 귀결로 지식인들은 국가를 멸망으로부터 救하기 위해 당면한 국가적 위기 초래 요인에 대해 다각적으로 반성과 검토 작업을 시도한다. 그들이 그러한 작업을 시도하는데 있어 묵시적 합의를 이룬 대체적인 공통 분모는 수당 시대 사회 정치적 환경의 모순을 가져온 사회 철학적 기반에 대한 변증법적인 부정과 비판을 통해 대안을 모색하는 작업이었다.

그러면 그들이 부정과 지양의 대상으로 삼았던 이데올로기는 무엇이었으며, 부정과 지양을 통해 새로이 창출하고자 했던 이데올로기는 무엇이었고, 이러한 이데올로기의 현실적

---

11) 勞思光(정인재 譯), 『中國哲學史(宋明 篇)』, (탐구당, 1990), 85쪽.

실천을 통해 성취하고자 했던 국가는 어떤 성격의 것이었을까. 특히 여기서 우리가 주목해야 할 점은 사대부 지식인들이 그 같은 반성과 검토의 작업을 행함에 있어 사회 철학적 근거를 어느 신념 체계에 두었느냐 하는 점이다. 상부구조는 하부구조의 반영으로 양자는 밀접한 관련성을 맺고 있다. 그들의 신념 체계는 북송조의 국가 사회적 위기에 대한 직접적 반영이기에 그것을 고찰함으로써 송이라는 국가 공동체에 대한 그들의 의식의 지향성을 구체적으로 읽어낼 수 있다. 또한 이 점에 관한 고찰은 張載의 氣중심적 인륜 해석을 고찰하는데 있어 핵심적 관건이 되는 사항이기도 하다. 왜냐하면 그 역시 북송조의 사대부 지식인층에 속하며 자신이 추구하는 인륜 해석은 바로 이들과 같은 신념 체계에 기반하고 있기 때문이다. 특히 장재 생존 당시의 북송사대부들의 이데올로기적, 학문적 시각과 동향이 중요하다.

장재를 비롯한 사대부 유학자들은 한결같이 한·당을 능가하는 유교적 전통의 새로운 정점에 도달하였다는 자부심을 지니고 있었다. 그들의 이러한 자부심과 자긍심이 전혀 현실적 근거가 없는 공허한 말은 아니었다. 송학의 역사에서 그들은 사상의 새로운 국면을 열었으며 또한 사상적, 철학적 경향면에서 새로운 깊이, 내용, 형식을 창출하였다. 하지만 모든 그들의 작업들은 유교적 유산의 넓은 전통의 틀과 범주를 벗어나지 않는 상대적인 차원에서 이루어졌다. 宋學은 바로 그들의 의식과 관념의 지향의 산물이었다. 북송대 송학의 초기 상황을 보면 몇 개의 학파로 나누어져 서로 다른 사상 구조를 형성한다. 그들은 비록 前代를 풍미하였던 道·佛에 비판적 경향을 보인다는 점에서는 공통적 지향점을 지니고 있었지만 이론의 전개 방향과 주제의 강조점 등 여러 면에서 서로 상이한 추이를 보인다. 그들 모두는 국가의 최종 목표가 도덕적 사회의 실현에 있다는 사실에는 일치했지만 이러한 이상을 실현하는 방법에서 의견을 달리하였다. 이러한 다양한 요소들 가운데서 무엇이 정통인가를 둘러싸고 논쟁이 발생하였다.12)

James T.C.Liu 는 『왕안석과 개혁정책』에서 왕안석의 新法이 시행되었던 시기의 지식인 관료들과 그들의 이론적 경향을 다음과 같은 네 가지 주요한 범주로 나누어 파악한다.

첫째, 공리주의적 정치이념을 지향하는 집단이다. 이들은 주로 왕안석을 중심으로 하는 남방의 강서 복건 출신의 관료들로서 제도개혁에 심혈을 기울였던 인물들이다. 이들의 최대 관심사는 재정·국방·경제·행정 및 기타 현실의 구체적 문제에 관련된 經世 분야였다. 이는 당시 북송조정이 직면하고 있었던 국가재정의 고갈, 상업의 발달, 군사력의 약화, 상황대처능력을 상실한 관료기구의 무능력 등에 대한 직접적 대응책으로 나온 것이다.

둘째, 왕안석 중심의 신법 개혁에 반대하는 보수적 경향의 구법당 계열의 사람이다. 이들은 첫째 부류들의 공리주의적 측면을 완전히 배제하지는 않지만 도덕의 원칙을 가장 우선적인 것으로 강조하여 개인의 도덕성과 수신을 중시하는 경향을 띤다. 사마광을 중핵으로 하는 황하 이북지역의 출신자들로서 도덕적 지도력과 인격적 감화력이 국가 통치와 경영의 기본적 원리가 되어야 한다고 주장한다.

셋째, 국가의 관리와 통치에 있어 특별히 도덕적 형이상학

---

12) James T.C.Liu(이범학 譯), 『왕안석과 개혁정책』, (지식산업사, 1991), 40쪽.

에 바탕을 둔 개인의 인격수양을 강조하는 집단이다. 이들은 기본적 정치성향 내지 노선 면에서 둘째 집단과 크게 구별되지 않는 부류로 현실의 정치적 실천에 적극적으로 관여하기보다는 북송조가 나아가야 할 인륜과 도덕 형이상학의 확립에 진력했던 집단이다. 이 집단에는 낙양 출신의 정호, 정이 형제와 섬서성 출신의 장재를 들 수 있다. 이들은 왕안석 중심의 신법당의 제도적 개혁론자들의 위험성을 지적하려는 구법당의 이론적 대변자들이라 할 수 있다. 위의 둘째와 셋째 경향은 서로 관련을 맺으면서 남송대에 이르러 주자의 출현에 힘입어 송학의 정통으로 자리를 잡는다.

넷째, 소식, 소철 형제로 상징되는 사천성 출신의 부류들이다. 이들은 사상의 체계와 깊이보다는 재기 발랄한 문학적 논의로 유명한 사람들이다. 이들은 신법의 급진적 개혁에도 반대했지만, 동시에 구법당의 도덕 형이상학자들의 교조적 경직성이나 과도한 엄격성, 자기 절제 등에도 반대했다. 이들은 자신들의 대안을 제시하지 못하고 신법과 구법의 주변을 맴돌았기 때문에 권모 술수파라고 비판을 받기도 했다.[13] 위의 네 부류는 시간의 경과와 더불어 왕안석으로 대표되는 남방출신의 개혁파와 이에 정면으로 대립한 북방출신의 보수파의 두 파벌로 수렴된다. 그 이유는 북송이라는 공동체가 처하게 되는 대내외적인 국가, 사회적 위기에의 직면과 그것의 극복이라는 극히 현실적 문제를 두고 당시의 사대부 문신관료들은 자신이 지향하는 정치이념에 따라 신법당과 구법당, 개혁파와 보수파의 두 부류로 나누어지는 데서 기인한다.

장재 생존 연간에 현실과 이상의 바람직한 관계 설정에 관

---

13) 위의 책, 40 - 48쪽.

한 학자들 상호간의 관점의 상이함에 따라 각자의 이론적 체계를 지향했지만, 그들을 서로 이어주는 한가지 공통 분모는 있었다. 당의 멸망과 더불어 건국된 북송의 문신관료들은 국가 공동체가 채택한 중앙집권적 국가 이념인 대통일과 질서의 대명분을 따르고 옹호한다. 사대부 학자들 간의 이론적 성향에 따라 어떠한 길을 가든 간에 그들이 공통적으로 지향했던 내면의 바램 혹은 근본 정신은 전대의 그것과는 사뭇 달랐다. 북송의 유학 부흥과 확립에 경도 되었던 대다수의 학자들이 지녔던 본질적 정신은 수당 대의 道·佛이 추구했던 삶의 지향성과는 다른 삶의 본질적 의미와 정치, 경제, 사회, 역사의 존재 가치를 보여 주어야만 했다.

그러면 당으로부터 북송왕조에 이르는 危難의 역사적 환경이 장재 인륜사상의 형성에는 어떠한 영향을 미쳤을까. 송과 그 이후에 등장한 원·명·청은 본질적으로 대통일 국가였으며, 漢·唐·五代 때처럼 정치적 강자들이 할거하여 서로 싸우는 경우는 거의 없었다.[14] 장재는 이 같은 안정된 국가공동체를 희구하였다. 정치사회의 대격동을 종식시키기 위해서는 인륜성의 요청이 필수적 이었다. 번진세력의 활거와 찬탈, 국가 관료의 부패 등 사회적 혼란의 와중에 현실성에 기반한 인륜성은 자연히 간과될 수밖에 없었다. 오로지 영토와 권력과 부를 둘러싼 갈등과 전쟁만이 역사를 이끌어 가는 주요 動因인 것처럼 느껴졌다. 도덕성, 인륜성, 윤리성이 중추적 기능을 상실한지 이미 오래되었다.

이제 북송왕조에게 있어 무엇보다 시급한 것은 봉건사회의

14) 손영식, 「송대신유학에서 철학적 쟁점의 연구」, (서울대학교 박사논문, 1994), 28쪽.

윤리기강 확립과 정치질서의 재건에 관심의 초점을 맞추는 것이었다. 장재가 마음속에 본질적으로 바라고 있었던 삶의 공동체는 무혈투쟁이 종식되어 평화와 안정이 지속되고, 모든 사회 구성원들이 태평성대를 누리며, 인륜과 도덕의 기풍이 살아 있는 '太和[위대한 조화]의 왕국'을 건설하는 것이었다. 장재가 생각한 바람직한 사회적 삶의 환경은 자연히 당시의 혼란 상황을 끝내고 확고한 왕권에 바탕을 둔 중앙집권적 문치주의를 구현하는 것과 이러한 정치·경제적 안정의 토대 위에서 인륜도덕적 기풍이 자리잡힌 民胞物與의 이상이 실현되는 국가였다.

2. 佛家의 脫人倫性[15]과 道家의 非社會性 비판

바로 앞절에서 장재 인륜사상의 사회적 배경으로 11 세기 중국의 전반적 상황에 대해서 고찰해 보았다. 여기서는 장재 인륜관의 基底에 흐르고 있는 기본적 성격의 하나인 佛家의

15) 물론 불가의 탈인륜성이라는 개념의 정확한 의미에 대해서는 학자들에 따라 약간의 상이한 개념을 지닐 수도 있을 것이다. 필자는 탈인륜성이라는 개념을 유가의 세속 지향적 성향, 현세 지향적 성격에 대비되는 탈세속적 성향, 탈현세적 경향을 지칭하는 것으로 사용하고자 한다. 사실 장재 생존 당시의 대다수 유학자들이 공통적으로 느끼는 문제 의식의 초점은 佛家가 일반 백성들로부터 사회 지도층에 이르는 모든 사람들에게 음으로 양으로 지대한 영향을 미치고 있던 탈세속적 성향, 탈현세적 경향에 맞추어지고 있었다. 그리고 유학자라면 누구나 佛家의 이러한 점에 우려를 하고 비판을 가하는 경향이 있었다. 따라서 본 절에서는 佛家의 그러한 면에 대해서 장재는 어떠한 생각을 지니고 있었던가 하는 점을 고찰하기로 한다.

탈세속적 인륜성과 道家의 비사회적 성격에 관하여 검토하고자 한다. 왜냐하면 그의 유가적 인륜사상은 佛家의 탈인륜적 성격과 道家의 비사회적 특성에 대한 사상적 측면의 비판을 토대로 형성되었기 때문이다. 따라서 본 절에서는 佛家와 道家의 그러한 면에 대해서 장재가 어떠한 생각을 지니고 있었던가 하는 점을 고찰하지 않을 수 없다.

장재가 볼 때 佛家와 道家가 수당 시대에 국사 사회 전반에 걸쳐 위세를 떨칠 수 있었던 원인들 중의 중요한 하나는 양 사상 체계가 지닌 형이상학적 정합성과 심오성에 근거한 인간 존재와 도덕·인륜의 해석이었다. 이러한 점은 유학 쪽에서 보면 역으로 중요한 쇠퇴의 원인이 되었다. 인간의 生과 死 · 즐거움과 고통 등 삶의 전반에 대한 체계적 형이상학의 부재는 先秦 시대 이후 특히 한대에 접어들면서 유학을 위정자들의 하나의 통치술 정도로 전락시켜 버리고 만다. 사회, 정치, 경제, 역사적으로 불안정한 삶의 환경 속에서 살아가고 있었던 사회 구성원들의 철학적 깊이와 종교적 경건함에 대한 욕구를 만족시켜 주지 못하게 되었다. 그 결과 유학은 자연히 쇠락의 길로 접어들 수밖에 없게 되고, 이 같은 일반적 경향을 반전시킬 수 있는 특출한 학자도 당 말기의 유학 부흥 운동이 일어나기 전까지는 나타나지 않았다. 이에 반해 佛家와 道家는 당시까지만 하더라도 유가 철학에 결여되어 있었던 확고한 형이상학을 토대로 하여 인간과 인륜·도덕에 관한 총체적 · 정합적 해석을 가함으로써 융성의 길을 걷게 된다. 중국 역사의 오랜 政情의 불안정 속에서 佛家와 道家는 중국의 전통적 토속 신앙과 어우러져 백성들의 의식 심층 깊이 자리하게 된다. 양 사상 체계의 형이상학적 심오성과 정합성에 근거한 인간관 그 인간이 지향해야 할 당위성, 도덕성, 윤리성에 대한 해석은 백성들의 심성적 욕구를 만족시키기에 충분했던 것이다. 그러므로 장재가 불가와 도가의 이러한 면에 대해서 어떻게 비판하는지 고찰하지 않을 수 없다.

먼저 장재는 佛家에 대해서 어떻게 비판하고 있을까. 수당 이전에 중국인의 생활태도를 지배한 것으로 두 개의 조류가 있었다. 그 하나는 유가의 사상이고, 다른 하나는 도가의 사상이다. 전자는 적극적·세속적이고 후자는 소극적·초연적인 것이다. 그들의 사상은 모두 한쪽에만 집착하여 서로 조화되기 매우 어려웠다. 그러나 중국에서의 불교가 인도적 색채를 버리고 독자적인 중국불교를 수립 전개하기 시작한 수당시대에 접어들면서 이 같은 상황은 변하여 불교가 중국인들의 생활 깊숙이 침투하기 시작한다. 중국 불교의 대표적 종파는 역시 천태종, 화엄종 그리고 선종이었다. 그 중에서도 수당시대 중국불교에서 가장 영향력 있었던 종파는 역시 禪宗이었다. 왜냐하면 천태종이나 다른 종파도 당시 중국인들의 가치관에 상당한 영향을 미쳤지만 그 가운데서도 禪宗이 중국인들의 탈세속적 인륜관에 가장 지대한 영향을 미친 종파이기 때문이다. 중국의 선종은 다른 종파에 비하여 독특한 특색을 지니고 있었다. 선종은 不立文字, 教外別傳을 특색으로 하는 종파로 直指人心, 見性成佛을 종지로 삼는다.[16] 중국에 선종이 융성한 이후 儒·道는 불교와의 대립적 자세에서 벗어나 서로 융합되는 현상을 보인다. 不立文字나 見性成佛과 같은 선종 고유의 특성은 중국인의 가치관, 인생관 등과 잘 조화되어 그들로 하여금 인생과 삶에 대한 깊은 통찰력을 지니게 했다. 唐中期 이후 禪宗은 중국 불교 중 가장 세력 있는 종파로 되고

16) 關口眞大外(정순일 譯), 『중국불교의 사상』, (민족사, 1989), 65쪽.

안사의 난 이후 당나라 말기 五代에 걸쳐 전성기를 이루며 송대 理學의 형성과 확립에 깊은 영향을 미친다. 그 영향으로 선종의 가치관이나 윤리·도덕관은 자연히 당시 사회 구성원들의 인륜관 형성에 중심적 역할을 하게된다.

禪宗의 開祖 달마는 선정의 형식에 따라 의식의 수련을 주장하고 자신의 의식 속에서 현실사회를 초월하여 진여의 세계를 추구할 것을 가르쳤다. 이러한 의식세계에 도달하려면 자아존재의 진실성을 부인하고 사회생활과 모든 물질존재의 실재성을 부인해야만 한다. 사회생활과 윤리규범 모두를 苦와 空이라고 보면 눈앞의 이해득실로부터 벗어나 쟁탈을 그치게 될 것이라고 보았기 때문이다.[17] 불교는 선종의 변화를 거쳐 中古思潮의 최고봉에 달하였다. 선종은 사상면에서 중국 문화권에 편입되어 들어갔고 시인이나 문인들 속에 깊이 파고들었을 뿐만 아니라 종교면에서도 일반 민간에까지 성행하여 전사회의 풍속 습관에까지 지대한 영향을 미치게 되었다. 문인들만이 선종을 좋아하고 백성들만이 불교를 믿는 것이 아니라 여러 군주들까지도 선종 불교에 도취하게 되었다. 당대에는 불교의 국가가 되었고 盛唐 이후 북송에 이르기까지 실질적으로 중국 천하는 선종의 佛家 천하로 변하게 되었다. 장재는 당시 사람들의 일반적 사고방식이나 가치판단에 관한 불교의 영향력을 다음과 같이 묘사하고 있다.

> "그 설이 왕성하게 중국에 전해져 퍼지자 유학자는 聖學의 문담장 근처에도 들르지 않은 채 이미 끌려들어 취하게 되었다. 그 사이에 서로 빠져 들어가 그것을 큰 道라고 가르쳤다. 그 풍속이 전달된 천하는 착한이, 나쁜이, 지혜로

---

17) 王處輝 編著(심귀득 外譯), 『中國社會思想史』, (까치, 1992), 354쪽.

> 운이, 어리석은이, 남자·여자·노비를 막론하고 사람마다 믿음을 얻게 되었다. 불세출의 영재·호걸이라도 태어나서는 귀와 눈으로 안일하게 익힌 일에 빠지게 되고, 자라서는 世儒가 숭상하는 말을 스승으로 삼게 되어 마침내 어리석게 내몰려져 그로 인해 성인은 수양하지 않아도 이를 수 있고 大道는 배우지 않고도 알 수 있다고 말한다."[18]

그는 이처럼 유학자와 일반 백성들의 삶에 대한 佛家의 영향에 비판적이다. 佛家가 중국에 전래되기 전에도 사람들은 다들 오래 살고 안락한 생활을 즐겼으며 천하는 태평하였다. 따라서 국가는 유학을 국가의 통치이념으로 삼아야 하며 백성들의 삶 역시 중국의 전통적 유학의 인륜정신에 근거해 영위되어야 한다는 것이다.

그러면 장재는 佛家를 구체적으로 어떻게 비판하고 있을까.

첫째, 장재는 우주 실재론적 현실주의 입장에서 佛學의 형이상학적 허무주의 태도와 주관적 유심주의의 궤적, 즉 불교의 객관적 실재 부정에 관한 비판으로부터 출발한다.[19] 불교는 일체의 현실적인 세계를 주관의 반영이라 간주하고 인간의 모든 의식·감정을 포함하는 주관을 허망하다고 단정함으로써 허망한 신념의 부정을 실천의 최종적 과제로 삼는다. 즉 我란 주관을 말하며 그것의 주된 기능은 인식작용이고, 法이란 객관으로 주관에 의해서 인식되는 대상일 뿐이라는 것이다.

18) "自其說熾傳中國, 儒者未容窺聖學文墻, 已爲引取, 淪胥其間, 指爲大道. 其俗達之天下, 致善惡, 知愚, 男女, 臧獲人人著信. 使英才間氣, 生則溺耳目恬習之事, 長則師世儒宗尙之言, 遂冥然被驅. 因謂聖人可不修而至, 大道可不學而知." (「正蒙·乾稱」)

19) 黃秀璣, 『張載』, (東大圖書公司, 民國七十六), 49쪽.

"만약 萬象이 太虛 가운데 나타나는 物이라 한다면 物과 虛는 서로 관계 없는 것으로 되고 形은 스스로 形이며 性은 스스로 性이 되어서 形과 性 및 天과 人이 서로 관계없이 존재하는 것으로 되니 불교도의 산하와 대지를 病으로 간주하는 설에 빠지게 되는 것이다. 이 道가 밝혀지지 않은 것은 바로 어리석은 자가 虛空이 性임을 체득할 줄만 대략 알지 天道가 본래 用임을 모르기 때문이다. … 곧 세계와 乾坤을 幻化라고 속이고 幽와 明에 있어서 그 요체를 들 줄 모르고 마침내 단계를 뛰어 넘어 뜻을 망령되이 함으로 말미암아 그런 것이다."[20]

이 구절의 비판의 핵심은 불교가 주관의 허망성을 탐구하고 객관적 실재의 존재를 극한으로 부인하며 일체의 존재 의의와 가치를 주관에서 구하면서 궁극적으로는 그 주관마저도 초월하고자 하는 점에 있다. 이것은 유일의 실재는 사람의 心靈 意識뿐이며 山河大地를 포함하는 일체의 존재를 幻夢의 비실재로 보는 불교에 대한 비판이다. 즉 불교가 天道, 氣化, 性命, 天地人의 三極之道의 참된 존재 의미를 모른다는 것이다. '太虛卽氣'의 幽가 변화하여 有形의 明으로 되고 有形의 明이 변화하여 무형의 幽로 되는 우주론적 이치에 대한 이해가 없다는 것이다. 有形과 無形의 변화는 서로 다른 것이 아니라 '一物兩體'에 의거 변화하는 天道氣化의 과정일 뿐이며, 이러한 과정은 엄연한 객관적 실재의 현상이어서 아무리 부정하려고 해도 부정할 수 없다.

둘째, 장재는 인간의 삶과 죽음의 문제를 윤회와 연기의 관

20) "若謂萬象爲太虛中所見之物, 則物與虛不相資, 形自形, 性自性, 形性, 天人不相待而有, 陷於浮屠以山河大地爲見病之說. 此道不明, 正由懵者略知體虛空爲性, 不知本天道爲用, ‥‥則誣世界乾坤爲幻化, 幽明不能擧其要, 遂躐等妄意而然." (「正蒙·太和」)

점에서 보는 불교의 死生觀을 비판한다. 불교는 기본적으로 윤회설과 연기설에 의거 인간 사회와 현실 세계의 모든 것을 설명하기에 인간의 삶과 죽음의 문제 역시 이 범주를 벗어나지 못한다. 모든 인간 존재들은 서로 연기와 윤회에 의거 탄생했으며 거기에 따라 죽는다. 인간의 삶은 영원한 실체나 본질의 전제 위에 영위될 수 없기에 무상하다. 따라서 윤회와 연기에 의거한 인간의 삶은 당연히 힘들고 고통스럽다.

> "불교도는 鬼를 밝히면서 의식을 가진 존재가 죽으면 다시 태어나 순환된다고 하면서 마침내 고통을 싫어하여 면하고자 하니, 귀신을 안다고 이를 수 있겠는가. 인생을 妄이라고 여기니 사람을 안다고 말할 수 있겠는가. 하늘과 사람은 一物인데 태어날 때마다 취하는 것과 버리는 것이 있다고 하니, 하늘을 안다고 이를 수 있겠는가. 공맹이 이르는 바의 하늘이란 저들이 말하는 바의 도이다. 미혹된 자가 '떠도는 혼이 변함'을 가리켜 윤회라고 함은 제대로 생각지 못한 것이다. 크게 배우려면 마땅히 하늘의 덕을 알아야 하니 하늘의 덕을 알면 성인도 알게 되고 귀신도 알게 된다."[21]

삶과 죽음에 관한 불교의 이러한 관점은 극단적 현실 부정이며 일종의 허무주의 발로로 볼 수 있다. 그런데 극단적 현실부정의 허무주의는 유가적 관점에서 볼 때 인륜·도덕의 부정을 의미한다. 즉 현실을 부정하는 극단적 허무주의는 모든 人倫規範을 파괴하고 무엇이든지 가능하다는 無規範的 論理로 흘러갈 수가 있다는 것이다.[22] 장재는 위진 이래 당말 五

---

21) "浮屠明鬼, 謂有識之死, 受生循環, 遂厭苦求免, 可謂知鬼乎. 以人生爲妄, 可謂知人乎. 天人一物, 輒生取舍, 可謂知天乎. 孔孟所謂天, 彼所謂道. 惑者指游魂爲變爲輪廻, 未之思也. 大學當先知天德, 知天德, 則知聖人, 知鬼神." (「正蒙·乾稱」)

代까지의 권력 투쟁 및 국가간의 갈등에 이 같은 불교의 현실 부정적인 無規範的 특성이 커다란 영향을 미쳤다고 생각하고, 이 같은 이데올기의 부정적 영향을 걷어내기 위하여 불교를 이단으로 보고 철저한 비판을 가한다.

그는 세계를 자연과 사회로 나누어 그 각각의 실재를 주장한다. 사회란 인륜의 總體로서 허망한 착각이라 하여 부정할 수 없다는 것이다. 인륜은 宇宙的 필연성을 가진 것이며 진리의 정의로서 인간이 수행해야 할 의무다. 인륜의 실천을 단지 환상, 허망한 것, 고통스러운 것으로 보아서 그것에 따른 의무 수행을 회피하거나 현상 세계로부터 도피해서는 안 된다. 나아가 인륜은 자연의 법칙에 근거한 것이다. 그는 자연의 필연적인 법칙을 인정하며, 그것을 의인화해서 자연의 마음이라고까지 한다. 이 자연의 마음이 주체가 되어 행위를 한 것이 바로 세계의 현상이며, 그 마음의 법칙이 사회에 내재된 것이 人倫이다. 이런 자연과 사회와 인간의 同一構造論인 天人一物觀은 그의 불교 비판의 핵심이다.

그러면 장재가 위에서와 같은 불교 비판을 통해서 궁극적으로 어떠한 세계를 추구했을까. 人道와 天道가 조화롭게 합일된 그리고 현실과 실제 중심의 유가적 인륜성이 살아 숨쉬는 세계였다. 현실 세계 긍정 · 인간 삶의 실재성 인정이 중요했다. 즉 가정, 사회, 국가, 민족, 자연, 宇宙 등과 현실 구성의 주요 범주들이 사회 구성원들 내부에서조차 인정되지 않는 상태에서는 신유가적 인륜·도덕의 실현은 불가능하다고 본 것이다. 따라서 그는 현실 범주의 부정을 촉발시켰던 佛家의 탈세간적 인륜성에 관하여 비판을 가하지 않을 수 없었다.

---

22) 守本順一郎(김수길 譯), 『동양 정치 사상사 연구』, (동녘, 1985), 57쪽.

"釋氏는 天性을 망령되게 생각하여 하늘의 작용을 포괄할 줄 모르고, 도리어 六根[23] 의미세한 것으로서 天地에 인연시키려 하고 있다. 밝혀서 다할 수 없으면 天地日月을 誣告하여 환망이라 여기고, 한 몸의 작은 데로 그 작용을 가려 제한하고 허공이라는 큰 데로 그 뜻을 빠뜨린다. … 그 지나침이 커서 六合[四方 · 上下]을 먼지나 티끌로 여기고, 작은 데 가려서 세상을 꿈이나 환상으로 여기니 이치를 窮究하는 자세라 할 수 있는가. 理를 궁구할 줄 모르는데 性을 다한다고 말할 수 있는가. 또한 모르는 것이 없다고 말할 수 있는가. 六合을 티끌이나 먼지로 여기는 것은 天地를 유한한 것으로 보는 것이며, 인간의 세상을 꿈이나 환상으로 여기는 것은 밝게 究明하지 못하기 때문이다."[24]

위의 구절에서 장재가 비판의 핵심으로 삼고 있는 내용은 현실성과 인륜성으로 영위되는 氣의 實有的 공간을 부정하는 불교의 관점이다. 天性을 망령스럽게 여기고, 天地日月을 환망이라 생각하며, 六合의 實際世界를 먼지나 티끌로 간주하는 불교의 탈세간주의적 가치관과 인간관이 백성들의 의식을 지배하고 있는 한 신유가적 인륜이념의 실현은 불가능하다고 보았다. 사대부층에 의해 요청된 유학은 그 기본적 성격인 通經治用의 學, 즉 송대의 현실 사회에 대응할 수 있는 지도 원리를 끌어낼 수 있는 새로운 창조적 해석학이 되지 않으면 안되었다. 이들이 추구하는 새로운 유교는 송대의 문신 관료 지배의 확립, 비약적으로 성장한 경제 규모에 대한 효율적 운

23) 불교에서 말하는 眼根, 耳根, 鼻根, 舌根, 身根, 意根을 가리킨다.

24) "釋氏妄意天性而不知範圍天用, 反以六根之微, 因緣天地. 明不能盡, 則誣天地日月爲幻妄, 蔽其用 於一身之小, 溺其志於虛空之大. … 其過於大也, 塵芥六合. 其蔽於小也, 幻妄人世. 謂之窮理, 可乎. 不知窮理而謂盡性, 可乎. 謂之無不知, 可乎. 塵芥六合, 謂天地 爲有窮也. 幻妄人世, 明不能究所從也." (「正蒙 · 大心」)

영, 서민적 신문화의 보급 등 이른바 근세적 사회에 적합하고 도움이 될 수 있는 이념적 차원에서 방향 설정을 제시할 수 있는 것이어야 했다.[25] 장재도 사대부들의 이런 생각과 동일선 상에서 불가의 空 중심의 唯識論的 성격을 극복하고 자연과 인간으로 구성된 실제에다 氣 중심의 實有的 人文主義를 실현시키려 하였다.

장재는 불교의 탈세속적 세계관이 인간의 실제적 삶의 영역과 떨어진 채 인간의 진실을 제대로 반영하지 못하는 허망하고 고원한 관점에 불과하다고 비판하면서 氣의 實有的 인문공간의 존재 의의를 중시하는데, 그의 이러한 생각은 다음의 인용문에서 더욱 분명하게 읽어 낼 수 있다.

> "實際에 대해서 말하기를 人生을 환상과 허망한 것이라 하고, 有爲를 쓸데없는 유혹으로 느낀다. 세계를 그늘지고 혼탁한 곳으로 여기어 마침내는 싫어해서 가지려 고도 하지 않으며 내팽개쳐 존속시키려고도 하지 않는다. 그것을 얻었다 하더라도 誠할려고만 하지 明하기를 싫어한다. 儒者는 明함으로써 誠을 이루고, 誠함으로써 明을 이룬다. 그리하여 천인합일의 경지에 이르게 된다. 학문을 하여 성인이 될 수 있으며 하늘의 경지에 이르되 항상 처음부터 사람을 빼놓지 않았으니, 『易』에서 이르는 바의 不遺, 不流, 不過인 것이다."[26]

이 구절은 크게 두 가지 점에서 불교를 비판한다. ① 불교

---

25) 서울대학교 동양사 연구실 編, 『강좌 중국사 3』, (지식산업사, 1994), 197쪽.

26) "其語到實際, 則以人生爲幻妄, 有爲爲疣贅, 以世界爲蔭濁, 遂厭而不有, 遺而弗存. 就使得之, 乃誠而惡明者也. 儒者則因明致誠, 因誠致明, 故天人合一, 致學而可以成聖, 得天而未始遺人, 易所謂不遺不流不過者也." (「正蒙·乾稱」)

가 實際의 구성 범주인 人生, 有爲, 世界를 허망한 것, 환상적인 것, 그늘지고 혼탁한 것으로 평가하는 것에 대한 비판과 ② 불교가 人道를 뜻하는 明의 세계와 天道를 가리키는 誠의 세계 가운데 誠의 天道의 세계만을 궁구하는 것에 대한 비판이다. 즉 장재에게 있어 불교는 人生, 有爲로 이루어지는 明의 人道의 세계는 등한시 한 채 고원한 誠의 天道의 세계만을 궁구하는 것으로 파악되었다. 불교는 대개 '捨離'의 개념을 기본 정신방향으로 삼는다. '捨離'의 정신방향은 문화의 의미를 긍정하지 않고 문화활동을 환상적이고 허망한 것으로 삼는다. 장재가 보기에 捨離의 정신은 道의 전체를 보지 못한 데서 나온 것이었다. 따라서 유학자로서의 장재의 과제는 분명해졌다. 그것은 明의 人道의 세계와 誠의 天道의 세계의 合一을 추구하는 유가적 인륜관의 회복이다. 즉 佛家의 空 중심의 本體觀이 남긴 비현실적·비인문적 중심적 인간관과 인륜관을 극복하기 위해 유가적 本體觀에 근거한 인간 해석과 인륜·도덕을 수립하는 일이다.

장재의 이 같은 세계관 내지 인생관이 투영되어 나타난 사상체계가 바로 氣 중심적 '太虛卽氣'論이라 할 수 있다. 佛家사상에 대한 反테제로 등장한 이같은 유가 철학의 재확립은 원시 유가 철학의 발전적 재해석이라고 볼 수 있다. 왜냐하면 그는 원시 유가 철학에 결여되어 있었던 宇宙論내지 本體論을 토대로 인륜·도덕에 관한 재해석을 시도하고 있기 때문이다. 말하자면 장재는 현실 긍정에 기초한 인문주의적 도덕 철학 체계를 구성하는데 있어 本體論的인 차원의 토대를 제공해야 했으며 또한 이 本體의 역할을 현실의 타당성과 정당성을 보증해 주는 정도의 수준에 머물게 해야만 했다. 그렇지 않으면 佛家의 本體論이 그랬던 것처럼 현실과는 괴리되어 실제 현실을 本體의 지고한 가치를 확립하기 위한 도구적 차원으로 전락시킬 수 있기 때문이다. 또한 인륜, 도덕 역시 현실에서 살아가는 사회 공동체의 구성원들에게 선악시비 판단의 보편적 원리나 구체적 판단 기준으로서의 기능을 상실한 채 현실의 부도덕성과 반인륜성을 희석시키고 지배계층의 집권 논리를 정당화시켜 주는 이데올로기적 수단으로 이용될 수 있기 때문이다.

지금까지 장재의 佛家에 대한 견해를 살펴보았다. 이제 그의 道家사상에 대한 태도를 살펴 볼 차례다. 이에 앞서 서구와 동양의 대표적 학자들이 도가의 非社會性에 관하여 어떻게 보고 있는지 살피고 다음 장재의 도가의 非社會性에 관한 견해를 고찰할 것이다. 과거의 학자이든 현대의 학자이든 유학을 연구하는 대다수의 학자들이 도가를 비판할 때 표적으로 삼는 점이 도가의 비사회성이다. 도가주의자들을 이기적인 개인주의자들 또는 반사회적 존재로 본다. 도가주의의 지식론, 윤리론 및 가치관을 단순한 부정적 회의주의 또는 윤리도덕적 상대주의로 몰아 부친다. 이 점에 대해 몇몇 서구의 학자들은 다음과 같이 비판한다. "도가주의는 사회나 사회적 질서에 관해서는 아무런 관심을 보이지 않는다. ‥‥ 도가주의는 늘 저항과 이탈로 향하는 경향이 있다."[27] "도가주의자들은 사회 자체를 악이라 여기고 사회의 집요한 구속으로부터 이탈할 것을 사람들에게 요구한다."[28]

도가의 非社會性에 관한 학자들의 이러한 비판에 대해서는

---

27) Lin Tung-chi, "The Chinese Mind : Its Taoist Substratum", Journal of the History of Ideas, Ⅷ, 3 (June 1947), 259 - 260쪽.

28) V.A. Rubin, 『Individual and State in Ancient China』, (New York : Columbia Univ. Press, 1976), 90쪽.

도가사상 자체 내에 비판의 실마리가 담지되어 있다. 노자는 국가와 사회의 주요 구성범주인 법, 제도, 도덕, 인륜, 성군 등에 관한 유가적 관점에 비판을 견지한다. 유가에 의하면 성인이 군주가 되면 그는 백성을 위하여 되도록 많은 일을 하여 업적을 크게 남겨야 한다. 그러나 도가에 의하면 성군의 임무는 인위적인 일을 하지 않는다. 이렇게 말하는 이유는 이 세계의 문제 거리는 할 일이 많이 쌓인 데서 온 것이 아니라 너무나 많은 일을 해놓은 데서 비롯되었기 때문이다. 성군은 천하의 모든 번잡한 문제의 원인을 규명한 연후에 무위로서 다스린다. 무위로 다스리면 아무 것도 하지 아니하여도 안 되는 일이 없다.[29] 노자의 눈에 유가의 인륜은 종법제라는 체제와 연결되어 비춰짐으로써 인위적인 요소가 많아 大道에 위배되는 것으로 보였다. 인륜의 본래 모습은 누구의 간섭이 없어도 자연스레 육친간이 화목해지고 대인 관계가 원만해 지는 것이다. 만약 예락과 인의를 강조하는 공자가 나타나지 않았더라면 인간은 보다 자유스러워졌을 것이고 행복을 누릴 수 있었을 것이다.[30]

노자는 사회의 불안정과 비인간화 현상의 책임을 공자에게 돌린다. 도가들의 인식은 기본적으로 大道인 자연인륜으로 돌아가자는 것이다. 인간이 무위자연으로 돌아가지 않고 마냥 인위적인 종법인륜만 내세운다면 이것은 하나의 허구에 지나지 않는다고 보았다. 하지만 선진시대 도가들의 유가에 대한 비판은 인륜자체에 대한 비판이라기보다는 유가가 사회와 인간과 인륜의 실천을 과도하게 주장한데 대한 비판적 반

29) "天下多忌諱, 而民彌貧. 民多利器, 國家滋昏. 人多伎巧, 奇物滋起. 法令滋彰, 盜賊多有." (『老子 五十七章』)

30) "絶仁棄義, 民復孝慈. 絶巧棄利, 盜賊無有." (『老子 十九章』)

응으로 나온 것이다. 현실 자체를 무시하고 인륜 자체를 무시한데서 나온 것이 아니라 유가적 현실관과 인륜관의 부조리에 대한 비판의식의 산물이다. 이 점에 대하여 김충열은 "정치란 글자 그대로 잘못되어 있는 현실을 바로 잡고 다스리는 것이다. 노자의 정치 사상도 이 점에서는 예외가 아니다. 그것은 당시 현실 문제들을 외면한 채 허공을 향해 외친 빈소리가 아니라 바로 세상 속에 살고 있는 사람들, 그것도 신음하는 사람들을 향해 토한 절실한 외침이다. 그러므로 그것을 사변적이고 논리적인 학설로만 받아 들여서는 안 된다"[31]라고 하여 현실에 관한 노자의 적극적 견해를 강조한다. F W. Mote는 김충열만큼 적극적이지는 않지만 도가가 전적으로 현실을 회피한 것으로 보지는 않는다. 그는 "도가가 유교만큼 인간의 문명사회 세계에 가치를 두지는 않지만 도가 역시 지금 여기 이 세상의 삶의 문제에 전념한다"[32]고 말한다.

하지만 역사의 무대가 선진시대에서 진한과 위진 남북조를 거쳐 당말 북송에 이르면서 도가는 현실 直視性을 상실하고 사회와 인륜을 경시하면서 物化만을 추구하는 현실 왜곡의 방향으로 흐른다. 도교는 사회적 인간을 잘못 인도된 존재로 간주하게 되었다. 도교는 정치를 비난하였고 진보와 문명을 두려워 하였으며 모든 종류의 기술적인 기능을 경계하였다. 유가가 그토록 가치를 두었던 모든 기준, 정의, 구분, 분류, 인륜, 도덕을 국가에 대해 파괴적인 타락한 고안물로 보게 되었다. 선진시대에 도가가 유가를 비판한 것에 대해서는 학자들의 입장에 따라 다르긴 하지만 어느 정도 현실 적실성과

---

31) 김충열, 『노장철학 강의』, (예문서원, 1995), 178쪽.

32) F W. Mote(권미숙 譯), 『중국문명의 철학적 기초』, (인간사랑, 1991), 101쪽.

긍정적 의의를 부여할 수 있었다. 도가는 사회 자체와 인륜 자체를 무시했다기보다는 유교처럼 사회적 무질서의 시기에 출현하여 유가적 인륜도덕의 위험성을 경고하는 긍정적 기능을 하였다. 유가적 종법사회와 禮에 기반한 인륜질서가 자아내는 숨막힐 듯한 당시 사회상황에 대한 적극적 비판이었다. 그러나 도가 철학자들은 시대의 흐름과 더불어 유가에 대한 철저한 비판정신을 상실한 채 앞에서 여러 학자들이 비판했던 것처럼 사회문제에 대한 적극적 대결을 회피하고 인간세계 밖을 여행하고 사회를 떠나서 다니기를 좋아하고 무턱대고 자연에 도취하는 경향을 띠었다. 인간사회는 너무 위험하다는 생각에 자연으로 물러나 앉아 현실에 대한 소극적 태도 내지 도피적 자세를 취하였다. 이에 도가는 심오한 형이상학을 겸비한 철학으로 발전할 수 있었고, 오묘하고 세련된 사상체계로 비약할 수 있었다. 특히 왕철 같은 이는 불교 중에서도 선불교를 받아들여 신도교를 주창하기도 하였다.[33] 송대의 철학이 자신의 이론체계를 세우기 위해 도가의 논리를 원용하는 형태로 도가철학에서 많은 영향을 받았으면서도 그들을 비판하는 이유는 바로 여기에 있다. 신유학을 이론적으로 체계화하고 보강하는 면에서는 수용할 만한 것이 많았지만 내용면에서는 오히려 비판의 대상이 되었다.

신유학자들의 이단관의 단초는 韓愈의 『原道』에 근거한다. 한유는 송대 신유학를 확립하는데 있어 하나의 중요한 매개자의 역할을 한다. 특히 그는 노장철학을 윤리·도덕 부정의 철학이라 하여 인륜적 측면에서 강력히 비판함으로써 송대

---

33) 久保田量遠(최준식譯), 『중국유불도 三教의 만남』, (민족사, 1990), 214쪽.

신유학자들의 초기 인륜·도덕론 확립의 기반을 제공하였다. 한유가 이야기하는 성인의 도 내지 성인의 가르침은 인의예악형정을 말한다. 한유는 공맹의 유가적 仁義 도덕관에 토대하여 노자의 仁義 도덕관을 비판한다.

> "노자가 인의를 하찮게 여긴 것은 인의를 헐뜯은 것이 아니라 그의 식견이 얕았던 까닭이다. 우물안에서 하늘을 보고 하늘이 작다고 말해도 하늘이 작지 않다. 그는 조그마한 은혜를 인이라 여기고 조그마한 의를 선행이라 여겼으니, 그가 하찮다고 본 것은 당연하다. 그가 말하는 도는 그가 도라고 여긴 바이지 내가 말하는 도는 아니다. 그가 말하는 덕은 그가 덕이라고 여긴 바이지 내가 말하는 덕은 아니다. 무릇 내가 도나 덕이라고 말하는 것은 인과 의를 합하여 말한 것이고 천하의 공인된 말이다. 그런데 노자가 도와 덕이라 한 것은 인과 의를 떠나 말한 것으로 한 사람의 사사로운 말이다."[34]

한유에게 있어 선왕의 가르침이란 仁義道德이며, 이것이 바로 치국평천하의 기본이다. 한유는 노자의 인의도덕이 치국평천하와 거리가 멀다고 비판한다. 도와 덕은 인의를 실천하는데 그 의미가 있다. 인을 행하되 이치에 맞는 것을 의라 한다. 구체적으로 임금은 인자하고, 아비는 자애롭고, 아들은 효성스러우며, 부부 사이에는 구별이 있고, 친구 사이에는 믿음이 있는 것과 같이 주어진 이름에 따라 이치에 맞음을 말한다. 이와 같은 유학자로서의 한유에게 있어 노장은 부정적

---

34) "老子之小仁義, 非毁之也. 其見者小也, 坐井而觀天, 曰天小者, 非天小也. 彼以煦煦爲仁, 孑孑爲義, 其小之也亦宜. 其所謂道, 道其所道, 非吾所謂道也. 其所謂德, 德其所德, 非吾所謂德也. 凡吾所謂道德云者, 合仁與義言之也, 天下之公言也. 老子之所謂道德云者, 去仁與義言之也, 一人之私言也." (『原道』)

으로 이해될 수 밖에 없었다.35)

사회성과 인륜성을 경시하는 도가의 비사회적 성격에 관한 장재의 비판 역시 한유를 비롯한 당말부터 송대에 이르는 신유학자들의 시각과 비슷한 관점에서 행하여진다. 신유학자로서의 장재에게 있어 도가철학이 지닌 가장 큰 문제점은 분명한 실체인 사회와 인륜의 존재 의의를 격하하는 것이었다. 도가들의 눈에 비춰진 정의로운 사회는 가장 자연스럽고 소박한 삶을 향유할 수 있는 상태이다. 무위자연의 천도가 실현되는 사회여야 한다. 그러한 사회가 구현되기 위해서는 자연인륜이 본래 모습 그대로 있도록 인위적인 모든 제약을 과감히 제거시켜야 한다고 보았다. 장재는 유가적 사회의 인륜덕목의 핵인 仁·義·禮·智·孝·敬 등을 등한시 하고 물화와 자연만을 절대의 이상으로 여겨 사회적 의무와 책임과 권한 그리고 역할을 등한시하는 도가적 삶의 태도에 대한 비판과 경각심을 불러일으킨다. 선진시대의 도가자들은 유가자들이 주체인 인간이 객체인 사회에서 지켜야할 인륜을 지나치게 강조하는데서 인간 삶의 불행이 초래되었다고 비판한다. 이에 반해 장재는 도가가 유가 철학의 주·객관적 범주인 사회와 인간 그리고 양자를 매개하는 인륜의 역할을 등한시 하게 되었으며, 그로 인해 사회적·인륜적 삶이 무질서하게 되었다는 점을 들어 비판한다.

> "공맹이 죽은 이후 학문이 끊겨지고 도를 잃은지 천여년이다. … 불자와 노자의 서적이 만천하에 널리 유포되어 육경과 함께 유행하기에 이르렀다. 이에 그 무리들은 그의 말을 과장하여 대도의 정미한 이치는 일찌기 유가에서 말

---

35) 조민한, 『유자들이 보는 노장철학』, (예문서원, 1996), 213쪽.

> 하지 못하였던 바라고 하면서도 우리의 경서를 표절하여 그럴싸하게 꾸미는 데 세속의 유학자 또한 이말을 긍정하여 '우리의 육경에선 말하지 않은 바이며 공·맹도 언급하지 않았다'고 하여 그들의 서적을 믿고 그들의 도를 근본으로 삼아 온 천하가 모두 그와 같은 풍조에 휩쓸려 가게 됨으로써 그 사이에 감히 의심을 품는 사람을 찾아 볼 수 없게 된 것이다."[36]

장재의 도가의 비사회적 성격에 관한 비판은 단순 논리로 이루어지는 것이 아니라 현상과 본체의 상보적 구도 속에서 이루어진다. 도가가 객관적 一氣를 불변하는 주관적 道體로 삼았던 것에 대하여 장재는 一氣本體와 그 用으로서의 聚散을 말함으로써 객관적 실재론을 제시해 주었다고 볼 수 있다. 장재의 철학은 인간의 삶이 기탁하고 있는 우주가 객관적으로 실재하고, 사회와 인간을 포함한 세계내의 모든 만사만물은 하나도 비실재란 없으며 그 자체 고유한 의미와 가치를 지닌다. 장재 '太虛卽氣'의 논리는 인간과 사회 그리고 인륜을 떠난 어떠한 순수한 선험적 형이상학도 용납하지 않는다. 장재 사상은 현저히 사회 철학적이라고 할 수 있다. 그의 사상이 현세의 문제로부터 격리되어 모종의 순수하고 선험적인 형이상학에 도달하고자 할 즈음에도 출발점인 현세문제를 인식하지 않고서는 그의 형이상학을 제대로 이해할 수 없다. 비록 직관적인 형이상학이라 할지라도 조만간 그의 출발점인 현실세계의 문제로 되돌아간다.

---

36) "自孔孟沒, 學絶道喪千有餘年···若浮屠老子之書, 天下共傳, 與六經竝行, 而其徒侈其說, 以爲大道 精微之理, 儒家之所不能談, 必取吾書爲正. 世之儒者亦自許曰, 吾之六經未嘗語也, 孔孟未嘗及也, 從而信其書, 宗其道, 天下靡然同風, 無敢置疑於其間." (「正蒙·正蒙序」)

> "虛空이 바로 氣라는 것을 알게 되면, 있음과 없음, 감춰짐과 드러남, 神과 化, 그리고 性과 命이 하나이지 둘이 아님을 깨닫게 될 것이다. 단지 모이고 흩어지고, 나가고 들어오며, 드러나고 드러나지 않음의 차이일 뿐이다. 그 본래의 근원을 따져들어갈 수 있는 자라면 易에 깊은 조예가 있는 사람이라 할 수 있다. 만약 虛가 氣를 낳을 수 있다고 주장하면, 이것은 虛는 無窮하고 氣는 유한 것으로 되어, 體와 用이 근본적으로 상호 다르게 되어 老氏의 '有는 無에서 생긴다'는 自然之論을 주장하게 되어, 이른바 有와 無는 혼융된 일체라는 불변의 진리를 깨닫지 못하게 된다."[37]

장재는 여기서 도가가 生成論에 입각해 인간 삶의 세계를 유[現象]와 無[本體]로 이원화하여 현상의 모든 것은 本體에서 기원하는 것으로 보는 貴無論에 비판을 가하고 있다. 이것은 本體에다 궁극적인 가치를 둠으로 해서 현상계의 존재 의미가 상대적으로 종속적 의미밖에 지닐 수 없는 것에 대한 비판이다. 도가가 주장하는 현상의 만물·만상의 존재 근거로서의 本體의 無는 현상의 有와 대립되는 상대적 짝으로서의 존재가 아니라 오히려 有의 존재 근거가 되는 절대적인 궁극적 존재이다. 궁극적 존재인 無로부터 생성되는 인간은 무수한 만물 중의 하나에 불과하며 거대한 宇宙의 한 귀퉁이를 차지할 뿐이다. 도가의 이 같은 논리는 實有的 세계, 즉 현상계에서 인간의 존재 가치를 극히 저하시켜 덧없는 존재로 전락시켜 버리고 만다. 자연히 인간의 현실적 인문 공간 역시

37) 知虛空卽氣, 則有無隱顯神化性命, 通一無二, 顧聚散出入形不形. 能推本所從來則深於易者也. 若謂虛能生氣, 則虛無窮, 氣有限, 體用殊絶, 入老氏有生於無自然之論, 不識所謂有無混一之常." (「正蒙·太和」)

자체로서의 고유한 존재 가치를 상실하고 道와 無라는 本體的 공간의 주변공간으로서의 상대적인 부수적 의미밖에 띠지 못하게 된다. 당연히 인문적 현실 세계에서 이루어지는 인간 삶의 모든 행위 역시 주변적 가치밖에 지니지 못하게 되며, 道와 無의 本體的 절대 공간에서의 삶에 도달하는데 필요한 부차적 수단 공간으로 전락하게 된다.

신유학자로서의 장재에게 있어 삶 공간의 이원화를 통한 階序的 宇宙論을 수립하려는 도가적 세계관은 받아들여질 수가 없었다. 太虛卽氣論의 宇宙 本體論에 보이는 것처럼 세계를 本體와 現象으로 나누어 파악하고 거기에 입각해 자신의 철학 체계를 세우지만, 노자의 '有는 無에서 생긴다'의 논리같이 이원론적 구성을 만들어 無의 本體에다 有의 現象을 종속시키지는 않는다. 오히려 그는 有의 현상에서 발생하는 문제를 해결하기 위해 無의 本體論을 세우며 有와 無, 本體와 現象은 서로 떨어져 독립적으로 존재하는 것이 아니라 일체로 존재한다고 주장한다.[38] 形과 性, 天과 人, 虛와 氣, 幽와 明이 서로 다른 것으로 보이지만 실제 한 덩어리의 일체로 드러남과 드러나지 않음의 차이일 뿐이다.

장재의 이 같은 생각은 실제, 현실, 현세 지향적 인식으로 나타난다. 勞思光은 장재의 이러한 세계 인식에 대해 "그는 세계를 긍정하는 태도를 자신의 세계관과 문화관을 포함하는 사회관의 기본적 관점으로 삼는다"[39]다고 평가한다. 그는 儒學者답게 '世界·人文·俗世'등의 실질적 공간범주와 '과거·현재·미래'로 이어지는 실질적 시간범주의 존재가치를 중요시한다.

---

38) "聚亦吾體, 散亦吾體." (위와 같음)

39) 勞思光(정인재 譯), 『중국철학사(宋明篇)』, (탐구당, 1987), 227쪽.

인간의 삶은 실질적 시공간적 범주를 중심으로 해서 이루어지며 그것을 떠난 삶은 어떤 유의미성도 지니지 못한다. 실질적 시공간 범주를 근간으로 할 때만이 과거와 미래도 의미가 있으며, 속세와 탈속세의 구분도 존재의미를 지닌다. 하지만 이것들은 궁극적으로 서로 분리되어 개별적 독자적으로 존재하는 것이 아니라 하나의 전체 속의 기능적 分岐에 불과하다. 삶과 죽음, 있음과 없음은 모두 한 몸의 두 면일 뿐이다. 통일성은 존재하는 모든 개별자의 근본 뿌리이다. 만상은 흩어져서 서로 다른 모습을 보이나 종국에는 역시 하나의 근본으로 되돌아온다. 세계관에서 보면 만물은 氣와 太虛 사이에서 나와 氣와 太虛 사이로 돌아가는 세계 圖象을 이루게 되며, 이것은 부득이하여 그런 것으로 설명한다.[40]

이러한 장재의 현실 긍정의 實有的 세계관은 유가적 인륜성의 추구로 나타난다. 유가적 사회성의 핵심은 사회 공동체 내에서의 인륜성의 추구다. 유가에서 말하는 인륜성은 주관적 인륜성과 객관적 인륜성으로 나눌 수 있다. 주관적 관점에서 본 인륜성의 개념은 인간의 자아실현과 인격완성을 가리키는 총체적 덕으로 仁義를 말한다. 객관적 인륜은 국가의 토대가 되는 사회공동체 규범으로서의 禮義를 말한다. 주관적 인륜을 중시하는 대표자로는 맹자를 말할 수 있다. 맹자는 인륜성을 객관적 관점에서 보기보다는 주관적 관점에서 파악한다.[41] 仁義는 人倫의 근본이기에 인간이면 누구나 仁義를 품부해 태어난다. 단지 선천적 가능태를 밖으로 외화시키기만

---

40) "太虛不能無氣, 氣不能不聚而爲萬物, 萬物不能不散而爲太虛. 循是出入, 是皆不得已而然也." (「正蒙·太和」)

41) "人之所以異於禽獸者幾希, 庶民去之, 君子存之. 舜明於庶物, 察于人倫, 由仁行義, 非行仁義也." (『孟子』「離婁下」)

하면 도덕적 행위가 인간관계 속에서 자연스럽게 표출되며 그에 따라 정의로운 인륜 공동체가 건설된다.

이에 반해 인륜성을 객관적 관점에서 접근해 간 사람으로는 순자를 말할 수 있다. 순자는 인간다움의 가치를 맹자와는 달리 주관적 인륜성에 찾지 않고 객관적인 사회공동체 속에서 찾음으로써 인간이 악적 존재임을 이론적으로 설명한다. 인간은 性惡의 면에서 동물과 다를 바가 없으나 단 한 가지 다른 점은 義을 추구하는 존재로 파악한다. 인간은 그 義를 실현하기 위해 동물세계와는 달리 집단을 이루고 사회를 구성하며 국가를 만들며, 이러한 공동체의 원활한 운영을 위하여 禮制를 창안한다. 순자는 인간의 인륜성을 제도론적 관점에서 해석한 것이다. 인간의 욕망추구를 어느 일정 한도선에서 충족시키기 위해서는 어떤 제도적 장치가 필요하다고 본 것이다.

장재에게 있어 맹자의 주관적 인륜성의 개념은 그의 인성론에로 계승되고 순자의 객관적 인륜성의 개념은 그의 禮論에로 연결된다. 맹자의 '인간만이 가지고 있는 그 무엇, 어진 마음'은 주관적 인륜성의 단초가 되며 이것은 장재의 天地之性에로 계승된다. 天地之性이라는 주관적 인륜성은 禮의 사회적 실천이라는 매개를 통해 객관적 인륜성으로 확대된다. 장재는 도가가 인간 삶의 엄연한 현실태인 사회를 등한시 하고 자연 일변도의 길을 갔다고 비판한다. 도가가 주관적 자연 인륜성에만 너무 치우쳐 객관적 사회 인륜성을 등한시 한점을 강도 높게 비판한다. 장재는 자신이 생각하는 신유학의 중핵적 의미를 객관인 사회와 주관인 인간 그리고 양자를 매개하는 인륜에 둔다. 인간과 사회 양자의 매개인 인륜을 시공간의 엄연한 실체로서 인정한다. 현실적 인간 삶과 현실적 인간 삶의 공간인 사회 그리고 시공간적 존재로서의 인간이 사회에서 실천해야할 인륜에 절대의 가치를 부여한다. 장재는 그러한 의미에서 天道性命에 근본을 두는 유가적 인륜성의 가치를 높이 평가한다.

> "음양, 강유, 인의는 이른바 性命의 理라 한다. 『易』이란 一物이라 하지만 삼재를 갖추고 있다. 음양은 氣이지만 이를 天이라 하며, 강유는 質이지만 이를 地라 하며, 인의는 德이지만 이를 人이라 한다."42)

> "음양은 天道이니 象의 형성이며, 강유는 地道이니 法의 본받음이며, 인의는 人道이니 性의 성립이다."43)

음양은 기의 兩端이 서로 감응하여 만물이 탄생할 때 나타나는 특징이며, 강유는 대지 만물이 갖추고 있는 剛硬과 柔軟의 성질이고, 인의는 인간의 도덕 품행이다. 이 세가지는 모두 하나의 天性이며 이 삼자가 하나로 합해지는 것이 理로서 음양, 강유, 인의는 性命의 理이다.

이처럼 장재는 氣의 응취산화의 과정으로 이루어지는 현실 인문 공간의 삶의 모든 양태에 대해서 절대적 중요성과 의미를 부여하며, 이러한 삶의 공동체에서 추구되어야할 삶의 가치는 性命의 理에 근원하는 仁義이다. 無知·無欲·無爲·素朴의 개념으로 대표되는 도가적 자연 중심의 삶의 방식을 비판하고, 인문 공간에서 필요한 仁義禮智·是非善惡 개념으로 상징되는 유가적 인위 중심의 삶의 방식을 주창한다. 이제 신경을

---

42) "陰陽,剛柔,仁義所謂性命之理. 易一物而三才備. 陰陽氣也而謂之天, 剛柔質也而謂之地, 仁義德也而謂之人." (『橫渠易說』「說卦」)

43) "陰陽天道, 象之成也. 剛柔地道, 法之效也. 仁義人道, 性之立也."(위와 같음)

써야 할 부분은 현실의 인륜적 삶이다. 그는 현실을 떠나 자연과 物化的 一體가 되기 위해 人爲的 空間의 인륜성 · 도덕성 · 윤리성을 버리고 오로지 無의 本體로 향할 것이 아니라, 無와 有의 일체로 이루어진 氣 중심의 인문적 현실 공간에서 삶과 죽음 · 기쁨과 슬픔 · 편안함과 고통 · 仁義禮智 · 善惡是非 등에 몰두하기를 주장한다.

> "物을 따르고 마음을 잃어 버리면 사람이 物에 의해 화하여 짐을 당하여 천리를 멸하는 것이리라. 神을 보존하고 지나가는 것을 화함은 물론 物의 누됨을 잊고 性命에 따르는 것이리라."44)

장재가 보건대 국가란 사회경제적 문제와 같은 실질적이고 현실적인 삶의 논란거리를 해결하기 위해서 존재하지만, 중요한 것은 제도가 아닌 도덕성과 인륜성으로 해결해야 하는 것이었다. 그는 국가를 하늘이 보증하는 인륜공동체이며 조상대대로 내려온 도덕의 공동체로 본다. 왕안석이 공리주의적 관점에서 재화가 원활히 유통되는 경제적 공간으로서 국가의 모습을 제시한 것에 대해서 사랑으로 맺어진 우주적 가족의 인륜공간으로서 국가의 모습을 제시한다.45) 그리고 그 기반을 도덕성과 인륜성에 두며 그것의 內源을 性命의 理에 둔다.

---

44) "徇物喪心, 人化物而滅天理者乎. 存神過化, 忘物累而順性命者乎." (「正蒙·神化」)

45) 손영식, 「송대 신유학에서 철학적 쟁점의 연구」, (서울대학교 박사학위 논문, 1993), 71쪽.

3. 新儒學의 흥기와 人倫精神의 요청

앞 절에서 불가와 도가의 흥망성쇠의 과정을 대체적으로 살폈다. 불가와 도가가 위진 남북조와 수당시대를 거치면서 어떠한 연유로 사상계와 현실계에서 주도적 위치를 점할 수 있었으며, 또한 어떤 이유로 儒家에게 그 선도적 역할을 넘겨주었는가에 대한 고찰이었다. 본 절에서는 앞 왕조의 지배적 사상이었던 불가와 도가를 대신하여 당 말기부터 일기 시작하여 송대에 확고한 터전을 잡은 신유학의 발흥이 장재의 인륜정신의 요청과 형성에 어떠한 영향을 미쳤는지에 관하여 살펴보려고 한다.

첫째, 무엇을 가리켜 新儒學(Neo-Confucianism)이라 부르는가. 송명시대의 유가철학을 대개 新儒學이라 부른다. 新儒學이란 명칭이 처음으로 조어되어 사용된 곳은 동양이 아니라 서양이지만, 지금에 와서는 동서양을 불문하고 일반적으로 통용되고 있다. 신유학은 불교가 인도로부터 중국에 도입된 결과들 가운데 하나였다. 그러나 신유학은 불교와 중국 전통과의 혼합의 산물이라기 보다는 중국이 오랜 기간 동안 인도사상의 영향 아래에 있은 후에 오히려 불교로부터 독립을 선언한 것이다.[46] 송명대 사상이나 철학의 중핵 개념이 理, 性, 道, 氣였으므로 전체적으로는 性理學, 道學 등으로 칭하여 졌다. 더 나아가 세분하면, 대부분의 학자들은 송대 철학이 理를 최상위 개념으로 하여 전개되었기에 理學이라 불렀으며, 명대철학이 心을 중심 용어로 삼았으므로 心學이라 칭하였

---

46) Carsun Chang(이진표 譯), 『신유학사상의 전개(Ⅰ)』, (형설출판사, 1997), 49쪽.

다. 명칭이야 어떠하든 간에 분명한 사실은 이 三代의 유가철학은 이전의 그것에 비하여 사상의 내용성, 완성도, 체계성, 조직화의 정도 등 모든 면에서 한층 발전된 형태를 보여 주었다. 서양의 학자들은 이러한 면에서 송명의 유학이 이전의 선진유학이나 한당의 유학과는 다르다고 판단하여 新字를 붙이게 되었다.47)

둘째, 신유학 사조의 시초는 구체적으로 언제부터 보였을까. 유학부흥의 기운이 본격적으로 싹트기 시작한 것은 唐 중기 이후부터라고 할 수 있다. 중국 문화 전체의 발전과 학술 조류의 변천이라는 입장에서 보자면, 당 중엽의 중국 문화에는 세 가지 커다란 사건이 발생했다. 바로 새로운 선종의 성행과 신문학운동의 전개 그리고 신유가의 흥기이다.48) 유학이 중국 사상사에서 그 영향력을 완전히 상실한 적은 없었다. 단지 후한이래 수당에 이르기까지 선도적 위치를 불가와 도가에게 넘겨주었을 뿐이었다. 유가에 대한 불·도의 절대적 우위로 일컬어지는 당 중엽 이후의 사상계의 역학구도 속에서 유가의 흥기를 강하게 외치고 나온 유가자는 한유이다. 한유가 도불을 비판하는데 있어 관심의 초점을 맞춘 부분은 유가적 인륜 중심의 중국 전통적 가치관에 대한 도가와 불교사상의 충격과 이로 말미암아 조성된 행위방식의 변화 등이다. 한유는 도교와 불교에 반대했지만 특히 불교를 중점적으로 반대했다. 그는 공맹의 도는 중국의 전통문화이고 군신, 부자, 스승과 제자, 손님과 주인, 형제, 부부 모두 반드시 공맹이 주창한 규범에 따라 각자 그 위치의 책임과 의무를 이행해야

---

47) Wm. T. De Bary(표정훈 譯), 『중국의 자유전통』, (이산, 1998), 33쪽.
48) 陳來(안재호 譯), 『송명성리학』, (예문서원, 1997), 43쪽.

한다고 인식하였다. 당왕조는 명목으로 유·불·도를 똑같이 대우한다고 했으나 실제로는 그렇지 않았다. 중국의 전통적 유학은 윤리형 문화에 속하여 개인의 인격 수양을 강조하며 오직 군신의 의와 부자의 정을 지키는 사회적 윤리와 정의의 환경 속에서만 자신의 도덕 인격을 완성 할 수 있을 뿐, 군신의 의와 부자의 정과 같은 사회윤리와 관계를 떠나서는 인간의 자아가치를 구현할 수 없다고 보았다. 그에게 있어 불교는 군신의 의도 모르고 부자의 정도 모르며 그들이 강조하는 수양은 반드시 군신을 폐기하고 부자를 떠나고 상호 양생의 도를 금하여 소위 청정과 적멸을 추구하는, 강상의 윤리를 부정하는 것으로 파악되었다.49)

한유로부터 본격적으로 일기 시작한 이 같은 유학부흥 운동은 송학의 성립으로 이어진다. 무엇보다 唐代에서는 사대부와 맞선 구귀족들이 아직도 완강했다. 그러나 그들이 당말기 오대의 혼란한 사이에 몰락해 버리고 새로이 성립한 송조는 명확하게 학술을 尊崇하는 정책을 내세웠다. 과거는 전국적인 규모에서 부활되고 목판 인쇄술의 발달은 이를 비약적인 추세로 보급시켰다. 사대부들에게 실로 장미빛의 시대가 시작되었다. 그런 고양된 의기가 향한 곳에서는 정통과 이단의 구별이 강조되고, 불교와 도교에의 대항의식이 생겨나기 시작한다. 유학은 하늘과 사람을 일관하는 규모의 웅대함에서 또 현실적, 정치적 활동을 회피하지 않은 착실함에서 불

49) “是故, 君子出令者也, 臣者行君之令, 而致之民者也, 民者出粟米痲絲, 作器皿通貨財, 以事其上者也. 君不出令, 則失其所以爲君, 臣不行君之令而致之民, 則失其所以爲臣, 民不出粟米痲, 絲作器皿通貨財, 以事其上則誅. 今其法曰, 必棄而君臣, 去而父子, 禁而相生養之道, 以求其所謂淸淨寂滅者.” (『原道』)

교, 도교를 훨씬 능가하고 있었다. 송학이란 요컨대 사대부의 고양된 의식과 교양이 이론화되고 조직화 된 결과였다. 불교의 出家와 도교의 入山에 대한 사대부의 생활양식은 이른바 '명분의 가르침'으로 대변되었다.50)

셋째, 신유학의 발흥과 흥기의 단초가 된 것은 무엇일까. 신유학의 형성과 확립에 있어 외재적으로나 내재적으로 지대한 영향을 미친 것은 역시 道·佛의 이론체계였다. 고도의 이론적 심오성과 완성도를 지닌 道·佛의 형이상학을 유학의 우주론, 본체론, 심성론에 援用할 수밖에 없었다. 유학의 핵심 주제는 修己와 治人의 조화이며, 조화의 궁극적 도달점은 인륜·도덕의 완전한 실천장인 대동사회의 구현이다. 본래 유학사상은 修己之學的 성격과 治人之學的 성격이 중용의 조화적 성격에 의하여 상호보완관계를 유지하는 학문체계이다. 修己之學은 治人之學에 의하여, 또 治人之學은 修己之學에 의하여 보완되어 실천의 場속에서 형성되는 논리구조를 가지고 있다. 그런데 불교의 충격을 받아 외부세계에 대한 무상감과 죽음을 극복하는 논리 등이 부각된 결과 修己之學的 성격은 개인의 바깥세계인 인륜사회에 치중하는 治人之學的 성격을 기다리지 않고 더욱 내면세계로 향하여 개인적 수양을 추구하고, 또 治人之學的 성격은 바깥세계를 무상한 것으로 간주하는 불교사상에 반발하여 더욱 바깥세계에 집착하는 경향을 띠게 되었다.51)

이에 반해 新儒學은 先秦 儒學의 현상 위주의 접근이나 漢唐 儒學의 본체위주의 접근과는 달리 본체와 현상의 상보적

---

50) 島田虔次, 『주자학과 양명학』, 23-24쪽.

51) 이기동, 『동양삼국의 주자학』, 77쪽.

차원에서 修己와 治人의 조화를 추구하는 형이상학적 논의를 전개한다. 五代의 전란이 끝나고 사회경제와 과학기술이 발전된 상태에서 綱常과 人倫에 근거한 문치중심의 중앙집권체제를 강화해야할 북송왕조로서는 인륜·도덕의 문제를 고도의 哲理性과 思辨性에 근거해 해석해야만 했다. 즉 새로운 철학의 창립자들은 우주의 창조를 설명하는 우주론, 인간을 하나의 개체로 취급하고 인간노력의 가치를 긍정하는 윤리학 그리고 존재하는 것과 존재해야 하는 것에 관한 지식의 기초를 결정할 인식론을 포함한 새로운 체계를 수립하지 않으면 안되었다.52)

넷째, 신유가의 본격적인 확립의 기점은 언제로 보는 것이 좋을까. 신유학이 이론적 토대를 확고히 잡기 시작한 것은 북송대에 접어 들면서부터 이다. 일반적으로 신유학이라 불리는 道學은 북송기(960-1127)의 위대한 혁신운동의 와중에 출현했다. 정치적으로 볼 때 이 운동은 다양한 제도 개혁과 혁신정책을 추진했던 왕안석(1021-1086)의 이른바 新法에서 최고조에 달했다. 신유가는 고대 유가사상을 근본으로 하여 노장사상과 불교사상 및 도가사상을 융합하여 만들어진 것이며 새로운 체계를 수립했다. 그런데 여기서 가장 중요하고도 핵심적인 말은 '새로움[新]'이라는 말이다. 적어도 겉으로 보기에 이 말은 당시 지배적인 위치에 있던 복고주의자들이 이상으로 삼아 숭앙하던 전통관념과 대립적인 것처럼 보인다. 그들은 고대 周왕조의 문물제도를 11세기 송 왕조 안에서 부흥시키려고 했던 것이다. 그러나 이 말이 실제로 의미하는 바는 전통과 혁신이 대립하며 각기 다른 방향을 취했다는 것이 아

---

52) Carsun. Chang, 『신유학사상의 전개(Ⅰ)』, 31쪽.

니라, 그것들이 손을 맞잡고 함께 전진했다는 것이다.[53] 전통에 무게를 두고 개혁을 진행시키려는 보수파와 혁신에 중점을 두고 개혁을 추진하려는 진보파 사이에 이념적으로나 현실적으로 분명한 노선의 차이는 있었지만 그들이 공통으로 지향하는 점은 송이라는 국가가 처한 대내외적 현실의 위기와 모순을 극복하고자 하는데 있었다. 그 공통분모는 유학의 재해석을 통한 이념적, 현실적 개혁 추진의 근거를 마련하는 것이었으며, 그에 따라 그들은 유가 경전에 새로운 해석을 가하였다.

신유학의 철학 체계를 세워 이른바 도학의 창시자가 된 사람은 주돈이, 소강절, 장재, 정호, 정이이다. 이들과 동시대인이면서 사상도 역시 매우 비슷한 사람으로 사마광을 들 수 있으나 창의성이 부족하고 원만한 이론체계를 세우지는 못했다. 이들은 전통에 무게를 두면서 개혁을 추구하는 보수파에 속한다. 북송시대 이들 일파와 대립하는 사상가의 일군으로 이구와 왕안석 계열의 공리주의 일파를 말할 수 있다. 이들은 개혁추진에 있어 혁신에 중점을 두는 진보파에 해당한다. 북송대의 사회는 정치·경제·사회·문화 등 제반 분야에서 활발한 변혁과 발전을 경험하고 있었다. 그런데 이러한 변화와 발전이 수반하게 되는 사회상황에서 어떻게 대처할 것인가 하는 문제가 사대부 사이의 견해차이를 확대시켜 놓았던 것으로 보인다. 즉, 사대부 중에는 새로운 발전방향에 적극적으로 대응하면서 질서확립을 도모하던 진취적인 자가 있었는가 하면, 전통에 얽매여 새로운 정책에 반대하는 속에서 나름대로의 질서유지를 주장하던 자도 있었던 것이다.[54] 따라서 신질

---

53) Wm. T. de Bary, 『중국의 자유주의 전통』, 38쪽.

서 모색을 위한 북송 사대부의 활동은 처음부터 현실 문제와 밀접하게 연결되어 있을 수밖에 없었고 그러한 결과로 새로운 사회질서의 확립을 위한 정치변혁 운동이 발생하게 되며 그것은 신·구의 대립으로 나타난다. 즉 북송이라는 공동체가 처하게 되는 대내외적인 국가, 사회적 위기에의 직면과 그것의 극복이라는 극히 현실적 문제를 두고 당시의 사대부 문신 관료들은 자신이 지향하는 정치이념에 따라 신법당과 구법당, 개혁파와 보수파의 두 부류로 나누어지며, 종국에 가서는 왕안석으로 대표되는 남방출신의 개혁파와 이에 정면으로 대립한 북방출신의 보수파의 두 파벌로 수렴된다.[55)]

다섯째, 宋의 新儒學이 탄생되는 데 있어서 주체적·주도적 역할을 담당했던 집단은 어떤 부류였을까. 이 점을 밝히는 것은 중요하다. 왜냐하면 그 집단이 지향하는 전체적 성격에 의해서 송대사회의 상하에 걸친 이데올로기의 성향이 결정되고, 존재와 당위에 관한 그들의 사고 정향에 따라 송대 사회가 지향해야할 우주관, 세계관, 자연관, 도덕관, 윤리관, 그리고 인륜관의 방향이 결정되기 때문이다. 그 집단은 다름아닌 바로 士大夫로 불려지는 집단이다. 송의 신유학은 사대부의 학문이며 사대부의 사상이다. 그들은 당대의 과거제도의 확립과 더불어 일어나 송대에 이르러 사회의 핵심 계층으로 안착된 독특한 상층의 지배계급이다. 송조는 文官治國을 보편

---

54) 梁鐘國, 『송대사대부사회연구』, (삼지원, 1996), 258쪽.

55) 신법당과 구법당의 논쟁점을 크게 여섯가지로 대별해 볼 수 있다. ① 제도와 인격 - 국가의 지도력과 관료의 자율 ② 『주례』와 『춘추』 - 경륜과 도덕성(正名) ③ 맹자의 성인 개념 - 개혁가와 인격자 ④ 5경의 해석 - 국가의 제도 개혁과 도덕 형이상학의 재건 ⑤ 한·당대의 계승문제 ⑥ 교육제도와 교재의 개혁 등을 들고 있다.

적 원칙으로 내세우고 엄격한 문치주의를 강력히 추진하였으며, 사대부는 이에 대응 송왕조의 관료가 되어 자신들이 생각하는 이상을 현실에서 실천할 수 있길 기대하는 가운데 양 집단의 이해관계는 상보적 관계에 놓이게 되었다. 송조는 엄격한 과거시험을 치러 청빈한 하층민을 대량으로 선발하였다. 이들은 유가의 민본 사상에 깊게 빠져 비교적 민간의 고충과 어려움을 잘 이해하고 있었다. 그들은 풍부한 문사지식을 구비하여 당시 사회조건 아래서 사태를 비교적 객관적인 시각으로 바라 볼 수 있는 능력을 가진 지식인들이었다.56) 사대부관리를 뽑고 충원하는 과거시험에서 선발 기준은 출생신분이나, 가문 혹은 족별의 지위 등과 같은 폐쇄적, 제약적 성격의 것이 아니라 학문적 소양과 능력을 갖춘 자라면 누구에게나 열려있는 개방적 그것이었다. 제일 중요한 조건은 학문적 능력과 그것의 실천의지 수준이었다.57)

사대부가 지닌 강점이자 특징은 지식인 집단이라는 점과 그 지식이 불가와 도가 경전에 관한 지식이 아니라 유교 경전에 관한 지식이라는 점에 있었다. 유교적 교양과 지식의 핵심은 현실성, 도덕성, 그리고 그것의 실천성이다. 사대부 계급은 이 모두를 고루 갖추고서 과거 시험을 통하여 위정자가 되길 희망하는 집단이었다. 그들은 국가의 관료가 된 이후에는 유가의 핵심인 도덕성과 그것의 실천성을 현실 사회에서 구현하는데 전력을 바쳤다. 불교가 비록 중국적 사유경향에 따라서 중국 불교화 되었긴 하나 문제는 여전히 남아 있었으며 이 문제를 냉철하게 지적할 수 있는 것은 유학의 도덕철

---

56) 金諍(강길중 譯), 『중국문화와 과거제도』, (중문, 1995), 166-167쪽.
57) 島田虔次, 『주자학과 양명학』, 20-21쪽.

학 밖에 없었을 것이다. 이미 도가는 그 동기나 추이에 있어서 불교와 유사했었고 급기야 物化를 주장함으로써 여전히 인륜세계는 방치상태에 두었으며 따라서 이 점에서 불교와 같은 문제점을 안고 있었다.[58] 불가와 도가는 전대의 사회에 긍정적으로 기여한 점도 많았지만 현실성, 도덕성, 실천성의 측면에서 결정적 취약점을 드러내게 되었으며, 이러한 약점은 정치사회에도 그대로 직결되어 부정적 영향, 즉 윤리성과 인륜성 파괴라는 시대의 고민거리를 자아내게 된다. 사대부들은 이러한 시대의 난제를 풀어 송대 사회를 안정시켜야만 했다. 前代에 무너져 내린 인륜과 도덕을 회복시켜 유가 고유의 대동적 민본사회를 구현해야할 책무를 맡게 되었다.

여섯째, 송대 이후의 新儒學은 先秦·漢唐 유학에 비해 어떠한 다른 특징을 지고 있을까. 외적으로 보면 송대의 유학자들은 유학의 경전 내지 학문적 근거가 되는 기본 전적을 대하는 태도부터가 달랐다. 송대 이전의 儒家者들은 다만 六經을 전수해 주는 것만으로 만족한데 비해, 송유들은 공맹철학의 중핵 개념인 仁義를 중심으로 유가의 전적을 다시 정리·해석하여 계통과 체계를 새롭게 세웠다. 전적에 대한 관점의 변화는 고전에 대한 평가를 달리하게 되어, 『論語』, 『孟子』, 『中庸』, 『大學』, 『周易』이 유가경전의 중심 자리를 점하게 된다. 보다 중요한 것은 외적인 변화가 아니라 내적인 내용상의 변화다. 불가와 도가의 영향으로 형이상학의 전폭적 보강이 있게 된다. 도가의 융성과 불가의 전입으로 사람들은 형이상학적 문제, 즉 도덕적 가치를 초월한 문제에 관심을 두었다. 당시의 말로 표현하자면 性·命의 문제에 더 귀를 기울였다. 『論

---

58) 유인희, 『주자철학과 중국철학』, (범학사, 1984), 79쪽.

語』, 『孟子』, 『中庸』 특히 『周易』 같은 책에 그러한 문제에 관한 논의가 없었던 것은 아니었다. 그러나 이러한 것들은 새로운 시대의 문제에 대처하기 위하여 참으로 새로운 해설과 해명을 필요로 하였다.[59] 송대 이후 儒家者들의 이러한 노력은 우주론, 심성론의 형이상학화 현상으로 나타난다. 그들은 인간의 도덕성의 내원과 실천이성의 근거를 존재론적으로 증명하려는 시도를 한다. 신유학으로 무장한 사대부들은 도가와 불가로부터 哲理性과 思辨性의 면에서 지대한 영향을 받았으면서도 도리어 그 점을 토대로 佛家의 탈인륜적 성격과 도가의 비사회적 성격에 대한 집중적 비판을 가하면서 유가경전에 대한 형이상학적 해석을 시도한다.[60]

그러면 마지막으로 이러한 북송 신유학의 발생, 전개, 발전이 장재 人倫 思想과는 어떠한 상관관계가 있을까. 그가 북송 신유학 개조의 한 사람이라는 점에 대해서 어느 누구도 이견을 제기하는 사람은 없을 것이다. 또한 그의 신유학이 그만의 사유체계 내에서 시작하여 그만의 사유체계로 끝나 버린 고립된 사상이 아니라 다른 학자들과의 밀접한 상관관계 속에서 확립된 것이라는 점에 대해서도 대다수의 학자들이 동의할 것이다. 장재 역시 그 동시대인과 비슷한 현실 인식을 지녔을 것이고 거기로부터 자신의 사상이 잉태되었으므로 그들과 동일성과 차별성을 동시에 내함하고 있을 것이다. 따라서 당시 신유학의 전반적 흐름을 고찰함으로써 장재 신유학의 차별성과 동일성을 파악할 수 있을 것이며, 동시에 이를 통해 장재 인륜사상의 전모를 구체적으로 파악할 수 있는 바탕을

59) 馮友蘭(정인재 譯), 『중국철학사』, (형설출판사, 1997), 341쪽.

60) 유인희, 『주자철학과 중국철학』, 79쪽.

마련할 수 있을 것으로 본다.

장재가 人倫에 관해 심각하게 생각할 수밖에 없었던 것은 북송이 당면했던 현실적 문제에 대한 통찰에서 비롯하였다. 북송이 당면한 사회, 정치, 역사적 상황은 극히 현실적인 것이었음에도 불구하고 이 문제에 직면해 있었던 일반 백성들과 관료들의 가치의식은 前代의 道家와 佛家의 영향으로 인해 현실 문제 해결에 둔감해져 있었다. 당시 학자들 중에는 도교풍에 젖어 들어 세속의 번거로운 일을 벗어나 명상에 빠짐으로써 유유자적하게 생활하는 은사들이 생겨났다. 은사들의 학문적 조예 또한 매우 깊어 유학자들은 물론이고 상하의 모든 사람들이 그들을 존경하고 사모하였다.[61] 특히 백성들의 불교 신봉은 정신을 내세에 의지하게 하고 현세에 대한 노력을 소홀하게 하였다. 佛化의 생활이 많은 현실적 고통을 더는 데 유용하였으므로 많은 사람들은 불가적 삶에 집착하였다. 일반 사람들은 佛法의 참된 의미를 이해하지 못하면서도 현실적 인생의 괴로움과 고통을 삭히기 위해 절간에 파묻혀 속세와 왕래를 끊고 현실을 도피하려 하였다. 이러한 탈세속의 사회적 경향은 현실 삶에 대한 개인 의지의 박약함을 표현하고 있을 뿐 아니라 또한 사회적 활동력의 약화를 보여주는 것이다. 따라서 장재는 백성들과 관료들이 탈세간적 가치의식의 영향권으로부터 벗어나지 못하는 한 북송의 당면 현실 문제 해결은 난감하다고 보고, 한 시대를 인도할 당위적 이념 내지 선도적 가치관의 정립에 몰두하지 않을 수 없었다.[62] 즉 인간 존재에 관한 새로운 이해와 인간이 당위적으로

61) 三浦藤作(박재주외 譯), 『중국윤리사상사』, (원미사, 1997), 409쪽.

62) 山井湧, 『明淸思想의 硏究』, (東京大學校 出版會 刊, 1980), 6쪽.

추구해야 할 도덕·인륜의 정립이 요구될 수밖에 없었다.

이제 장재가 해결해야 할 근본과제는 분명해졌다. 그것은 세계와 주체의 부정이라는 관점에 대하여 세계와 인간을 긍정하는 입장을 제기하고, 그것의 제기를 통하여 인간이 가져야할 목적과 이상을 확립하는 것이었다. 말하자면 인간과 세계의 존재 의미에 관해 긍정과 생명력을 가장 효과적으로 불어넣을 수 있다고 본 인륜성과 윤리성 중심의 유교적 실천 도덕철학 정신을 회복시키는 것이었다. 그는 인륜과 도덕을 太虛卽氣의 본체론에 정초지움으로써 가능하다고 생각했다. 왜 그런지의 이유는 그가 氣라는 개념에 부여한 함축적 의미와 그러한 함축적 의미 부여를 통해 이루고자 했던 목적을 고찰함으로써 알 수 있다. 즉 장재 氣 철학의 주요 문제가 '氣란 무엇이냐'를 묻는데 있는 게 아니라, '氣로 무엇을 설명하려 했느냐'하는 점을 살펴보면 그 이유를 파악할 수 있다. 그에게 있어 氣라는 용어는 우선 공간적으로 道·佛의 '탈세속·탈현실'에 대칭되는 유가의 '현실성·세간성'의 의미를 함축한다. 가치적으로, 道·佛의 '탈세간적 인륜·도덕'에 대비되는 '현세적 仁義禮智의 인륜·도덕'을 함의한다.[63] 그는 이러한 생각을 북송의 당면한 현실 문제 해결의 사상적 토대로 삼으려 했다. 왜냐하면 氣라는 개념은 중국 철학사에서 觀念·名理·理想·形而上을 주요 속성으로 하는 추상적 개념을 담아내는데 가깝고 적합한 용어이기보다는 오히려 現實·實際·實理·形而下를 담아내는데 적합한 용어로 자리잡아 왔기 때문이다. 따라서 그는 氣라는 실제적 성격의 용어를 준거로 삼아 공맹의 원시 유학을 재해석함으로써 '太虛卽氣'論에 입각한 세간 중

63) "仁義禮智, 人之道也, 亦可謂性." (『張子全書 卷十二』「語錄抄」)

심의 氣化的 인간관과 가치관의 수립에 임할 수 있었다. 장재의 이러한 문제 의식으로부터 왜 그토록 實有的 세계관[太虛卽氣]의 확립을 열망하였는지의 이유를 찾아낼 수 있을 것같다. 이러한 實有的 세계관을 설명하기 위해 장재가 등장시킨 핵심 개념이 바로 氣이다. 즉 氣에 의해 세계 존재가 實有이며, 통일되어 있다[不二]는 것을 입증하려 한다.[64] 세계는 비사회적, 비역사적, 비정치적 虛와 空의 공간이 아니라, 엄연히 仁義禮智가 실천되는 인문 공간으로 존재하며, 인문 공간에서 일어나는 선악 시비에 관련된 모든 사건과 일은 무조건 부정될 것이 아니라, 긍정과 인정을 통해 극복되어야 할 實有的 공간의 요소로 간주되어져야 한다는 것이다. 그는 이를 위해 도가에 대해서 文明主義로, 불가에 대해서는 인륜주의라는 입장에서 그들을 비판하고 유가의 우월성을 강조한다. 유가의 입장에서 볼 때 현실의 이 세계야말로 인간이 도덕과 문화적 가치를 창조할 수 있는 가장 근본적인 뿌리이기 때문이다.[65] 따라서 그는 유학에 심도 있는 사변적 철학 근거를 부여하기 위하여 유학을 중심으로 道·佛 사상을 종합한다. 당시 불교가 안고 있었던 폐단에도 불구하고 현상에 대한 형이상학적 분석이나 논리적 추리의 측면을 수용하게 되었으며, 또한 도교의 초현실적 주장에도 불구하고 우주 생성에 관한 이론 등을 유학의 우주론 체계에 흡수한다.[66]

그러면 氣化論에 토대한 인륜사상은 구체적으로 어떻게 나

64) 장윤수, 「張載 氣철학의 이론적 구조」, 84쪽.

65) 정병석, 「송명유학의 근본과제」, (『중국학지』 제7집, 계명대학교 중국학연구소, 1991), 85쪽.

66) 김양용, 「횡거의 易철학 연구」, 『제7회 한국 철학자 연합 학술 대회보』, (세종문화사, 1994), 242쪽.

타날까. 장재는 송대 신유학의 보편적 구도인 '현상과 본체의 상보성[氣一分殊]'이라는 체계에 의거해 인륜의 문제를 논하며, 이렇게 해서 성립된 인륜관을 북송의 당면한 사회 문제 해결의 초석으로 삼는다. 그것은 구체적으로 本體論, 人性論, 天理·人欲論, 禮論 등으로 구성되어 있다. 그는 인륜의 형이상학적 절대근거로서 本體論을 상정하며, 그리고 그 本體의 현실적 담지자로 人性論을 이야기하고, 또한 人性의 善惡 문제를 天理와 人欲과 연결지우며, 마지막으로 人倫의 현실적 실천양태로 禮를 언급하기 때문이다. 그는 太虛卽氣의 天人一物觀에 근거한 인륜성을 추구한다. 장재에게 있어 太虛는 하나의 진실된 존재로서 天人을 관통하는 誠道이기에 그 자체 生生不已하는 존재론적 실체이자 인륜·도덕의 원천이 될 수 있다.[67] 그는 본체관 정립의 필요로 인해 본체와의 상보 관계 속에서 우주와 만물의 실재성을 정초하지만, 그의 궁극적 관심은 역시 인간세계에 있었다.[68] 즉 인간의 실천적 당위성과 도덕성을 본체에 의해 보증 받게 했다. 天道가 天行 즉 天의 운행 과정 및 그 규율이라면 人道 또한 인간이 살아가는 과정 및 그 규율이다. 따라서 人道는 아무렇게나 살아가는 인생의 과정이 아니라 인간의 도덕적 생활의 과정을 의미한다. 수양을 통해 인간의 영적 직관을 한없이 길러 天德을 체인하고, 동시에 이를 실제적 人事에 적용함으로써 현실의 바람직하지 못한 모순들을 극복할 수 있다는 것이다.

장재에게 있어 인륜의 실천 주체인 인간의 인성의 선악 역시 단순히 현상계에서 시작해 현상계에서 끝나는 국부적 문

---

67) "天人異用, 不足以言誠. 天人異知, 不足以盡明. 所謂誠明者, 性與天道, 不見乎小大之別也." (「正蒙·誠明」)

68) 김양용, 「횡거의 易철학 연구」, 259쪽.

제가 아니라 本體界[太虛]와의 연계 속에서 조망된다. 현실 인성의 선악 문제는 일차적으로 氣의 품수와 같은 존재의 문제와 직집적으로 연관되어 있다. 즉 응취산화에 의한 氣의 품수 과정은 인간의 존재론적 誕生의 과정인 동시에 善惡賢愚의 당위론적 가치의 수립 과정이라 할 수 있다. "天과 人은 하나다. 음양은 그 氣를 말함이고, 剛柔는 그 形을 말함이다. 仁義는 그 性을 말함이다."[69] 氣의 품수 과정인 음양이기의 응취산화 과정이 단면적 단순 과정으로 이루어지는 것이 아니라 외재적 내재적으로 복잡한 연관 구조를 이루고 있다. 즉 氣의 품수에는 우선 존재론적으로 通塞閉開의 정도에 따라 내재적 淸濁厚薄의 차별적 특성이 나타난다. 존재론적 특성은 善惡賢愚의 당위론적 특성으로 전환된다. 존재론적 사실성은 바로 당위론적인 가치 · 윤리 · 도덕의 문제, 인간 사회의 선악 문제로 전이되는 것이다. 淸濁厚薄의 차별적 특성이 만물의 응취산화에 적용되면 고등동물과 하등동물의 구별로 드러나고, 인간과 동식물의 구별 기준으로 되며, 인간에게만 적용되면 善惡賢愚의 차별적 인간상으로 나타난다. '太虛卽氣'의 淸하고 厚한 氣를 타고나면 성인과 같은 우등한 군속 쪽에 가까운 선한 성격을 지니게 되고, 濁하고 薄한 氣를 품수받아 태어나면 열등한 인간 군속에 가까운 악한 성격을 지니게 된다. 그러므로 학문과 사변학을 바탕으로 한 도덕적 실천과 수양을 통해 기질을 변화시켜 그 근본으로 돌아가야 하는 것이 인간에게는 당위의 문제이자 존재의 가치를 결정짓는 일이다.[70]

---

69) "天人一, 陰陽其氣, 剛柔其形, 仁義其性." (『橫渠易說』「說卦」)

70) 임종진, 「송명 유학의 발생과 그 전개」, 『동양철학의 이해』, (소강, 1995), 193쪽.

이제까지 살펴 본 장재의 인륜해석의 전체적 특징을 개괄하면, 그는 북송 사회가 당면한 인륜·도덕의 타락 문제를 해결하기 위해 유학의 부흥과 새로운 해석을 주장한다. 先秦 유학의 인륜에 대한 新解釋은 송대 유학의 보편적 구도인 '인성론과 본체론의 상보성'이라는 구도에 의거해 시도되며, 이렇게 해서 성립된 인륜관을 북송의 당면한 사회문제 해결의 초석으로 삼는다. 즉 그의 인륜해석이 先秦유가의 인륜해석과 다른 점은 본체론과 상보관계를 맺음으로써 인간을 존재론적으로나 가치론적으로 정당성을 확고히 확보하게 한 다음 인간사의 인륜·도덕에 관계된 모든 논쟁거리에 대해서 분명한 시비판별의 원리와 기준을 제시하게 하는 점이다. 이런 유가적 인륜해석은 불가의 탈세간적 특성과 도가의 탈사회적 성격의 비판 그리고 양자 형이상학의 비판과 援用의 형태로 전개되었다. 따라서 다음 장에서는 이러한 점을 토대로 삼아 북송의 佛家의 탈세간적 성격의 가치관과 道家의 탈사회적 성격의 가치관에 대한 비판과 극복으로 나타난 장재의 현세적 인륜·도덕관이 구체적으로 어떻게 전개되는가를 살피고자 한다.

제3장

장재 인륜의 우주론적 기초

장재의 인륜사상을 고찰하기에 앞서 그의 우주론을 살펴보지 않을 수 없는 이유는 다음의 두 가지이다. 하나는 장재는 佛家의 出家的 성격의 인륜관과 道家의 入山的 성격의 인륜관으로는 북송 사회가 당면하고 있었던 현실적 과제와 사회적 모순을 해결할 수 없다고 보았다. 그러나 그가 지향했던 儒家 역시 道·佛과 마찬가지로 분명한 한계를 지니고 있었다. 先秦 儒家의 인륜관은 일상 생활에 대한 삶의 지침과 교훈을 제공하는 역할 정도밖에 하지 못했다. 따라서 道家와 佛家 그리고 先秦儒學의 인륜이해를 대체할 수 있는 인륜관을 정립하지 않을 수 없었다. 그것은 道家와 佛家의 宇宙 本體論的 토대 위에 先秦 儒家의 인륜관을 정초시키는 것이었다. 이렇게 함으로써 先秦 儒家의 인륜관의 한계를 극복하고 형이상학적 기초 위에서 신유학의 인륜사상의 정립에 진력할 수 있었다. 또 다른 이유는, 장재의 인륜 개념은 우주유기체의 정합적 이치를 인간공동체의 질서개념으로 援用한 것이다. 즉 天道의 조리와 절차로서의 유기적 관계를 人道의 도덕성으로 자각하고 나아가 공동체의 인륜성으로 구현하고자 했던 것이다. 그러므로 그는 우주 본체론의 기초 위에서 신유학적 인륜관을 정립하고자 했다. 이러한 점에서 볼 때 장재의 인륜정신을 고찰하기 위한 기초로서 우주론이 어떠한 내용으로 이루어져 있는가 하는 점의 확인은 필수적인 것이다.

1. 太虛卽氣論

先秦 유학의 우주론은 佛家나 道家의 우주론에 비하여 포괄적인 역동적 해석체계를 제시하지 못했다. 즉 先秦 유학자들의 宇宙와 天에 관한 체계화된 형이상학 정립의 노력이 부족했다. 이러한 점은 先秦 儒學의 宇宙論이 가지는 한계였다. 宇宙 本體에 대한 형이상학의 부재는 유학의 쇠퇴를 초래한다. 隋·唐 시대에 이르러 道家와 佛家는 확고한 宇宙 本體論에 힘입어 儒學이 누렸던 지위를 대신하게 되고, 그 결과 유학은 침체의 늪에 빠져든다. 그러나 唐 말기에 일기 시작한 유학 부흥 운동은 북송 시대에 들어오면서 확고한 자리를 잡게 된다. 당시 유학자들은 그 동안에 유학이 왜 침체될 수밖에 없었는가에 대한 종합적인 반성을 하게 한다. 그 성찰의 결과 유학자들 나름의 원인을 찾게 된다. 그것은 바로 先秦 유학에 결핍되어 있던 宇宙에 대한 형이상학적 해석 체계의 不在라는 사실이다. 따라서 북송 시대의 유학자들에게 있어 宇宙에 대한 형이상학적 해석 체계의 확립이 최대 과제가 아닐 수 없게 된다.

그런데 이 같은 宇宙 本體論 혹은 형이상학 정립의 노력은 당시 상당히 진척되어 있었던 합리적 자연관 내지 天觀을 대폭 수용하는 경향을 보였다. 북송 시대에 접어들면 학자들의 天觀에 현저한 변화와 발전이 이룩된다. 당 말기 柳宗元, 劉

禹錫 등의 견해에서 보였던 유물론적 天觀이 북송대 대다수의 학자들에게 공통적으로 인식되고, 이러한 인식은 자연적 天에 대한 관찰의 제고와 합리적 인식의 탐구를 촉진하게 된다. 前代로부터 내려오던 天觀의 수용과 비판의 작업을 통해 天의 본질에 대한 새로운 조망을 가지게 된다. 周敦頤의 無極而太極論, 邵雍의 先天後天論 등은 모두 새로운 형식의 탐구 및 관찰로 얻게 된 북송 학자들의 天觀이자 宇宙 本體論이다. 이러한 宇宙論은 이론의 전개 과정상 고대적 견해의 종언이며 새로운 시각의 개막을 알리는 것이기도 하다.[1] 즉 북송에 들어서면서 유학자들은 세계를 비교적 합리적 관점에서 파악하고, 그것에 근거해 형이상학을 정초하려는 경향을 나타냈던 것이다.

장재의 경우도 이러한 합리주의적 경향의 대세로부터 예외가 아니다. 宇宙 本體論을 수립하되, 자연과학의 합리적 성과의 토대 위에서 수행하는 것이 중요했다. 그리하여 天 개념을 골격으로 해서 전개되었던 선진 유가의 宇宙論은 장재에 와서 氣를 중심으로 하는 '太虛卽氣'의 本體論으로 구조화·체계화되어 나타난다. 장재가 宇宙 本體의 구조를 설명하는 데 사용한 중심적인 용어는 太和·太虛·氣이다. 이러한 용어들이 그의 사상체계를 세우는 데 어떤 성격을 지니고, 어떻게 기능적으로 작용하는지를 고찰함으로써 宇宙 本體의 實相을 이해할 수 있을 것으로 생각된다.

첫째, 太和에 대하여 살펴보기로 하자. 중국철학사에서 太和라는 용어를 장재가 처음으로 造語하여 사용한 것은 아니다. 『周易』「乾卦·彖辭」에서는 "太和를 保合하면 이롭고 곧

---

1) 戶川芳郎外(조성을이동철 譯), 『유교사』, (이론과 실천, 1994), 262쪽.

다"[2]라 하여 太和라는 용어가 쓰이고 있고, 『莊子』「天運」에서는 "만물을 크게 조화시킨다"[3]이라는 말이 있지만, 이것은 음양이 모여 絪縕한 沖氣상태의 氣를 의미할 뿐이다. 現象과 本體를 포괄하는 우주론적인 개념으로 쓰이게 된 것은 장재 때부터라 할 수 있다. 장재는 이와 관련하여 다음과 같이 말했다.

> "太和는 이른바 道이다. 그 가운데 뜨고 가라앉음, 올라가고 내려옴, 움직임과 고요함이 서로 감응하는 性이 함유되어 있어서, 이에 엉키고 합하여 서로 작용하고, 이기고 지고, 굽히고 펴고 하는 운동이 시작된다. …· 흩어져 여러 가지로 다르게 갈라져 현상화 될 수 있는 것은 氣라 여기고, 맑게 통하지만 현상화 될 수 없는 것을 神이라 여긴다. 아지랑이와 같이 엉키고 합하는 것이 아니라면 '太和'라 일컫기엔 부족하다."[4]

太和는 浮·沈·升·降과 動靜·相感의 작용성을 含有하는 것으로 絪縕의 왕성한 氣가 屈伸變化하는 전체적 실상을 지칭한 것이다. 즉 氣가 변화하거나 혹은 음양이 서로 推移하는 氣化의 전과정 자체를 일컫는 말로서, 그것은 스스로 변화의 작용성을 내포하여 調和의 극치 상태를 일구어 낸다. 太和속에 내포되어 있는 浮沈·升降·動靜의 對待性은 氣의 지극히 조화로운 모습을 뜻하는 和를 본질적 속성으로 內含하고 있다. 이러한 太和의 對待的 속성에 의하여 氣가 상호 力動的으

---

2) "保合大和, 乃利貞." (『周易』「乾卦 · 彖辭」)

3) "太和萬物." (『莊子』「萬物」)

4) "太和所謂道, 中涵浮沈升降動靜相感之性, 是生絪縕相盪勝負屈伸之始. … 散殊而可象爲氣, 清通而不可象爲神. 不如野馬絪縕, 不足謂之太和." (「正蒙·太和」).

로 뒤섞이어 움직이게 되고, 勝負·屈伸의 작용이 일어나게 된다. 太和의 和字를 언어 품사적 의미에서 분석해 보면 名詞 혹은 實字에 근접하기보다는 오히려 動詞에 가깝다. 왜냐하면 太和를 太虛처럼 宇宙 本體 자체의 본래적 존재 모습을 묘사한 용어로 보기는 곤란하기 때문이다. 太和의 원래 의미는 '크게 조화롭게 하다'라는 것으로 本體 자체를 뜻하는 것이라기보다는 本體 자체의 작용 혹은 기능을 형용하는 용어라고 할 수 있다. 주희는 "太和란 陰陽二氣가 통일·조화되어 평형을 이루고 있는 상태를 가리키는 것으로 이른바 음양이 모여 있는 충화한 氣이다"[5]라고 하여 이러한 측면을 잘 설명해 준다. 그래서 장재는 本體 자체를 가리키는 것으로 따로 太虛나 혹은 一氣라는 용어를 사용한다.

그런데 장재는 이러한 太和의 기능이 本體에만 국한된 것이 아니라 現象에도 그대로 적용된다고 보았다. 주희는 "이것은 太和로서 道體를 형상화한 것이니, 『中庸』의 '發하여 절도에 맞다'고 했을 때의 和와 다를 것이 없다"[6]라고 하여 太和를 太虛라는 道體의 본래적 존재 모습을 지칭하는 용어로 국한시켜 보았다. 그러나 주희와는 달리 장재는 太和가 본체의 본래적 존재모습을 형용한 말인 동시에 본체의 작용에 의하여 생성된 현상의 만물에도 해당되는 원리로 보았다. 즉 太和는 陰陽未分의 太虛가 一物兩體의 待對性에 의하여 움직이는데 조화를 잃지 않게 하는 원리인 동시에, 陰陽旣分의 氣가 응취산화의 과정을 통해 만물을 생성시키고 소멸하게 하는 데에 일정한 조리와 순서를 제공하는 원리로 볼 수 있다.

---

5) "太和 指陰陽二氣統一協調, 平衡之狀態, 所謂陰陽會合, 沖和之氣." (『周易本意』 卷之一)

6) "此以太和狀道體, 與發而中節之和無異." (「正蒙·太和」 朱熹注)

이러한 장재의 견해는 王夫之에 의해서도 뒷받침된다. 그는 "太和는 和의 지극함이며, 道는 天地와 人物의 도리이니 이른바 太極이라는 것이다. 음양이 드러나는 양상은 다르지만 그 太虛 속에 있는 絪縕은 똑같이 합하여 서로 해치지 아니하고 상호 섞이어 조금의 틈도 없으니 조화의 지극한 것이다. 形器가 있기 전에도 본래 不和는 없었고, 이미 形器가 있게 된 후에도 그 조화를 잃지 않으므로 太和라고 한 것이다"7)라고 말한다. 이 구절에서 보면, 장재가 말하는 太和란 조화의 지극함이라 볼 수 있다. 太和 속에 포함된 뜨고 가라앉으며, 오르내리고, 움직이고 고요하며, 상호 감응하는 성질은 서로 상대를 이루고 있으면서도 조화를 내포하고 있는 것이다. 따라서 장재에게 있어 태화는 주희의 말처럼 道體의 본질적 성격을 표현한 것일 뿐만 아니라 왕부지의 언급처럼 그 속에 내재된 상대성에 의하여 우주만물을 생성·변화시키는 원리임을 알 수 있다.

이렇게 볼 때 장재는 太和라는 개념에 의거해 전 우주를 하나의 거대한 有機體的 조화의 세계로 만들려고 했음을 알 수 있다. 즉 太和를 본체 자체의 조화 원리로, 현상과 본체 사이의 조화를 자아내는 원리로, 그리고 현상과 현상간의 화합을 이끌어내는 총화적 원리로 본 것이다.

둘째, 太虛에 대하여 살펴보자. 太虛라는 말은『莊子』「知北游」에 처음 나오는 말로 '虛空', '虛' 등의 개념과 같이 전국시대에 형성되었으나 그것들만큼 중시되지는 않다가 후대에 접어들면서 道家, 佛家, 醫學 등에서 중요하게 취급되었다.

---

7) "太和 和之至也, 道者 天地人物之道理, 卽所謂太極也. 陰陽異撰, 而其絪縕於太虛之中, 合同而不相悖害, 渾淪無間, 和之至矣. 未有形器之先, 本無不和, 旣有形器之後, 其和不失, 故曰太和." (『張子正蒙注』「太和」卷之一)

이 점에 대하여 이상선은 (太)虛(空)이란 말은 老莊에서 시작하여 『皇帝內徑』, 『淮南子』, 張湛의 『列子注』, 韓康伯의 『周易註』, 孔穎達의 『周易正義』, 『六曹壇經』, 『金剛經』, 吳筠의 『宗玄文集玄綱論』의 발전과정을 거쳐서, 장재에 이르러 여러 학자들의 太虛 관념을 총괄적으로 받아들여 자신의 사상의 가장 핵심적인 관념으로 삼았다고 주장한다.[8] 장재의 太虛論은 佛家와 道家의 空과 無에 대한 비판적 극복으로 나타난 것이다. 그는 모든 것은 짝 혹은 상대가 있다는 『周易』의 對待論法에 의거하여 道·佛의 본체론을 비판한다. 佛家와 道家가 空, 無, 虛 등의 한 쪽만을 性으로 간주하는 것은 진리가 아니라고 반박한다. 空, 虛, 無가 있으면 實, 有도 있다고 함으로써 유가적 仁義를 정당화할 수 있는 형이상학적 근거로서 實有를 확보하고, 實有로서의 현실과 인륜·도덕 그리고 문화의 긍정방향으로 나아간다.

장재는 우주론을 토대로 인간관과 세계관을 정립하기 위해서 本體의 작용과 기능의 차원을 넘어 宇宙 本體 자체의 본질적 존재 모습을 규명하려는 노력을 중단할 수가 없었다. 이러한 思慮의 결과로 등장하는 용어가 太虛이다. 장재의 太虛는 일반적으로 말하는 허공과 같은 것이 아니다. 그것은 어떤 절대 공간도 아니고, 속에 아무 것도 들어 있지 않은 궤짝과도 같은 것이 아니다. 그것은 인간의 감각으로는 직접 감지할 수 없는 지극히 성글고 엷은 氣로 가득 찬 광활한 우주공간을 가리킨다.[9] 장재는 太虛에 대하여 다음과 같이 말한다.

---

8) 이상선, 「橫渠의 '太虛卽氣'와 宇宙本體論」, 『孔子學』, (한국공자학회, 창간호, 1995), 93쪽.

9) 陳來(안재호 譯), 『宋明性理學』, (예문서원, 1997), 101쪽.

> "太虛는 無形하니 氣의 本體이고, 그가 모이고 흩어짐은 변화의 客形이다. 지극히 고요하여 감응이 없으니 性의 淵源이다. 인식과 지능이 있으니 사물과 왕래하는 客感이다. 客感과 客形, 無感과 無形에는 오직 性을 다하는 자가 일치할 수 있다".10)

장재에게 있어 太虛는 宇宙原質로서의 氣가 本體的 차원에서 어떠한 모습으로 존재하는가를 묘사하기 위하여 차용된 용어라 볼 수 있다. 즉 太虛는 氣의 본래적·본질적 존재 모습을 지칭한 개념인 것이다. 이것은 장재가 太虛를 氣의 원시상태로 규정 지우거나 감각으로 포착되지 않는 근본적 존재로 인지하였음을 보여주는 것이다. 이러한 氣의 本體로서의 太虛는 無形의 존재이고 不可象의 존재이다. 淸通하여 흔적을 남기지 않기 때문에 형상화할 수 없는 形而上의 추상적인 존재이기도 하다.11) 그런데 氣의 원시적 무형 本體로서의 太虛는 외부로부터 가해진 어떤 힘에 의하여 움직이는 것이 아니고, 자체 내부에 함유하고 있는 자생적 에너지에 의하여 응취산화의 과정을 지속하면서 현상에 만물을 생성시킨다. 太虛가 氣의 본래적인 존재상태를 의미한다면 太虛의 이 같은 응취산화의 본연적 역동성에 의하여 생성되는 현상의 만물은 客形이다. 客形의 존재는 本體的 氣로서의 太虛의 영원성과 선천성 그리고 불변성을 부각시키는 역할을 한다.

셋째, 氣에 대해서 살펴보기로 하자. 程朱學 계열의 학자들은 장재의 사상을 二元論이라 주장한다. 이것은 太虛와 氣의

---

10) "太虛無形, 氣之本體, 其取其散, 變化之客形爾. 至靜無感, 性之淵源, 有識有知, 物交之客感爾. 客感客形與無感無形, 惟盡性者一之." (「正蒙·太和」).

11) "散殊而可象爲氣, 淸通而不可象爲神." (위와 같음).

관계를 理先氣後의 논리에 따라 不相離이긴 하되 不相雜의 관계로 이해하는 것이다. 牟宗三은 氣와 太虛의 상관성에 대하여 太虛가 氣를 떠나 있지 않지만 그렇다고 太虛가 곧 氣는 아니라고 주장한다. 말하자면 太虛卽氣의 卽字는 圓融을 뜻하는 卽이며, 不離의 卽이고, 通一無二의 卽이지 同等의 卽은 아니라고 한다.[12] 그러나 장재는 氣라는 개념을 매개로 太虛와 氣를 有機的 一體關係로 묶는 氣一元的 우주 존재론을 수립하려고 하였다. 그는 太虛와 氣의 관계에 대하여 물과 얼음이 본질상 동일하듯이 太虛는 氣의 흩어진 상태를 의미하기 때문에 太虛가 바로 氣라고 생각하였다.[13] '太虛'의 本體는 자체의 본래적 속성에 따라 氣의 응취산화의 운동을 지속하면서 자신의 존재를 현상에 구체적 형상으로 드러냈다가 다시 감추었다 한다는 것이다. 그는 宇宙의 원질[實有]의 실제적 존재를 형용하기 위해 이전의 용례가 지녔던 것과는 다른 의미를 氣와 太虛에 투사시켜 개념화한다. 이것은 바로 '太虛卽氣'의 實有的 논리이다. 장재는 氣에 대하여 다음과 같이 말한다.

> "天地의 氣는 비록 모이고 흩어지며, 물리치고 취하는 것이 온갖 과정을 통해 이루어지지만, 그 이치됨은 순조로워 망령스럽지 않다. 氣라는 사물은 흩어져 형태가 없는 상태에로 들어가도 자신의 몸을 유지하며, 모여서 형상화되어지는 경우에도 본래의 항상됨을 잃지 않는다."[14]

---

12) 牟宗三, 『心體與性體 一冊』, (中正書局, 1968), 458 - 459쪽.

13) "氣之聚散於太虛, 猶氷凝釋於水, 知太虛卽氣神變易而已." (『橫渠易說』「繫辭上」)

14) "天地之氣, 雖聚散攻取百塗, 然其爲理也順而不妄. 氣之爲物, 散入無形, 適得吾體. 聚爲有象, 不失吾常." (「正蒙·太和」)

氣는 宇宙 만물의 물질적 本體이고, 太虛는 氣의 자연스런 상태라고 규정한다. 氣가 모여서 형체를 갖게 되면 萬物이 되고, 흩어져서 형체가 없어지게 되면 이를 太虛라 한다. 인륜의 형이상학적 근거로서의 우주 본체론을 體用論的 氣一分殊論에 적용시켜 보면, 太虛는 氣一로 本體이고 만물은 分殊로서 用이다. 太虛의 氣는 음과 양의 상대적인 氣가 나누어지기 앞서 있는 것으로 음과 양의 상대적인 현상계에서 보면 절대적 통일체이다. 氣의 본체는 형상이 없고 음과 양으로 구분되지 않는 음과 양이 나누어지기 이전의 것이다.[15]

> "太虛는 氣의 본체이다. 氣에는 음양이 있는 데 굽히고 펴고 서로 작용하는 것이 무궁하기 때문에 神의 응함도 무궁하다. 그 흩어지는 것을 헤아릴 수 없기 때문에 神의 응함도 헤아릴 수 없다. 비록 무궁하다 해도 기실은 담연한 것이며, 비록 헤아릴 수 없다하지만 그 사실은 하나일 따름이다. 음양의 氣가 흩어지면 萬殊가 되는데 사람들은 그 속에서 하나가 되는 부분을 알지 못한다. 또 음양의 氣가 합치면 혼연하게 되니 사람들은 그 다른 부분을 보지 못한다."[16]

太虛는 음양의 氣의 原始이고 本然이며, 또한 太極이고 道이며 무형의 존재 방식을 지닌다. 太虛는 태극과 같은 것으로 절대적이며 초월적이고 至一한 것으로 그 변화나 동정은 필연적으로 상대를 초월한다. 왜냐하면 그것의 동정이 현상계 속의 동정이라 말한다면 그것은 현상성·상대성을 갖는 만물

15) 羅光, 『儒家形上學』, (輔仁大學出版社, 1978), 75쪽.

16) "太虛者, 氣之體. 氣有陰陽. 屈伸相感之無窮, 故神之應也無窮. 其散無數, 故神之應也無數. 雖無窮, 其實湛然. 雖無數, 其實一而已. 陰陽之氣散則萬殊, 人莫知其一也, 合則混然, 人不見其殊也." (「正蒙·乾稱」)

속으로 떨어지며 만물과 차별이 없어지게 되기 때문이다.[17] 氣란 어떤 형태로든 모두 太虛 속에 포함되며 聚散의 모든 변화는 太虛에서 벗어나지 못한다.

장재는 모든 유형의 존재는 '氣一'로서의 太虛本體에로 歸一되지만, 현상계에서 用的인 分殊의 차별적인 양태를 보이는 것은 幽明의 과정, 즉 음양의 응취산화 과정을 통해서 이루어진다고 본다. 그는 세계 내에 존재하는 일체 유형의 물체는 氣의 응취에 의해서 이루어지며, 이 氣에는 두 가지 형태가 존재한다고 보았다. 그 하나는 응집의 상태를 말하며, 또 하나는 소멸의 상태이다. 응집되면 만물이 형성되어 光과 色을 통하여 물체의 형상이 나타나므로 이를 볼 수가 있으나 기가 소멸되면 허공이 되어 빛과 색이 없으므로 이를 볼 수 없다. 이 때문에 이 세계에는 幽明의 구분은 있지만 有無의 구별은 존재하지 않는다.

> "氣가 모이면 離明이 베풀어짐으로써 형체가 있게 되고 모이지 않으면 이명이 베풀어지지 못하여 형체가 없다. 바야흐로 기가 모이는 것은 어찌하여 객이라 말하지 않겠는가. 기가 흩어지는 것을 어찌 無라 말하지 않겠는가. 그러므로 성인은 우러러 보고 구부려 살핀 후 다만 幽明의 까닭을 안다고 말하였을 뿐이지 有無의 까닭을 안다고는 말하지 않았다."[18]

氣一이란 근원적인 의미에서의 표현이고 分殊는 구체화된 현상세계의 만물에 적용되는 설명이다. 氣一로부터 分殊로의

---

17) 이상선, 「橫渠의 太虛卽氣와 宇宙本體論」, 103쪽.

18) "氣聚則離明得施而有形, 氣不聚則離明不得施而無形. 方其聚也, 安得不謂之客. 方其散也, 安得遽謂之無. 故聖人仰觀俯察, 但云知有幽明之故, 不云知有無之故." (『橫渠易說』「繫辭上」)

이행과정은 바로 幽로부터 明으로의 이행과정이지 無로부터 有로의 이행과정은 아니다. 음양의 응취산화의 과정이 바로 幽明의 과정으로 그것은 氣一과 分殊의 양자를 중간에서 이어주는 통괄적 매개 과정이다. 사람들은 幽明의 과정을 잘 인식하지 못한다. 그것은 "음양의 氣가 흩어지면 萬殊가 되는데 사람들은 그것이 하나로 모아지는 것을 알지 못하거나, 그것이 합해지면 혼연한 상태가 되므로 그 차별을 발견하지 못하는 것"19)에서 비롯한다.

장재는 氣一로부터 分殊에 이르는 幽明의 총체적 과정을 통해 만물의 분수적 차별성이 나타나게 되며, 만물의 차별성의 원인은 氣의 내재적 속성에서 비롯되는 것으로 본다. 氣에는 剛柔, 緩速, 清濁 등의 부동한 속성이 함유되어 있는데 사물이 형성될 때 각각 서로 다른 氣의 속성을 품수하게 됨으로써 다양한 모습을 노정하게 되는 것이다. 만물은 '一于氣'이니 氣에 근원한다는 점에서 한가지이지만, 陰陽二氣가 교호하여 이루는 사물은 서로 같은 것이 하나도 없다. 요컨대 氣一과 分殊의 관계에 대해서 종합적으로 말하면, 太虛·氣·萬物의 관계를 氣一과 分殊의 體用의 관점에서 보면 굴신상감의 동정과 응취산화의 생성·소멸은 자체의 내적 동인에 의해 필연적으로 일어나는 것이며, 그 내적 동인은 바로 太虛·氣·萬物 간의 一氣와 分殊, 一과 多, 體와 用의 유기적 관계에서 비롯된다. 虛空이 바로 太虛이며 太虛는 氣로 가득 채워져 있고 氣는 分殊의 萬物로 이어지는 삼자의 본질적 一體 관계로부터 말미암는다.

---

19) "陰陽之氣, 散則萬殊, 人莫知其一也. 合則混硏, 人不見其殊也." (「正蒙·乾稱」)

장재가 이처럼 주장한 것은 太虛를 無라고 생각할 수 있는 여지를 사전에 방지하고, 本體에 근거한 實有的 현상계를 확립하려는 의도에서이다. 이렇게 함으로써 本體의 세계만을 추구하다 구체적인 현실을 망각한다거나, 구체적 현실에만 얽매여 물화된 삶을 추구하다 大源의 본질 세계를 보지 못하는, 즉 太虛나 氣 어느 한쪽만을 보고서 모든 것을 體認한 것처럼 생각하는 老·佛의 無·空의 존재론에 빠질 소지에서 벗어날 수 있다고 본 것이다.

넷째, 장재의 宇宙 本體論을 구성하는 데 근간이 되는 세 가지 용어인 太和·太虛·氣의 상호관계에 대하여 검토할 차례다. 중국 사상사의 흐름을 크게 主氣論과 主理論으로 이원화할 경우 장재의 宇宙 本體論은 主氣論에 포함시킬 수 있다. 이러한 진술은 장재의 사상에서 氣라는 용어가 어떠한 의미를 지니며, 어떠한 역할과 기능을 수행하고 있는가를 단적으로 나타내 준다. 그는 자신이 처한 시대 상황 속에서 자신이 해야 할 과제가 무엇인가를 분명하게 인지하고 있었던 사상가이다. 그는 宇宙 本體에 근거한 현상계의 해석과 형이상학적 자연 철학에 근거한 인간 존재의 해석에 학자로서의 모든 노력을 바쳤다. 바로 이같은 이유에서 장재는 太和·太虛라는 용어에 의거해 氣의 활용 범위를 現象에서 本體에로까지 넓혔다. 佛家와 道家의 宇宙 本體論에 필적할 수 있는 儒家의 우주본체론을 세우기 위해서 氣라는 개념의 적용 범위를 형이상학적 本體의 차원에까지 확대시켜 나아갔던 것으로 보인다. 이러한 理論的 과제를 뒷받침 해줄만한 적절한 용어를 모색했을 것이고, 그 노력의 결과 찾아낸 용어가 太虛·太和·氣라는 세 중심용어였다. 따라서 결론적으로 氣·太和·太虛의 三者에 대해 ① 本體와 現象을 총섭하는 宇宙의 원질[實有]로서의 氣, ② 本體的 氣의 본래적 존재 모습으로서의 太虛, ③ 氣의 작용 원리로서의 太和라는 언급으로 三者의 상호관계를 말할 수 있다.

그러면 장재는 太虛卽氣의 우주론의 정립을 통해 해결하고자 했던 과제는 무엇이었을까. 그것은 세계와 주체의 부정이라는 관점에 대하여 세계와 인간을 긍정하는 입장을 제기하고, 그것의 제기를 통하여 인간이 가져야 할 목적과 이상을 확립하는 것이었다. 말하자면 인간과 세계의 존재 의미에 관해 긍정과 생명력을 가장 효과적으로 불어넣을 수 있다고 본 인륜성과 윤리성 중심의 유교적 실천 도덕철학 정신을 회복시키는 것이었다. 그는 인륜과 도덕을 太虛卽氣의 본체론에 정초지움으로써 가능하다고 생각했다. 왜 그런지의 이유는 그가 氣라는 개념에 부여한 함축적 의미와 그러한 함축적 의미부여를 통해 이루고자 했던 목적을 고찰함으로써 알 수 있다. 즉 장재 氣 철학의 주요 문제가 '氣란 무엇이냐'를 묻는데 있는 것이 아니라, '氣로 무엇을 설명하려 했느냐'하는 점을 살펴보면 그 이유를 파악할 수 있다. 그에게 있어 氣라는 용어는 우선 공간적으로 道·佛의 '탈세속·탈현실'에 대칭되는 유가의 '현실성·세간성'의 의미를 함축한다. 가치적으로, 道·佛의 '탈세간적 인륜·도덕'에 대비되는 '현세적 仁義禮智의 인륜·도덕'을 함의한다.[20] 그는 이러한 생각을 북송의 당면한 현실 문제 해결의 사상적 토대로 삼으려 했다. 왜냐하면 氣는 중국 철학사에서 觀念·名理·理想·形而上 등의 추상적 개념의 서술에 적합한 용어라기보다는 오히려 現實·實際·實理·形而下 등의 구체성을 담아내는 데 알맞은 것으로 자리잡

---

20) "仁義禮智, 人之道也, 亦可謂性." (『張子全書』「語錄抄」卷十二)

아 왔기 때문이다.

따라서 그는 氣라는 실제적 성격의 용어를 준거로 삼아 공맹의 원시 유학을 재해석함으로써 '太虛卽氣'論에 입각한 세간 중심의 氣化的 인간관과 가치관의 수립에 임할 수 있었다. 장재의 이러한 문제 의식으로부터 왜 그토록 '實有的 세계관[太虛卽氣]'의 확립을 열망하였는지의 이유를 찾아낼 수 있을 것이다. 이러한 實有的 세계관을 설명하기 위해 장재가 등장시킨 핵심 개념이 바로 氣이다. 즉 氣에 의해 세계 존재가 實有이며, '통일되어 있다'는 것을 입증하려 한다.[21] 세계는 비사회적, 비역사적, 비정치적 虛와 空의 공간이 아니라, 엄연히 仁義禮智가 실천되는 인문 공간으로 존재한다. 그 인문 공간에서 일어나는 선악 시비에 관련된 모든 사건과 일은 무조건 부정될 것이 아니라, 긍정과 인정을 통해 극복되어야 할 實有的 요소로 간주되어져야 한다는 것이다. 그는 이를 위해 도가에 대해서 文明主義로, 불가에 대해서는 인륜주의라는 입장에서 그들을 비판하고 유가의 우월성을 강조한다. 유가의 입장에서 볼 때 현실의 이 세계야말로 인간이 도덕과 문화적 가치를 창조할 수 있는 가장 근본적인 뿌리이기 때문이다.[22] 따라서 그는 유학에 심도 있는 사변적 철학 근거를 부여하기 위하여 유학을 중심으로 道·佛 사상을 종합한다. 당시 불교가 안고 있었던 폐단에도 불구하고 현상에 대한 형이상학적 분석이나 논리적 추리의 측면을 수용하게 되었으며, 또한 도교의 초현실적 주장에도 불구하고 우주 생성에 관한 이론 등을 유학의 우주론 체계에 흡수시켰다.[23]

---

21) 장윤수, 「張載 氣철학의 이론적 구조」, 84쪽.

22) 정병석, 「송명유학의 근본과제」, (『중국학지』 제7집, 계명대학교 중국학연구소, 1991), 85쪽.

지금까지 장재의 인간과 세계 이해를 위한 배경으로 宇宙本體論에 대한 견해를 太虛·太和·氣 세 용어를 통해 살펴보았다. 이제 장재가 太虛卽氣論에 근거해 인간과 만물의 生成을 어떻게 설명하는지 고찰하고자 한다. 인간 生成 과정 역시 宇宙 本體論과의 상보적 연관 속에서 검토되어질 때 제대로 파악될 수 있다. 인간은 太虛·太和·氣 三者로 구성된 宇宙 本體의 神化作用에 의해 현상에 生成된 萬物 중의 하나다. 존재하는 일체 만물은 하나의 神化 과정 속에 놓여 있으며, 따라서 경험상대적인 만물의 特殊者 편에서 볼 것이 아니라 一統體인 太和를 중심으로, 太和에서 나와 太和로 歸還하는 것을 보아야 한다[24]고 주장한다. 太虛를 宇宙 本體의 고요한 존재 모습으로 본다면, 太和는 太虛本體의 활발히 움직이는 역동적 모습이고, 氣는 太虛本體를 가득 채우고 있는 비가시적이지만 實有하는 내용물이다. 太虛本體의 역동적 존재 양상인 太和는 동시에 구체적인 내용물인 氣를 가지고 있어서 太虛 가운데서 浮沈·升降·動靜이 相感하는 속성을 지니고 勝負·屈伸하면서 萬物과 人間을 탄생시킨다. 氣는 太虛·萬物·太和 사이를 이어주는 매개자 역할을 하는 것이다. 氣는 太和의 원리에 따라 현상계의 만물로 응취되어 나타나지 않는 잠재태 혹은 가능태로서의 太虛와 응취되어 현상화된 현실태로서의 만물 사이를 수평적으로 연결해 주는 고리 역할을 한다. 이렇게 볼 때 氣는 단순한 매개 역할만을 하는 것이 아니라, 오히려 太虛와 萬物에 대해 주체적인 입장에 있다고 볼 수 있

23) 김양용, 「횡거의 易철학 연구」, 『제7회 한국 철학자 연합 학술 대회보』, (세종문화사, 1994), 242쪽.

24) 정인재 外, 『中國哲學 槪論』, (한국방송통신대학교 출판부, 1988), 217-218쪽.

다.[25] 즉 氣는 자신의 내적 고유 속성으로 神化的 운동성을 지니고 있기 때문에 다양한 모습의 작용인으로 해석된다.

> "氣는 편편한 太虛로서 오르고 내리며, 날고 휘날려서 일찍이 그치고 멈추고 한 적이 없었다. … 이 氣는 虛하고 實하며 움직이고 고요한 것의 기틀이고, 음과 양, 굳세고 부드러운 것의 시원이기도 하다. 떠올라 위로 가는 것은 양의 맑음이 되고 가라앉아 아래로 가는 것은 陰의 탁함이다."[26]

氣가 지닌 운동성은 거시적으로 陰陽의 對待와 合一이라는 형태로 나타난다. 「正蒙」에서 말하는 浮沈·升降·動靜·勝負·屈伸·聚散·攻取·虛實·陰陽·剛柔 등은 모두가 氣의 운동의 구체적 양상을 표현하는 말이다. 이 말들은 모두가 待對 관계를 취하고 있는데 氣 운동의 형태와 원리를 간접적으로 시사한다.

> "둘이 서지 않으면 하나는 나타날 수 없으며, 하나가 나타나지 않으면 둘의 작용은 멈추게 된다. 두 모습이라는 것은 허와 실, 모임과 흩어짐, 맑음과 흐림인데, 이것들은 하나를 추구해 갈 뿐이다."[27]

> "감응이 있은 후에야 통할 수 있는 것인 데 둘이 없다면 하나도 존재할 수 없다."[28]

---

25) 정해왕, 「장재의 氣 철학」, (부산대, 『인문 논총』, 38집, 1991), 163쪽.

26) "氣坱然太虛, 昇降飛揚, 未嘗止息 … 此虛實動靜之機, 陰陽剛柔之始. 浮而上者, 陽之淸, 降而下者, 陰之濁." (「正蒙·太和」)

27) "兩不立, 則一不可見, 一不可見, 則兩之用息, 兩體者, 虛實也, 聚散也, 淸濁也, 其究一而已." (위와 같음)

28) "感而後有通, 不有兩, 則無一." (위와 같음)

> "감응이 일어나게 되면 합일하게 되는 데 두 개의 실마리가 있으므로 감응이 있는 것이지만, 그 근본은 하나이기 때문에 능히 합일할 수 있는 것이다."[29)]

氣가 陰陽, 動靜, 屈伸, 感應 등과 같은 待對合一的 범주를 지니고 있지 않다면, 本體的 氣도 존재할 수 없을 것이고, 그에 따라 현상계에서의 인간과 만물의 生成도 불가능할 것이다. 장재는 이 같은 氣의 陰陽待對的 운동성이 感應의 작용을 통해 끊임없이 만물을 生成시킨다고 본다. 感과 應의 일반적 의미는 感은 밖에서 안으로 움직이는 자극을 말하는 것이고 應은 안에서 밖으로 반응하는 것을 말한다. 쌍방의 대립이 운동 변화에 의하여 상호 흡수, 또는 배척하는 것을 이른다. 그러므로 感應이 있어야만 각기 다른 형태의 상호작용이 일어나게 되어 만물이 생기게 된다. 感應은 천지 만물에 똑같이 존재하는 것이며, 이 상호 感應의 현상은 宇宙 本體의 神化的 功能에 의한 것이다. 즉 대립과 통일의 면을 지닌 太虛의 본질적 속성에 기인하는 것으로, 이 세상의 모든 것에는 쌍방의 대립이 존재하지 않는 것이 없다. 그래서 一物兩體라 한다.

> "하나의 事物이면서 두 모습인 것이 氣이다. 하나인 까닭에 신묘하고 둘인 까닭에 변화한다."[30)]

> "둘이 있게 되면 感應함이 있다."[31)]

자연계와 인간계를 망라한 모든 현상에는 感과 應이 상호

---

29) "感卽合也, 二端故有感, 本一故能合." (「正蒙·乾稱」)
30) "一物兩體, 氣也. 一故神, 兩故化." (「正蒙·參兩」)
31) "有兩則有感." (『橫渠易說』「觀卦」)

待對的으로 작용하여 消長盛衰·屈伸往來·造化發育의 작용을 불러일으키게 된다. 그리고 이러한 작용에 따라 本體의 氣가 각양각색의 만물로 生成되어 나온다. 장재는 이처럼 氣 一元의 實在論的 입장에서 氣의 감응의 운동성으로 세계와 만물의 존재를 설명한다.

그런데 氣의 이러한 感應의 운동성은 氣之欲을 좇아서 만물을 임의로 生成하는 것이 아니라, 거기에도 일정한 理가 있다. 氣의 感應하는 운동에도 조리가 있어 만물이 무분별하게 生成되지는 않는다.

> "태어남에는 先後가 있으니 '天序'가 된다. 거기에는 작고, 크고, 높고, 낮음이 서로 함께하고, 서로 모습을 드러내니 이에 '天秩'이라 한다. 天이 萬物을 낳음에 순서가 있으며, 事物이 이미 모습을 가지니 질서가 있다."[32]

이를테면 太虛本體로부터 만물이 생겨나고 사라지는 것이 무질서하게 이루어지는 것이 아니라 先後가 있고 大小高下의 정연한 구조를 가지며, 생겨난 만물도 나름의 질서를 가진다는 것이다. 장재는 이와 같이 만물의 생성 과정을 宇宙 本體論과의 역동적 交互관계에 의거해 입체적으로 설명한다. 周敦頤에게 있어서는 태극으로부터 一·二·五·萬物의 순서를 밟아서 이루어지는 현상화 과정이 언급되고 있으나 주희의 평대로 이것은 매우 원리적인 측면에서 靜態的으로 설명한 것에 불과한 데 반해 장재는 '太虛卽氣'와 그것이 聚散動靜하는 不得已한 작용을 주로 말함으로써 실재적인 측면에서 動態的으로 설명하고 있다.[33]

---

32) "生有先後, 所以爲天序. 小大高下相竝而相形焉, 是謂天秩. 天之生物也有序, 物之旣形也有秩." (「正蒙·動物」)

이제까지 논했던 것처럼 장재는 氣一元的 宇宙論에 근거해 인간과 만물의 생성을 설명하지 않을 수 없었다. 왜냐하면 佛家와 道家의 형이상학적 인간해석에 견줄 수 있는 인간론의 정립이 요구되었기 때문이다. 따라서 다음 절에서는 장재가 우주 본체론에 입각해 인간의 본원적 동질성과 후천적 차별성을 어떻게 규명하고 있는지 살피고자 한다.

2. 萬物一如觀

장재에게 있어 氣는 만물을 구성하는 實有的 근원이다. 有形의 만물과 현상은 氣로 통일된다. 형체와 형태를 갖고 존재하는 모든 사물은 氣의 구체적 표현인 것이다. 그는 “그렇다 할 수 있는 것은 모두 있는 것이요, 무릇 있는 것은 모두 다 표상인 것이며, 무릇 표상들은 모두 氣의 표현인 것이다”[34] 라고 한다. 형상을 가진 세계의 만물은 모두 氣를 연유로 해서 존재하게 되며, 이러한 氣는 응취산화의 動態的 과정을 통해 만물을 生成시킨다. 이처럼 動植物과 人間을 포함한 萬物은 太虛卽氣의 氣를 형체적 원질로 삼고, 또한 太虛卽氣의 虛한 至善性[天地之性]을 똑같이 내적 본질로 품부해 태어났다는 점에서 萬物一如의 성격을 지닌다. 이러한 점에 대하여 우선 그는 만물은 모두 天地間의 太虛를 꽉 채우고 있는 氣의 凝聚에 의해 生成된다는 점에서 동질적이고 동등한 존재라

33) 정인재 外, 『중국철학개론』, (한국방송통신대학교출판부, 1988), 217-218쪽.

34) “凡可然皆有也, 凡有皆象也, 凡象皆氣也.” (「正蒙·乾稱」)

보았다.

> "太虛에는 氣가 없을 수 없고, 氣는 凝聚하여 萬物이 되지 않을 수 없으며, 萬物은 흩어져서 太虛가 되지 않을 수 없다. 이를 따라 出入하는 것이니, 이것은 모두 부득이해서 그런 것이다."[35]

> "陰陽·剛柔의 始初에 떠오르는 것은 陽의 맑음이며 아래로 내려가는 것은 陰의 탁함이다. 그것이 感應하고 만나고 모이고 흩어져, 바람과 비가 되고 눈과 서리가 되어 만물의 형체로 나타나고 산천이 이루어지는 것이다."[36]

이처럼 만물 생성의 근원적 요인으로 氣의 응취산화를 말하고 있는 것이다. 그리고 만물 속의 인간과 관련해서는 "떠도는 기운이 분잡하게 움직여서 합하여 質을 이루는 것이 사람과 만물의 각기 다름을 낳는다"[37]라고 말한다. 즉 太虛本體를 가득 채우고 있는 游氣가 太和的 구조 속에서 神化의 원리에 따라 활발하게 움직이고 합하여 質을 이루게 되고 여기로부터 人과 物의 만 갈래가 생성되어 나오게 된다는 것이다. 그러므로 사람과 동식물은 기본적으로 太虛의 一氣를 原質로 해 생성되었다는 점에서 동등한 一物이며, 또한 萬物 중의 하나에 불과하다는 점에서도 같은 존재다. 다만 사람이 동물의 범주에 속하느냐 식물의 범주에 해당되느냐를 구별할 경우 사람은 호흡을 하고, 하늘의 떠오르는 기운을 근본으로 삼으며, 시공간적으로 제한을 받지 않고 자유롭

---

35) "太虛不能無氣, 氣不能不聚而爲萬物, 萬物不能不散而爲太虛. 循是出入, 是皆不得已而然." (「正蒙·太和」)

36) "陰陽剛柔之始, 浮而上者, 陽之淸. 降而下者, 陰之濁. 其感遇聚散, 爲風雨, 爲雪霜, 萬品之流形, 山川之融結." (위와 같음)

37) "游氣紛擾, 合而成質者, 生人物之萬殊." (「正蒙·太和」)

게 움직일 수 있다는 점에서 식물보다는 동물의 범주에 속한다고 볼 수 있다.

또한 그는 존재 일반을 太虛一氣의 응취산화의 결과로 보기에 모든 사물은 太虛의 본질을 性으로서 품부한다고 생각했다. 따라서 사람과 사물을 포함한 만물은 원래 性이 동일하며 나와 사물, 그리고 안과 밖 사이에는 간격이 없다고 여겼다. 온갖 사물의 性은 본래 하나이고, 사물과 나도 본래 서로 통하며 성인만이 이것을 밝혀 실천할 수 있다는 것이다. 그런데 인간이 사욕에 집착하면서부터 이 본연성을 잃어 버렸다는 것이다. "하늘의 良能은 본래 사람의 良能이다. 다만 사람이 사욕에 집착하여 이 본연의 능력을 잃어버렸을 뿐이다."[38] 하지만 개인적 자아를 없앤 후에 넓고 커져서 지극한 경지에 이르게 되면 하늘과 합일하게 된다는 것이다. 이것은 太虛의 본질[天地之性]을 체득하게 되면 자연히 萬物一如의 경지를 깨닫게 됨과 동시에 또한 천인합일에 이르게 됨을 주장한 것이다. 張岱年은 장재의 이러한 생각은 본질적으로 맹자사상의 발전이라고 말한다.[39]

다시 정리하면, 인간을 포함한 만물은 본원적으로 우주본체의 至善的 본질을 보편적 性으로 품부해 태어났다는 점과 太虛 유기체의 氣를 공동적 형질로 삼아 생성되었다는 점에서 萬物一如의 동등한 존재라는 것이다.

그러나 장재는 본원적 측면에서의 萬物一如的 동등성에도 불구하고 현상적으로는 인간과 動·植物 사이에 엄연히 차이가 존재한다고 보았다. 그는 이러한 차이가 존재하는 이유를

---

38) "天良能本吾良能, 顧爲有我所喪爾." (「正蒙·誠明」)

39) 張岱年(김백희 譯), 『中國哲學大綱 下』, (까치, 1998), 674쪽.

만물이 生成될 때에 어떠한 氣를 품수했느냐와 품수한 그 氣의 내재적 성질이 어떠한가에서 찾고 있다. 즉 외재적으로 볼 때는 동일한 氣이지만 내재적 성질 면에서는 차이가 난다는 것이다.

> "대체로 天下에서 말하는 性이란, '金性은 강하고 火性은 뜨겁다'고 하거나, 또는 牛性이니 馬性이니 하는 따위 등으로 이는 고유하지 않음이 없다. 무릇 萬物은 이러한 성질을 가지고 있지만 通·蔽·開·塞으로 인하여 인간과 만물의 구별이 생기게 된다."40)

그는 세계에는 특수적이고 구체적인 性이 존재하는 것이 아니라, 단지 하나의 영구적인 天性만이 존재한다고 보고, 인간의 性은 이 天性이라는 보편적 性이 내재된 것이라고 생각하였다. 인간도 원래는 동식물과 마찬가지로 만물 중의 하나였으나, 그런 가운데서도 인간은 동물과는 달리 내적으로 淸通한 氣를 품부했기 때문에 만물의 주체가 될 수 있는 天性을 보존할 수가 있었다. 이처럼 그는 만물간의 차이, 인간과 만물간의 차이, 그리고 인간 사이에 존재하는 智·愚의 차이 등을 만물과 인간이 태어날 때부터 품부한 天性의 通·蔽·開·合의 발현 강도에 의거해 설명한다. 天性이 탁한 氣에 가려진 상태에서 생성된 것은 物이고, 淸通한 氣의 天性를 그대로 품수받아 통하고 열려진 상태에서 태어난 것이 人이라고 본다. 유학에서 이상적 인간으로 삼는 聖人은 淸通한 氣를 품수받아 가림과 막힘이 전혀 없는 상태에서 태어났기 때문에 天性

---

40) "天下凡謂之性者, 如言金性剛, 火性熱, 牛之性, 馬之性也, 莫非固有. 凡物莫不有是性, 由通蔽開塞, 所以有人物之別." (『張子全書「性理拾遺」卷十四)

을 온전히 보전·발양할 수 있는 인간으로 보면 된다.

요컨대 장재는 인간과 만물 사이의 종차 구별을 太虛로부터 품수한 氣 자체의 通蔽·開闔·淸濁·正偏의 정도에 의거해 나눈다. 通·開·淸·正한 氣를 품수해 태어난 인간은 心身의 활동이 어디에도 막힘 없이 통하며, 蔽·闔·濁·偏한 氣를 품수해 생성된 여타의 만물은 어딘가에 막혀 心身의 활동에 장애를 받게 된다고 본 것이다. 또한 사람과 여타 만물 사이의 知覺能力의 차이도 바로 이러한 것에서 기인한다고 본다. 인간이나 동식물이 태어날 때 품수하는 氣의 편벽되거나 바름은 처음부터 다르다. 게다가 그 편벽되거나 바름 속에서도 다시 맑고 탁함 내지 어둡고 밝음의 차이가 있다. 바르고 뚫린 氣를 품수받으면 인간이 되고 편벽되고 막힌 氣를 품수하면 다른 생물이 된다. 인간은 맑은 기로 되어 있으며 짐승은 탁한 氣로 되어 있다. 인간은 바른 氣를 품수받고 있음으로 도리를 알고 지식을 얻을 수 있다. 동물 중에서도 지능을 갖춘 것들이 있긴 하지만 단지 한 가지 일에만 통하고 있는 데 지나지 않는다. 인간은 무엇이든지 알며, 무엇이든지 할 수 있다.[41)]

그러면 지금까지 논했던 장재의 萬物一如觀은 본질적으로 어떠한 사상적 배경하에서 나온 것일까. 그것은 유학 고유의 天人合一說을 토대로 하여 도출된 것이며, 장재에게 있어 天人合一說은 天人一物觀[42)]으로 제시된다. 신유학의 우주론은 크게 理本體論, 心本體論, 氣本體論으로 대별된다. 理본체론자의 대표적인 학자는 주희와 정이로 그들은 性卽理의 논리

---

41) 山田慶兒(김석근 譯), 『朱子의 自然學』, (통나무, 1991), 362쪽.

42) "天人一物, 輒生取舍, 可謂知天乎." (「正蒙·乾稱」)

에 의거 우주의 본질을 理라고 말한다. 그리고 인간은 생명으로의 생성과 동시에 이 우주본체의 본질을 心에 품부했기에 거경궁리의 방법을 통해서 이 性을 체득만 하면 天[理]과 하나가 되는 경지에 도달할 수 있다고 주장한다. 이에 반해 왕양명과 육상산을 비롯한 心본체론자들은 心卽理를 이야기하면서 인간의 마음은 바로 우주본체의 본질을 품부한 것이기 때문에 우주본체와 하나도 다를 게 없다고 주장한다. 즉 주희의 心이 衆理를 갖추고 있는 집과 같은 것이라면 육상산의 心은 理 그 자체로서의 心이다.43) 따라서 致良知의 방법을 통해 心의 본질이 天의 본질과 같다는 점만 체득하게 되면 자연히 천인합일의 경지에 이르게 된다는 것이다. 여기에 비해 氣 본체론자인 장재는 주희와 왕양명이 우주본체의 본질을 理라고 형이상학하는 것과는 대비된다. 그는 太虛의 虛明하고 至善한 天地之性이 우주의 본질이라고 주장한다. 따라서 인간과 만물은 太虛一氣에서 個物로의 생성과 동시에 이 우주의 본질을 품부했기 때문에 氣質變化의 수양과 공부를 통해 이 본질을 회복만 하면 天과 합일의 경지에 이를 수 있다는 天人一物論을 주장한다.

그러면 장재의 이러한 天人一物的 천인합일 사상은 구체적으로 어떠한 내용을 지니고 있을까. 『유교대사전』에서는 천인합일론은 ① 하늘과 인간의 선천적 동일성과 ② 그에 따른 인간의 실천적 당위성을 밝히는 유학의 핵심적 이론이라고 정의한다. 천인합일론에 대한 이같은 정의는 자연관이 발전하기 이전까지는 별무리 없이 그대로 적용될 수가 있었다. 그러나 자연과학의 발전에 따라 자연관에 대한 인식은 점점 합

43) 송재운, 『陽明哲學의 硏究』, (思社硏, 1995), 82쪽.

리적 인식으로 바뀌어 갔으며, 그에 따라 인격적 天觀이나 주재적 天觀은 설득력을 상실하게 되었다. 그 결과 천인합일론 역시 선진 시대나 한대의 天人相通論 혹은 天人感應說과는 달리 합리적 성격을 띠지 않고서는 학자들 사이에서 설득력을 잃을 수밖에 없었다.

장재는 이러한 점을 비교적 분명하게 인식하고 있었다. 그는 하늘과 인간의 선천적 동일성을 당시의 자연과학적 성과 위에서 합리적으로 해석했으며, 또한 선천적 동일성에 근거한 실천적 당위성 역시 합리적 해석 위에 정초시킨다. 합리적 해석은 氣本體論的 자연관, 즉 '太虛卽氣'論으로 나타난다. 氣本體論에서 天의 인격성·주재성·의지성 등의 속성은 당시의 자연과학적 성과에 힘입어 발전하고 있었던 자연론적 天觀에는 어울리지 않는 미신적 특성으로 치부될 수밖에 없었다.

먼저 장재는 인간과 하늘의 선천적 동일성을 '天人一物'의 자연관에 입각해 설명한다. 그에게 있어 인간을 포함해 세계의 만물은 모두 太虛의 유기적 작용에 의하여 생성된 造化的 산물일 뿐이다. 太虛는 바로 氣이며, 生死는 氣의 聚散 작용이고, 鬼神은 氣의 屈伸 작용에 지나지 않는다. 만물은 氣의 屈伸·聚散 작용에 의하여 생성·산화되는 것이었다. 그것은 天의 주재나 자의에 의하여 생성되거나 산화될 수가 없었다. 그는 造化와 天道에 입각한 자연관의 확립을 정초하려 했던 것이다.[44] 人은 天地의 산물이자 만물 중의 一物로서 天과 똑같은 實在이며, 또한 天과 선천적으로 동일한 것이라 보았다.

---

44) 장재의 이러한 天人一物的 자연관은 불가의 사상을 비판하면서 형성된다. "乾坤, 天地也. 易, 造化也. 聖人之意莫先乎要識造化, 旣識造化, 然後其理可究, 彼(釋氏)惟不識造化, 以爲幻妄也. 不見易則何以知天道, 不知天道則何以悟性", (『橫渠易說』「繫辭上」)

天人一物이라는 말은 자연과 인간이 각각 하나의 객관적 實在이면서, 동시에 하나의 整體로 결합되는 존재임을 설명하는 용어이다. 장재에게 있어 天人一物說은 天과 하나가 되고자 하는 인생 목표의 자연 철학적 근거임과 동시에 天人 관계에 대한 기본적 관점이다.

다음으로 장재는 인간의 실천적 당위성을 天然合理性에 근거해 정립한다. 다른 理學家들과 마찬가지로 자연계의 天然合理性을 道德合理性으로 대상화시켜 인간계로 끌어들인다. 당시의 자연과학적 성과를 바탕으로 天을 합리적으로 해석하던 단계에 그치지 않고 더 나아가 天에다 윤리적 함의를 부여하는 것이다.[45] 유학의 발전 단계에서 특히 송대 신유학에 들어오면 이같은 특성이 두드러지게 나타난다. 天은 秩序 혹은 法則을 내재하고 있으며, 바로 이 宇宙 변화 법칙을 인간계로 끌어들여 윤리, 질서로 대상화한다. 말하자면 자연 법칙에다 도덕적 의의를 부여하는 것이다. 그런데 이 자연 법칙은 그 자체로서는 창조가 불가능하기 때문에 人爲的인 참여가 있어야 한다. 이 참여의 의미는 어디까지나 자연 법칙에 순응한다는 뜻이다. 이것은 자연 법칙을 주체로 보면서도 그것의 경영자는 인간이라는 또 다른 주체의 설정을 의미하는 것이다.[46]

장재도 역시 天人관계의 문제에 있어서 송대의 이러한 신유학적 사유 범주로부터 벗어나지 않는다. 당시의 자연과학적 성과를 자신의 天觀에 반영하여 신비적이고 길흉화복적인 자연관으로부터 탈피를 시도한다. 이전 자연관의 비합리적

---

45) 姜廣輝, 「試論張載的天人合一 思想」, (『人文雜志』, 第6期, 1982), 64쪽.

46) 金得晩, 「중국 고대 철학에 있어서 天과 人」, (『철학 연구』 제54집, 대한 철학회 논문집, 95), 309쪽.

요소를 제거하고 天의 질서성, 법칙성을 중핵으로 삼는 理法的 天觀을 견지하게 된다. 西周로부터 漢唐에 이르는 중국 사상에서 天人合一說의 근간을 이루는 특성은 자연론적 의미, 윤리론적 의미, 신학론적 의미 등을 들 수 있다. 그러나 이제 氣一元論을 주장하는 장재에게 있어서 신학론적 의미는 존재가치를 상실하게 된다.

장재는 만물 생성 段階의 선천적 동일성의 부분에 대해서는 자연론적 입장을 보이며, 생성 이후 실천적 당위성의 측면에 대해서는 윤리론적 입장을 견지한다. 즉 그는 실천적 당위성의 타당함을 현상에서 찾는 것이 아니라 本體에서 구한다. 당시 사람들의 가치관에 지대한 영향을 미치고 있었던 불교적 신앙 세계관을 대체시키고, 造化와 天道의 실재성을 중시하는 유가적 현실 세계관을 정립하기 위해 실천적 당위성의 근거를 자연계에서 구한다. 이것은 天을 단순히 자연 현상으로 해석하는 단계를 넘어 天에다 윤리적 의미를 부여하는 것이다.

장재는 天의 功能을 인간의 덕성으로 대상화하는 작업을 통해 그러한 신념을 실천에 옮긴다. 즉 신학적 요소가 제거된 자연계의 天然합리성을 인간계의 도덕적 당위성으로 전이시켜 끌어들인다. 生成 단계에서 天과 人이 天人一物이었던 것처럼 生成 이후의 삶 역시 天의 功能을 실현하는 과정이며, 이러한 과정을 통하여 天과 人은 一物로 合一될 수 있다고 본 것이다.

> "천지의 큰 덕은 生이라 하니, 萬物을 낳는 것으로 근본을 삼는 것이 天地의 心이다. … 천지의 心은 오로지 바로 만물을 낳는 것이니, 천지의 큰 덕을 生이라 한다."[47]

위에서 볼 수 있는 바와 같이 生生不息하는 것은 천지의 大德으로 인간과 만물은 모두 이러한 生의 역동적 작용에 의하여 생성되었기 때문에 천지의 大德이 의미하는 바를 현실의 삶 속에서 구현하는 것이 인간이 추구해야만 하는 실천적 당위성으로 간주되었다.

장재는 실천적 당위성을 구현하는 구체적 방도로서 '肖天地'[48]와 '與天地相似'[49]를 제시한다. 天地는 부모로서 인간은 마땅히 부모를 닮도록 노력해야 한다. 장재의 윤리관념에서 不肖한 것은 不賢德한 것으로 인간이 추구해야 할 실천적 당위성을 포기한다는 말이다. 장재에게 있어 실천적 당위성의 궁극적 원리는 자연계의 부모격인 天地의 덕성이며, 현상계의 인간은 이러한 本體의 덕성을 구현하기 위해 노력해야 한다는 것이다. 인간은 부모격인 天地가 자신을 生成시킬 때 품부했던 德性을 잘 구현하는 것이 현상계에서 실천적 당위성을 실현하는 첩경이라고 장재는 보았던 것이다. 현상계에 존재하는 상대적 선악의 문제를 극복할 수 있는 당위성의 확보는 本體의 功能을 실현하는 데서 이루어질 수 있으며, 이러한 점은 현상계의 다양성과 차별성을 넘어서 평등한 절대성을 추구하는 신유학의 공통된 과제이자 장재 학문의 궁극적 이상이기도 하다.

그렇다면 장재가 볼 때 인간이 天의 어떠한 덕성과 功能을 잘 보존하여 실현해야만 천인합일의 경지에 다가설 수 있다

---

47) "天地大德曰生, 則以生物爲本者, 天地之心也. … 天地之心, 惟是生物, 天地大德曰生也." (『橫渠易說』「復卦」)

48) "道所以可久可大, 以其肖天地而不染也." (『張子全書』「性理拾遺」卷十四)

49) "與天地不相似, 其違道也遠矣." (위와 같음)

고 생각했을까. 즉 자연계의 天然合理性이 지닌 어떠한 특성을 인간계의 도덕적 당위성의 궁극적 근거 내지 실현해야 하는 속성으로 보았을까. 이 점에 대해서 대략 다음의 세 가지 특성을 제시하고 있다. 즉 ①虛 ②靜 ③至誠不息을 제안하고 있다.

장재는 ①虛 ②靜 ③至誠不息 각각에 대하여 다음과 같이 언급한다.

> "天地는 虛로서 德을 삼고 있으며, 至善이라는 것은 바로 虛인 것이다."[50] "有心의 시작은 모름지기 天德을 밝힘이다. 天德은 바로 虛를 말하는 것으로 虛외에 더이상 무엇을 말할 수 있겠는가."[51]

> "天地가 있은 이래로 지금에 이르기까지 대개 고요했다 움직였다 한다. 天은 無心, 無爲하여 주재하는 바가 없다. 항상 이와 같으니 어찌 쉼이 있겠는가. 사람의 본성도 이에 부합한다. 이에 자기의 중심을 잡아 마음 속으로 힘써 안배하여 고요해 진다면 편안히 오래갈 수 있다. 그러므로 반드시 여기로부터 시작해야 한다. 대개 고요히 하는 것이 덕에 나아가는 기초이다."[52]

> "至誠은 天性이며, 不息은 天命이다. 사람이 능히 지극한 정성을 기울일 수 있으면 性을 다하여 가히 神함을 궁구할 수 있다. 不息하게 되면 命이 행해져서 化를 알 수 있다. 학문을 해서 知化의 경지에 이르지 못했다면 진정으로

---

50) "天地以虛爲德, 至善者虛也." (『張子全書』「語錄抄」卷十二)

51) "有心之始 須明天德, 天德卽是虛, 虛上更有何說也." (『張子全書』「氣質」卷之五)

52) "自有天地以來以迄于今, 盖爲靜而動. 天則無心無爲, 無所主宰, 恒然如此, 有何休歇, 人之性亦與 此合, 乃是已有, 苟心中造作按配而靜, 則安能久. 然必從此去, 盖靜者進德之基也." (『橫渠易說』「復卦」)

得했다고 할 수 없다."[53]

그는 虛·靜·至誠 등의 天然合理的 속성을 學道進德의 修養工夫를 통해서 실현함으로써 天人合一의 경지에 도달할 수 있다고 생각했다.

첫째 구절에서 장재는 천지의 德이 虛하며, 이 虛는 至善性을 자체의 기본적 속성으로 지닌다고 보고 있다. 따라서 천인합일의 경지에 도달하기 위해서는 바로 天地의 虛한 至善性의 체득을 有心의 최우선적 과제로 삼아야 한다고 밝힌다.

둘째 구절에서는 天地는 항상 無心·無爲·無所主宰하여 잠시도 쉬지 않는다고 이른다. 그 이유는 靜을 기본적 덕성으로 지니고 있기 때문이다. 사람의 덕성도 근본적으로는 역시 이러한 天의 德性과 符合하기 때문에 天人合一의 경지에 도달하기 위해서는 억지로 안배 조작하여서는 안되고 靜을 進德의 토대로 삼아야 한다고 주장한다.

셋째 구절에서는 至誠과 不息이 비록 天道·天命의 영역에 속하는 것이긴 하지만 그렇다고 하여 人이 도달할 수 없는 경지는 아니라고 보고 있다. 人이 刻苦의 至誠을 다하는 學의 자세를 취하면 자연적으로 盡性·知化하여 神함의 경지에 도달할 수 있다고 보았다.

여기서 세 구절을 통해 공통적으로 알 수 있는 점은 ① 자연계·天道의 영역과 인간계·人道의 영역이 분명히 구별되고 있으나, ② 근본상에서 말하면 자연계와 인간계는 동일한 一道의 다른 표현에 지나지 않는다는 것이다. 즉 人道와 天道 모두 자연의 과정으로 공동의 규율인 天地之性에 의거해 움

---

53) "至誠, 天性也 ,不息, 天命. 人能至誠, 則性盡而神可窮矣, 不息則命行而化可知矣. 學未至知化, 非眞得也." (「正蒙·乾稱」)

직이기 때문에 종국에 가서는 一道로 돌아 간다는 것이다. ③ 一道로 돌아 가는 과정에서 天道는 無爲·無心을 기본적 특성으로 하고 있기 때문에 人道의 입장에서 天道에로 합일해 나아가기 위해서는 人謀의 노력이 필요하다.

다음의 구절을 보면 장재의 이러한 생각을 더욱 분명히 알 수 있다.

> "계사전에서 혹은 易書를 말하고, 혹은 天을 말하고, 혹은 人을 말하더라도, 결국은 一道로 돌아가게 되며 서로 다른 각각의 것을 말하는 것이 아니다. 그러므로 그것들을 參錯해 보면 이치는 하나임을 알 수 있다. 天은 만물을 鼓舞하되 聖人처럼 걱정하지 아니하니, 바로 여기서 天人의 道가 갈라져 나오게 된다."[54)]

> "天人은 모름지기 억지로 갈라 놓아서는 안된다. 易에서 天道를 말할 때는 人事도 같이 포함시켜 이야기한다. 만약에 易과 天道를 分別해 놓는다면 이것은 경박한 處事에 불과할 따름이다. 自然과 人謀는 서로 合致되며 一體라고 할 수 있다. 人謀에 따라 계획하고 경영하는 것으로, 天理 아님이 없다."[55)]

장재는 위에서 말했던 세 가지 점을 명확하게 보여주고 있다. 인용문에서 말하는 天은 天道를 말하며, 人은 人道를 가리킨다. 天과 人이 결국은 '歸一道' 한다는 표현은 天道와 人道가 궁극적으로 一道로 통합된다는 말이다. 즉 '太虛卽氣'의 有機體가 神化의 원리에 따라 만물을 생성시키지만 종국에는

54) "繫之爲言, 或說易書, 或說天, 或說人, 卒歸一道, 盖不異, 故其參錯而理則同也. 鼓萬物而不與 聖人同憂, 則于是分出天人之道." (『橫渠易說』「繫辭上」)

55) "天人不須强分, 易言天道, 則與人事一衮論之, 若分別則只是薄乎云耳. 自然人謀合, 盖一體也, 人謀之所經劃, 亦莫非天理." (『橫渠易說』「繫辭下」)

'太虛'의 一氣로 돌아간다는 말이다. 天과 人이 太和의 자연 과정 속에서 凝聚·散化·屈伸을 거듭하지만, 한치도 '太虛卽氣'의 神化의 범위를 이탈하지 않으며 결국에 가서는 太虛로 歸還한다는 것이다.

그러면 어디서 天道와 人道가 分岐하게 되는 것일까. '天道는 만물을 鼓舞하되 聖人처럼 걱정을 하지 아니한다'라는 구절에서 이해의 단서를 찾을 수 있다. 이것은 바로 天道와 人道의 不同點을 말하는 것이다. 天道는 순수한 자연의 과정으로 無心·無爲의 속성을 지닌다. 이에 반해 人道는 有心·有爲를 내적 속성으로 지니면서 끊임없이 天을 본받으려 한다. 즉 人道는 天道에 대한 體認의 과정이며, 天道의 弘大 과정이다.

여기서 우리는 장재가 생각하는 천인합일의 특성을 분명히 알 수 있다. 장재가 생각하는 천인합일이란 이기이원론적 관점을 지닌 정주학 계통의 학자들과는 달리 기일원론자의 특성을 잘 보여준다. 객관[天道]과 주관[人道]을 분명히 분별하고, 또한 양자의 기본적 속성 내지 특성을 명확히 인식하여 주관에서 객관으로 부지런히 합일하려는 노력의 과정을 보여준다. 그러한 노력의 과정을 통해서 합일하고자 하는 대상은 理본체론의 절대화된 理도 아니며, 心본체론의 心도 아니고 현상과 본체에 걸친 공동성으로서의 天地之性의 체득들 통한 합일임을 알 수 있다.

지금까지 장재가 氣一分殊의 우주론에 근거해 만물과 인간의 본원적 동질성과 현상적 차등성의 관계를 어떻게 해석하고 있는지를 고찰해 보았다. 그는 본체로부터 품수한 氣의 通·蔽·開·塞의 정도에 따라 人·物의 구별이 있게 되고 智·愚의 차이가 생기게 된다고 보았지만 본원적으로는 동질의 존재로 보았다. 바로 여기에 天人一物의 논리가 성립될 수 있는 근거가 있다. 따라서 다음 절에서는 天과 人의 공통적 속성으로서의 神化개념의 설정을 통해 人道로부터 天道에로 합일해 가는 과정을 어떻게 파악했는지를 살피고자 한다.

3. 神化의 세계

太虛卽氣의 一元論이 보여주듯이 장재는 天道와 人道를 동일한 것의 서로 다른 모습으로 종국에 가서는 人道가 天道에 회귀하는 것[天人一物]으로 본다. 그가 天道와 人道를 같은 것으로 파악하는 데 있어 중핵 역할을 하는 것은 虛와 神이다. 虛와 神이라는 개념은 天道와 人道에 내재된 동일한 속성으로 양자는 서로 무관한 개념이 아니다. 왜냐하면 虛는 본체 자체의 존재모습을 형용한 말이고 이 虛의 본성이 곧 神이기 때문이다.56)

장재는 여러 가지 용어의 개념 정의를 제시하면서 우주본체의 모습과 그 변화의 전체과정을 파악하고자 애썼다. 그가 세운 자연철학의 범주체계에서 변화의 실체는 氣이고, 변화의 과정은 道이며, 변화의 항상된 법칙은 理이다. 또한 변화의 동인은 機이며, 변화의 총체는 易이고, 변화의 점진적인 것은 化이며, 변화의 두드러진 것은 變이다. 그리고 虛와 神은 天의 잠재적 공능으로서의 天德이다. 天德은 음양의 감응에 의해 氣化의 현상계에까지 관통하며 인간과 만물의 세계에 체현된다. 즉 虛와 神은 우주론과 인간론 양쪽 모두에 직

56) "天之不測謂神, 神而有常謂天.." (「正蒙·乾稱」) "大率天之爲德, 虛而善應." (『張子全書』「氣質」卷之五)

접적으로 관계되어 있다. 이러한 사실은 장재가 "천지와 그 속에 존재하는 일체의 구체적 物象을 모두 음양의 신묘한 변화의 결과"[57]로 보는 데에서 확인할 수 있다.

이와 같이 神은 太虛의 氣의 움직임과 추이, 즉 만물의 발전과 변화의 근본 원동력임과 동시에 인간과 자연, 존재와 당위 양쪽을 포괄하는 개념이라 할 수 있다. 또한 神은 어떤 정해진 공간적 위치를 지정할 수 없는 하늘이 지닌 능력이기도 하다. 여기서 어떤 정해진 공간적 위치를 지정할 수 없다는 것은 있지 않은 곳이 없음을 말한다.

> "텅 비어 있으면서 동시에 밝아 훤히 비추는 것이 神의 밝음이다. 먼 곳이나 가까운 곳이나 그윽하고 깊은 곳이나 가릴 것 없이, 이롭게 쓰여 나고 들고 함에 神이 가득히 채워져 틈새가 없다."[58]

神은 그 자신이 動하면서도 動하지 않고, 靜하면서도 靜하지 않는 것으로서, 원만하게 두루 회통하고, 일정한 方所가 없이 妙用·妙運하여 흔적을 남기지 않는다. 그러므로 神은 氣의 動靜, 聚散, 虛實, 有無가 제자리를 찾아 조화를 잃지 않도록 할 수 있다. 또한 神은 一物兩體가 對待·合一되어 그 정체를 헤아리기 어렵지만, 동시에 對待 관계를 하나로 융화하는 능력이기도 하다.

> "하나의 사물이면서 두 몸인 것이 氣이다. 하나이기에 神이며, 둘이기에 變化한다."[59]

---

57) "凡天地法象, 皆神化之糟粕爾." (「正蒙·太和」)

58) "虛明照鑒, 神之明也. 無遠近幽深, 利用出入, 神之充塞無間也." (「正蒙·神化」)

59) "一物兩體, 氣也. 一故神, 兩故化." (「正蒙·參兩」)

이처럼 待對的 관계에 있는 모든 사물 사이에 통일 원리로서의 一이 존재하지 않으면 陰陽, 進退, 消長의 현상은 균형을 상실하여 사라지고 말것이다. 동시에 進退, 消長, 盛衰와 같은 대대적 관계의 兩物이 통일적 조화성을 잃게 된다면 총섭원리로서의 一도 그 본래적 기능을 발휘하지 못한다. 이들의 對待와 合一, 즉 一과 兩의 작용과 相涵性은 神化의 感應으로 설명할 수 있다. 그러므로 神과 化는 불가분의 관계에 있다.

장재는 太虛의 잠재적 공능으로서의 신묘함[神]만으로는 氣化流行과 萬物化生의 전체를 설명할 수가 없다. 그는 太虛의 신묘함[神]함과 함께 또 하나의 속성이라 할 수 있는 化를 가지고 氣가 無形의 본체에서 有形의 만물로 응취해가는 과정을 설명하였다. 즉 化를 氣에 내재한 능력으로서의 神이 구체적으로 현상화되면서 운동, 변화하는 과정이라고 보았다. 이를테면 化는 본체적 太虛의 氣가 太和의 원리에 따라 드러나지 않게 점차적으로 변화해 가는 과정이다.

> "氣에는 陰陽이 있어서, 그것이 밀고 나아감에 펴짐이 있으니 化가 되는 것이다."[60]

장재의 神化論에서 化의 의미는 變과 대비시켜 보면 더욱 명확히 알 수 있다. 變과 化는 전부 신묘한 자체 내부의 動因에 따라 움직여 바뀌어 간다. 하지만 자세히 분석하면 化는 점진적으로 바뀌는 것이고 變은 돌발적으로 바뀌는 것이다.[61] 그러므로 變은 분명하고 확실한 모습으로 나타나고, 化

---

60) "氣有陰陽, 推行有漸爲化." (「正蒙·神化」)

61) "變言其著, 化言其漸." (『横渠易說』「乾卦」)

는 점진적이고 서서히 드러나기 때문에 실제적 존재 양상을 보기 어렵다.

논리상으로 神과 化의 구분이 불가능한 것은 아니다. 神이 우주 변화의 내재적 힘으로서 그 실체를 측량하기 어려운 신묘한 본체라면, 化는 이 신묘함에 의해 운용되는 작용의 用으로 나누어 볼 수 있다. 그러나 본체와 작용은 동시적이므로 굳이 구분한다면 이는 장재의 기본 취지에서 벗어나고 말 것이다.

> "神은 하늘의 德이요, 化는 하늘의 道인데, 德은 그것의 體이고, 道는 그것의 用이지만 氣임에 있어서는 하나인 것이다."[62)]

장재 기일원론의 관점에서 볼 때 이들은 서로 차원을 달리하는 절연의 시각에서 보아서는 안되고 體用一源의 유기적 관점에서 파악해야 한다. 神化의 神이 자연과 인간에 일관되어 있는 내재적 공능이라면, 化는 이러한 내적 공능의 외재적 표현이라 할 수 있다. 그런데 神과 化는 天의 良能이므로 인간의 능력으로 쉽게 접근할 수 있는 문제는 아니다. 왜냐하면 사람의 사고 작용이나 인위의 조장으로 알수 있거나 이루어질 대상이 아니기 때문이다. 이것은 단순한 대상화로서 인식할 수 있는 것이 아니고 그 자체에 자리 잡아야만 가능하다.[63)] 인간의 주체를 각성하여 우주의 영역에까지 확대시켜 갈 때 비로소 天의 양능에 도달하여 神의 존재를 궁구하고 化의 원리를 파악할 수 있다.

---

62) "神天德, 化天道, 德其體, 道其用, 一於氣而已." (「正蒙·神化」)

63) 정해왕, 「張載의 氣哲學」, 174쪽.

> "神과 化는 天이 본래 가지고 있는 능력이며, 사람의 능력이 아니기 때문에 그것을 넓혀 하늘의 德이 되게 한 연후에야 神을 궁구할 수 있고 化를 알 수 있다."[64]

장재가 神과 化라는 개념에 부여한 이러한 의미 규정으로부터 神化的 태도가 心性修養의 중요한 방법이 되는 근거를 찾아 볼 수 있다. 원래 장재에게 있어 神化의 일반적 의미와 역동성 그리고 그것이 갖는 對待的 성격은 氣라는 테두리 안에서의 우주론적 측면의 문제였다.

그러나 장재는 거기에 그치지 않고 그것을 자연과 인간 양자 모두에 해당되는 본질적 속성으로 파악했다. 神化는 太虛本體가 지닌 氣化의 신묘한 객관적 공능일 뿐만 아니라 인간의 주체적 도덕 자각능력으로 보았다. 太虛의 感應으로 이루어지는 본체의 본질과 그것의 체득을 목적으로 하는 앎의 방법으로 본 것이다. 장재가 天道을 말하고, 太虛와 神化를 말하는 의도는 결국은 인간 이해를 위한 先作業이다. 神과 化에는 다분히 도덕적인 의미가 내포되어[65] 이후 장재 氣 철학을 人事 방면에까지 확장시켜 나아가는 매개자 역할을 한다. 장재가 天道와 人事을 똑같이 밝혔지만 거기에는 二重의 의미가 포함되어 있다. 그 하나는 天道를 人事와 결합시켜 설명하면서도 人道는 天道로부터 유래한 것이기 때문에 天道는 人事가 순응해야 할 모범이며 준칙으로 간주한 것이며, 또 다른 하나는 天道를 밝히는 최종적 귀결점은 바로 至當한 人事의 실현에 있었다.[66]

---

64) "神化者, 天之良能, 非人能. 故大而爲天德, 然後能窮神知化." (｢正蒙·神化｣)

65) 장윤수, ｢張載 氣哲學의 이론적 구조｣, 90쪽.

장재는 神化的 태도의 경로를 통해 人道로부터 天道에 합일해 가는 이러한 과정을 窮神知化의 구상을 통해 설명한다. 그는 窮神知化를 入神과 存神의 두 단계로 나누어 파악한다. 즉 하나는 天道의 본질인 음양변화에 관하여 지속적인 사려와 연구를 통하여 陰陽不測의 신묘함을 내적으로 존양하는 精義入神의 과정이다. 다른 하나는 다시 그 신묘함의 궁구와 수양 통하여 人道의 변화를 직각적으로 예지하는 窮神知化에까지 이르는 과정이다.

장재는 入神을 어떻게 파악하고 있을까. 太虛 本然의 氣는 太和의 원리에 따라 陰으로 陽으로 변화함에 서로 파괴함이 없이 질서정연하게 조화와 통일을 이루면서 계속되지만 자신의 정체를 드러내지 않는다. 따라서 이 음양의 對待의 動因인 神은 무엇이라 이름할 수도 없고, 또한 어떤 형상으로 구체화하여 분별짓기도 곤란한 것이다.[67] 또한 이러한 神의 역동적 작용인 化 역시 어떤 정해진 실체와 方所도 없이 움직이기 때문에 분명한 소재와 정체를 파악하기가 매우 힘들다. 그는 神과 化가 지닌 바로 이러한 고유한 특성 때문에 神化의 본질을 알아내기가 쉽지 않으며 理智的 앎의 노력이 필요하다고 보았다. 그러므로 그는 神化의 본질을 파악하기 위해서는 특별한 인식적 노력이 요구되며, 그러한 노력의 방법으로 『周易』「繫辭下」의 '精義入神'을 제시한다.

> "천지의 도는 오직 일월과 한서가 뒤바뀌고 왕래하는 과정으로서 굴신과 동정의 양단일 뿐이다. 나에게 있어 이

---

66) 김양용, 「橫渠의 易哲學 硏究」, 259쪽.

67) "陰陽實有之性, 名不能施, 象不能施, 象不施別, 則所謂神也." (『張子正蒙注「神化」卷之二)

> 러한 이치를 정밀히 연구하여서 신묘함에 나아가 이를 온전히 실천하면 아무리 작은 것이라도 그 곳에서 벗어날 수 없다."68)

여기서 자연현상의 모든 신묘한 변화는 陰陽二氣의 屈伸往來에 의하여 이루어지는 것으로 장재는 인간이 이러한 법칙을 인식할 수 있다고 보고 있다. 그런데 이러한 理智的 인식에 있어 요구되는 중요한 것은 그러한 자연의 변화양상을 정밀하게 궁구하여 실천하려는 의지와 노력이 전제되어야 한다는 점이다. 물론 이점은 神과 化의 陰陽不測의 내재적 특성에 기인하는 것이다. 그는 入神에 대해서 구체적으로 어떻게 생각했을까. 入神을 窮神의 토대를 닦아 나아가는 단계로 보았으며, 이러한 入神은 사전에 精義을 필요로 한다고 말한다. 즉 精義는 入神의 경지를 향한 구체적 접근방법이라 할 수 있다.

> "義를 정미하게 하여 神에 들어가 쓰임을 다한 것을 일러 천하의 義理를 꿰뚫었다고 말한다. 기대할 바가 있으므로 쓰임을 다할 수가 있다. 窮神이란 그 神을 끝까지 다함이다. 入神이란 단지 神에 들어감이다. 들어감은 바깥으로부터 들어간다 함과 같음을 말한다. 뜻에 진실로 깊고 얕음의 차이가 있다."69)

위의 구절에서 精義入神의 精義는 太虛之氣의 陰陽에 신묘한 변화와 상호감응을 불러 일으키는 잠재적 공능의 기미를 내밀하게 탐지하여 氣化의 법칙을 체득하는 것을 말한다. 入

68) "天地之道, 惟有日月寒暑之往來, 屈伸動靜兩端而已. 在我精義入神以致用則細碎皆不能出其間." (『橫渠易說』「咸卦」)

69) "精義入神以致用, 謂貫穿天下義理, 有以待之, 故可致用. 窮神是窮盡其神也, 入神是僅能入于神也, 言入如自外而入, 義固有深淺." (『橫渠易說』「繫辭下」)

神은 精義의 과정을 거쳐 이제 막 神化의 경지에 들어선 상태로, 神化에 관한 理性的 認識을 의미한다. 窮神은 신묘한 경지의 궁극에까지 도달하여 神化와 합일하는 차원을 뜻한다. 따라서 精義와 入神 양자의 관계는 精義가 入神의 전제조건이 된다.70)

그러면 장재는 어떻게 해야 精義入神의 경지에 이를 수 있다고 보았을까. 그는 인간이 精義의 사려를 통하여 人倫의 당위의 영역과 物理의 존재의 영역에 대해서 조금의 미혹이나 의혹도 없이 明辨한 이지적 인식을 가지게 될 때 入神의 경지에 들어설 수 있다고 보았다.

> "精義入神함에는 思慮를 다해서 일에 임하여 의혹이 없어야 한다. 만물을 밝히고 人倫을 살핀 후에야 義를 정미하게 하여 神에 들어 설 수 있으며, 그로 인해 어짐[仁]을 본성으로 삼아 행동할 수 있게 된다."71)

여기서 精義入神은 思慮에 근거하여 사물의 變易法則을 辨別할 수 있는 理智를 갖추고, 동시에 지속적으로 仁을 실천하려고 노력함으로써 인간의 행위규범이나 자연세계의 변화법칙을 明察할 수 있는 경지에 도달한 것이다. 이러한 入神의 경지에 도달함으로써 비로소 도덕적 수양의 차원을 한 단계 더 높일 수 있게 되고, 이를 人事에 적용하여 미래의 사태에 미리 대비할 수 있게 된다.72) 이는 사물의 이치를 탐구하여

---

70) 朱伯崑, 『易學哲學史 第二卷』, (華夏出版社, 1995), 316쪽.

71) "精義入神, 要得盡思慮, 臨事無疑. 明庶物, 察人倫, 然後能精義入神, 因性其仁而行." (『橫渠易說』 「繫辭下」)

72) "精義入神, 豫而已. 學者求聖人之學以備所行之事, 今日先撰來日所行必要作事. 如此, 若事在一月前, 則自一月前栽培按排, 則至是時有備." (위와 같음)

그 변화의 법칙을 알아내는데 있어 학문적 소양 뿐만 아니라 도덕적 덕성까지도 요구된다는 것을 반증해준다.

인간은 이성적 분별력을 가졌기에 거기에 근거해 존재와 당위의 문제를 해결하려 한다. 하지만 존재의 문제는 몰라도 당위의 영역은 이성의 이지적 능력의 한계를 넘어 실천지, 즉 수양을 통한 체득의 차원을 요구하기 때문에 이에 인간은 본체의 세계를 지향한다. 송대 신유학은 이러한 인간의 본체에 관한 경도를 잘 체계화시켰다. 그것은 도덕에 관한 이론적 인식을 토대로 인간의 가치문제를 논하는 것이 아니라 궁극적으로 수양을 통한 도덕적 실천지에 근거해 해결하고자 한다. 이론지와 실천지의 관계에 대해서 장재 역시 이러한 신유학적 범주를 벗어나지 않는다. 그에게 있어 精義入神은 우주본체의 본질을 파악하기 위한 앎의 노력이긴 하나 중간과정에 불과하다. 즉 그것은 이성적 분별력과 이론적 탐구의 노력을 통해 당위를 해결하려는 구도를 보여준다. 入神의 단계는 자연과 인간의 이치에 관하여 정미롭게 사려하여 올바른 인식에 도달하고 이를 힘써 人事에 응용하는 大人의 일에 불과하다는 것이다.

따라서 장재는 神化的 태도의 완결적 단계로 存神을 말하며 그 구체적 방법으로 窮神知化를 제시한다. 그러면 왜 이 窮神知化를 통한 存神을 이야기했을까. 그것은 神化의 본래적 특성에서 기인한다. 神化는 精義의 理智的 앎의 노력을 통해서 入神의 지경에 이르는 것만으로는 완전히 체득되지 않으며, 이론적 인식과 더불어 도덕적 수양을 동시에 요구하기 때문이다.

> "신묘함은 인간의 사려로는 이를 수 없고, 간직하는 것이 옳다. 化함은 애써 힘쓴다고 해서 되는 것이 아니고, 순

> 응해가는 것이 좋다. 허명함을 간직하고 지극한 덕을 오래 하며 변화에 순응하여 時中에 이르는 것이 仁의 지극함이요 義를 다함이다. 미묘함을 알며, 밝게 드러남을 알아서 모두 놓치지 않고 善을 잘 이어 나간 후에야 사람의 性을 이룰 수 있다."[73]

위의 구절을 통해 神과 化로 영위되는 太虛의 본질을 체득하기 위해서는 인간의 理智的 사려만으로는 안되며 도덕적 수양을 통한 덕성의 함양이 요구됨을 알 수 있다. 그것은 구체적으로 仁義의 실천을 통해 이루어질 수 있다. 마음을 虛靜하고 淸明하게 유지하면서 동시에 자연변화의 질서에 순응하여 오랫동안 덕의 구현에 힘쓰다 보면 神化의 오묘한 본질이 仁義로 자득된다. 이러한 仁義의 실천은 곧 人道의 구현이자 天道와의 합일을 향한 도덕주체의 자발적 의지의 구체적 발현이다. 따라서 장재에게 있어 人道의 궁극적 지향점은 窮神知化를 함으로써 神을 보존하고 변화에 순응하는 天道의 경지에 이르는 것이다. 그리고 우리의 실생활 속에서 仁義를 행함은 바로 窮神知化의 실제적 노력의 과정이라 할 수 있다.

이러한 점에 대하여 장재는 入神을 大人의 일에 窮神을 聖人의 일에 대입시켜 양자의 차이점을 더욱 선명하게 부각시킨다. 그는 "義를 정미하게 하여 神에 들어감과 쓰임을 이롭게 하여 몸을 편안히 함은 大人의 일이다. 大人의 일은 온힘을 다해 생각하고 힘써 行함으로써 미루어 도달할 수 있다. 혹 이 以上의 일은 알 수가 없으며, 이것은 聖人의 덕이 盛하여 저절로 이루어지는 것으로 힘써 생각한다고 해서 얻을 수

73) "神不可致思, 存焉可也. 化不可助長, 順焉可也. 存虛明, 久至德, 順變化, 達時中, 仁之至, 義之盡也. 知微知彰, 不舍而繼其善, 然後可以成人性矣." (「正蒙·神化」)

없다"[74]라고 말한다. 入神은 자연과 인간의 이치에 관한 정미로운 사려와 올바른 인식을 人事에 응용하여 몸을 편안하게 하는 大人의 일이다. 窮神은 入神에 머물지 않고 思勉과 力行을 토대로 德이 더욱 성대해지고 仁이 완숙해지는 聖人의 일에 속한다. 즉 入神의 경지에 이르면 理智가 정밀해지고 깊어지기 때문에 음양이 함께 있어 헤아리기 어려운 사물까지도 인식된다. 그런데 窮神은 이론적 인식에 머물지 않고 총명예지함이 거의 神明과 상통하기 때문에 주객이 통일된 상태이다. 이 때의 神은 이미 객체로서의 神이 아니라 도덕적 경지로 轉化된 것이다. 이런 점에서 窮神은 바로 存神을 의미한다.[75] 즉 장재는 入神을 認識의 문제로 보고, 存神을 道德修養의 부분으로 생각하여 存神을 入神의 상위에 놓았던 것이다. 이 점은 앎의 문제에 있어 이론지보다는 실천지를 우선시하는 유학적 전통의 범주에서 벗어나지 않는 것이다. 후에 程朱學에서 入神은 道問學, 存神은 存德性의 이론으로 해석된다.[76]

그러면 이러한 窮神은 어떠한 차원의 경지일까. 그것은 存神의 경지에 이른 것이며, 人道의 이론적 인식과 실천적 수양을 통해 天道와 합일한 상태이다. 즉 天德과 완전히 契合했음을 의미한다.

> "神을 궁구하여 化를 알게되면 하늘과 하나로 될 수 있으니, 어찌 내가 힘쓸 바가 있리요. 바로 덕이 盛하여 저절로 이루어질 뿐이다. 무릇 사려가 고요해지면 곧 사물을

74) "精義入神, 利用安身, 此大人之事. 大人之事則在思勉力行, 可以推而至之. 未之或知以上, 是聖人德盛自致, 非思勉可得." (『橫渠易說』「繫辭下」)

75) 김양용, 「橫渠의 易哲學 硏究」, 263쪽.

76) 朱伯崑, 『易學哲學史』, 322쪽.

> 비출 수 있으니 모름지기 마음을 놓고 너그럽고 기꺼이 공평하게 해서 구해야만 이에 道를 볼 수 있다. 하물며 덕을 행하여 이로부터 광대해짐이랴. 『易』에 神을 궁구하여 化를 안다고 이른 것은 덕의 盛함이다. 어찌 얕은 마음으로 얻을 수 있으리요."[77]

여기에 이른바 存神의 경지란 智力을 써서 義理를 변별하는 것이 아니라, 인간의 정신이 하늘과 하나가 되는 상태이다. 다시 말해 완전히 천지의 변화와 함께 흘러 陰陽二氣가 變易하는 자연법칙에 순응하여 개체 사물의 생사존망 및 자신의 이해득실에 이끌려 누되는 일이 없는 차원을 말한다.[78] 이제 窮神知化의 주체적 앎의 노력에 따라 본체의 문제는 인성의 문제로, 우주론은 도덕론에로, 氣論은 性論에로 확대된다. 우주의 神化功能은 인간이 깨닫고 따라야 할 天地之性의 至善性으로 대상화 된다.

지금까지 3장에서는 장재가 인륜관 정립을 위해 왜 우주론을 세울 수 밖에 없었는가 하는 점을 太虛卽氣論, 萬物一如觀, 神化의 世界의 3절로 나누어 고찰해 보았다. 다음의 4장에서는 장재가 인륜의 실천적 구현자로서의 인간에 대해서 어떻게 파악하고 있는지를 살펴보고자 한다. 즉 인륜사상의 인간론적 전개의 내용에 관해서 고찰할 것이다. 왜냐하면 장재의 인륜은 인간과 인간 사이의 有機的 질서 관계를 뜻하기에 인륜에 대한 파악 이전에 인간에 대한 고찰이 우선 요구되기 때문이다. 따라서 인간의 본질에 대한 규명은 인륜의 개념적 파악에 필수적 전제라 볼 수 있다.

---

77) "窮神知化, 與天爲一, 豈有我所能勉哉. 乃德盛自致爾, 大抵思慮靜乃能照物, 須放心寬快公平以求之, 乃可見道. 況德行自是廣大, 易曰窮神知化, 德之盛也, 豈淺心可得." (「橫渠易說』「繫辭下」)

78) 康學偉 外(심경호 譯), 『周易哲學史』, (예문서원, 1994), 509쪽.

제4장

장재 인륜의 인간론적 전개

장재가 살았던 북송 초기는 중국 역사에서 정치·사회적으로나 가치·도덕상으로 중대한 전환기이자 모순이 첨예화되는 시기였다. 대내외적으로는 정치·사회적 환경의 모순이 심화되고 있는 반면에 가치·도덕상으로는 佛家思想과 道家思想이 유발시키는 현세적 인륜 경시의 분위기가 국가사회의 심각한 문제였다. 이러한 부정적 요소들을 극복하기 위해서 장재에게 시급한 과제는 북송사회의 주체에 대한 존재 규정과 해석이었다. 즉 사회적 부조리를 걷어내고 天道의 理致가 人道의 人倫秩序로 구현된 유학 중심의 바람직한 국가 공동체를 세우기 위해서는 사회적 모순을 풀어갈 주체에 대한 개념 정립이 필요했으며, 그는 이에 인간에 대한 새로운 해석을 시도하였다. 장재는 이러한 필요에서 隋·唐代는 물론이고 장재 생존 당시에도 큰 영향을 미치고 있던 佛家와 道家의 인간관을 비판하면서 유학에 근거한 인간해석을 제시한다. 그것은 바로 '太虛卽氣'에 토대한 氣化的 인간해석이었다. 따라서 이 절에서는 佛家의 出世間 중심의 인간관과 도가의 入山的 성격의 인간관에 대한 비판적 지양으로 배태된 유가적 인간이해의 내용을 人性과 善惡關係, 知와 앎의 문제, 心統性情論理으로 나누어 살피고자 한다.

1. 天地之性과 氣質之性 및 善惡의 문제

宋代의 新儒學은 현상의 다양한 문제들을 현상 자체에 집착하여 해결하려는 것이 아니라, 宇宙 本體論과의 연계선상에서 풀어보려는 철학의 형이상학화에 진력한다. 人性論에 관한 논의도 이러한 형이상학화의 흐름으로부터 예외가 아니었다. 宋代 신유학자들 중에서 人性에 대한 이 같은 형이상학화 작업을 가장 체계적으로 시도한 사람이 바로 장재이다. 신유학의 대표적 특징인 '宇宙論과 人性論, 現象과 本體의 連繫構圖', 즉 인간 본성의 先天的 至善性을 宇宙 本體의 本來的 至純性과 같은 속성으로 파악하는 道德 宇宙論은 장재 사상에도 그대로 나타나고 있다. 비록 그의 대표 저작인 「正蒙」의 여러 편[太和, 參兩, 天道, 神化, 動物, 乾稱 등]에서 객관적인 존재의 탐구와 변화의 원리인 神化 등을 다루는 宇宙論的 흥취를 강하게 드러내 보이기도 하지만, 그것은 어디까지나 도덕적 창조성을 축으로 하여 들여다보는 것[1]이었기에 언제나 人性의 至善性 보증이라는 범위를 벗어나지 못하였다. 대부분의 다른 신유학자들과 마찬가지로 장재 역시 宇宙를 하나의 도덕적 創生의 세계로 파악했다. 宇宙에 나타나는 도덕적 창조와 인간에게 드러나는 도덕적 창조를 동일한 것으로 자각하였다. 장재가 宇宙本體論을 정립하고자 했던 궁극 목적은 객관적 宇宙本體論 자체의 수립에 있었던 것이 아니라, 인

1) 牟宗三, 『心體與性體(一冊)』, 427-428쪽.

간 본질의 至善性의 근원이 우주본체의 至純性에 있음을 밝히고자 하는 데 있었다. 따라서 장재의 '太虛卽氣'의 宇宙本體論은 心性論에로 확대될 수밖에 없었으며 氣 개념 역시 性 개념에로 그 의미가 넓어지게 되었다.

즉 장재는 宇宙論을 人性論에로 확장시키고자 했으며, 또한 本體의 至純性을 현상의 至善性과 동일한 속성으로 파악하려 했고, 그리고 인간 행위의 실천적 근거를 本體에 두고자 했다. 그런데 그는 자신의 이러한 생각을 性을 형이상학화 시키는 것에서부터 시작한다.

> "일찍이 無일 수 없었던 것을 體라 하고, 體를 性이라 한다."[2]

> "氣의 性은 본래 虛하고 신묘하다. 그러므로 神과 性은 氣가 본래부터 가지고 있는 것이다."[3]

장재는 性을 현상의 존재론적 근거이자 인간에 의해 변형되거나 규정될 수 없는 선험적인 형이상학적 실체로 파악하였다. 장재 이전까지의 사상가들이 주로 현상의 인성론적 차원에서 人性의 善惡問題에 관심을 기울였던 것에 비하여, 그는 性이라는 개념을 우주 본체론적 수준 또는 형이상학적 차원으로 확대하여 현상과 본체에 걸쳐 일관되게 작용하는 궁극적 속성으로 파악하였다. 장재는 性을 보다 근원적인 입장에서 萬物化生과 도덕창생의 근본으로 보았던 것이다. 즉 性은 生生之性으로서 타물과 감응하여 體合하는 주체로 생각하였던 것이다. 요컨대 그의 性 개념은 인간에게만 국한되지 않

---

2) "未嘗無之謂體, 體之謂性." (「正蒙·誠明」)

3) "氣之性本虛而神, 則神與性乃氣所固有." (「正蒙·乾稱」)

고 인간과 타물에 동등하게 해당되는 性이었다.

그러면 장재에게 있어 이러한 人性의 형이상학화 노력이 善惡論에로는 어떻게 연결되는 것일까. 장재의 人性의 善惡 문제에 관한 이 같은 견해를 반영해 이론화한 것이 天地之性과 氣質之性論이다. 따라서 이 문제에 대한 그의 생각을 인간 본성의 절대적 善性 根據로서 天地之性論과 상대적 惡性 根據로서 氣質之性論 그리고 不善矯正의 論理로 나누어 살펴보고자 한다.

첫째, 도덕적 우주본체론의 확립에 전력을 다했던 장재는 어떠한 근거에서 인간의 본성이 절대적으로 善하다고 인식하게 되었을까. 그는 天地之性의 개념 제시를 통해 이 질문에 답한다. 장재의 이러한 생각은 도덕적 宇宙論을 수립하는데 있어 宇宙論과 道德論의 연결고리를 바로 天地之性이라는 개념에서 찾고자 함을 의미한다. 그것은 유학의 일반적 특징으로 드러나는 存在와 當爲의 一如觀, 즉 價値와 事實을 이원적으로 보지 않고 하나로 일치시켜 보는 일원론적 동양적 사유구조에 근거하는 것이다. 그것은 생명을 지닌 宇宙 本體의 유기체적 流動 과정을 대상화시켜, 여기로부터 당위를 도출해 냄과 동시에 그것을 선악시비 판단의 도덕적 원리로 삼는 것이다. 장재는 太虛本體의 虛한 至純的 본질을 인간의 도덕적 至善性과 일체적 속성으로 파악하고 있다. 장재가 宇宙本體에 부여한 '虛'라는 본질에는 어떠한 의미의 不正性·不純性·惡性도 들어 있지 않으며, 純粹性·至善性·淸虛性만이 함유되어 있을 뿐이다. 그는 우주본체의 이러한 점에 대하여 다음과 같이 말한다.

> "天地는 虛를 德으로 삼는다. 至善한 것은 虛하다. 虛는 天의 祖이다. 天地는 虛를 따르는 가운데 나온다.4)

"虛는 仁의 근원이며, 忠恕는 仁과 더불어 생겨나며, 禮義는 仁의 用이다."[5]

太虛라는 우주본체가 자체의 至純性·淸虛性으로 인해 神化의 존재론적 과정을 아무런 막힘도 없이 원활하게 지속시킬 수 있는 것처럼, 인간 역시 이러한 太虛本體의 虛한 속성을 그대로 품부해 태어났기 때문에 도덕적 사회를 지향할 수밖에 없다는 것이다. 太虛의 양태로 존재하던 陰陽未分의 氣가 凝聚의 氣化를 통해 인간과 만물이라는 구체적 형태로 형상화 됨과 동시에 자체의 虛한 至善性을 인간과 만물에게 보편적 본성으로 품부하게 된다. 즉 本體의 太虛 상태에서 現象의 萬物로 변화되었다는 것은 구체적 생명체로 태어났음을 뜻하는 동시에 太虛의 至善性을 보편적 본성으로 부여받았음을 의미한다. 이 본성은 구체적 존재자들의 보편적 본질이기 때문에 인간에게만 있는 것이 아니라 모든 개별자들을 하나되게 하는 一元的 원리이다.

"性이라는 것은 만물의 한 근원으로 내가 사사롭게 얻을 수 있는 것이 아니다."[6]

이에 대하여 주희는 다음과 같이 말한다.

"이른바 性이란 것은 인간과 만물이 함께 얻은 바이다. 나만이 이것을 가지고 있는 것도 아니며, 다른 사람도 역시 이것을 가지고 있다. 다른 사람만이 이것을 가지고 있

---

4) "天地以虛爲德, 至善者虛也. 虛者天之祖, 天地從虛中來." (『張子全書』「語錄抄」卷十二)

5) "虛者仁之原, 忠恕者與仁俱生, 禮義者仁之用." (위와 같음)

6) "性者萬物之一源, 非惟我之得私也." (「正蒙·誠明」)

는 것이 아니며, 만물도 또한 이것을 가지고 있다."[7]

장재는 이러한 존재자들의 보편적 본성을 天地之性 또는 天性이라 부른다. 모든 인간은 생명으로 태어나는 순간 이러한 天地之性을 본질적으로 具有할 수밖에 없기 때문에 궁극적으로 善한 존재이다. 장재는 이 점에 대하여 "이 性은 인간에게 있어서 善하지 않음이 없다"[8]라고 언급한다. 이것은 인간이 도덕적 세계의 건설을 도모할 수 있는 근거를 바로 天地之性에서 찾은 것이다. 왜냐하면 그것은 모든 존재자들의 보편적 본성이기 때문에 인간은 지각 작용을 통해 이 존재의 보편적 본성을 자각하고, 도덕 문제의 시비 판별의 절대적 원리로 삼기 때문이다.

둘째, 장재는 개인이나 사회가 전적으로 善하지 못하고 도덕적으로 타락하게 되는 원인이 어디에 있다고 보았을까. 장재는 인간이 범하는 惡行과 사회의 도덕적 부패 문제를 氣質之性論으로 설명한다. '太虛卽氣'의 宇宙 本體論에 근거할 경우 인간은 선천적으로 至善性[天地之性]을 품부해 태어났기 때문에 性善的 존재일 수밖에 없으며, 그에 따라서 사회 역시 善·是만이 존재하는 정의로운 공동체가 되어야만 될 것이다. 그러나 인간의 현실은 善惡·是非가 서로 혼재되어 갈등하고 투쟁한다. 이러한 점은 人性의 경우에 있어서도 마찬가지이다. 선천적 天地之性은 절대적 至善性만을 지니지만, 후천적 氣質之性은 善性만이 아니라 상대적 惡의 단초도 동시에 갖고 있다. 氣가 陰陽·剛柔未分의 太虛 상태로 있었을 때에는

7) "所謂性者, 人物之所同得, 非惟己有是, 人亦有是, 非惟人有是, 物亦有是." (「正蒙·誠明」 朱熹注」)

8) "性於人, 無不善." (『張子全書』 「西銘」 卷之一)

至善性만을 保持했었지만 응취되어 형체를 이룬 후에는 선악의 혼재상태에 놓이게 되는 데, 그 이유는 陰陽剛柔旣分的 氣의 精粗·清濁·通塞·正偏·剛柔·緩急·才不才의 구별에서 기인한다.[9)]

인간과 다른 사물의 구별은 물론이고 인간들 사이의 善과 惡, 賢과 不肖의 차이도 모두 偏正·淸濁한 氣의 聚集 如何에 달려 있다. 여기서 精과 粗는 조직의 짜임새의 완성도를, 그리고 淸濁은 그 조직의 순도를 보여주는 용어다. 가장 정련된 조직은 바르고[正] 뚫려[通] 있다. 반대로 조악한[粗] 조직은 치우치고[偏] 막혀 있다[塞].[10)] 이 같은 氣稟의 如何에 따라 인간 이념의 실현 가능성이 일단 선천적으로 결정되게 된다. 胚胎時에 순수한 조직을 품부받아 태어난 사람은 실천해야 할 당위성을 깨닫기 위해 의도적 노력을 하지 않아도 자연스럽게 이루어진다. 즉 氣質之性속에는 善의 단초만이 아니라 惡의 단초가 동시에 함유되어 있음을 미리 알아 善의 바람직한 방향으로 나아갈 수 있다는 것이다. 다음 부류의 사람들은 粗駁한 조직 성분을 품부받아 태어난 사람들로서 氣質之性의 미혹함에 넘어갈 소지가 많다. 이들은 氣質之性의 본질적 속성을 파악하기 위해 의지적 노력을 해야만 한다. 왜냐하면 氣質之性은 肉身의 我欲을 그 본질로 하고 있기 때문에 수양과 학문을 통해 제어하지 못하면 善의 단초로 향하기보다는 惡의 단초로 나아갈 가능성이 높기 때문이다.[11)] 따라서 조박한 氣를 생래적 조직으로 품부해 태어난 사람이 天地之性의 至

9) "人之剛柔緩急 有才與不才 氣之偏." (「正蒙·誠明」)

10) 한형조, 『주희에서 다산으로』, (세계사, 1996), 100쪽.

11) "湛一 氣之本, 攻取 氣之欲. 口腹於飮食, 鼻舌於臭味 皆攻取之性也." (「正蒙·誠明」)

善性을 잘 보존해 실천하려면 보다 많은 노력이 필요하게 된다.

보편적 共同性인 天地之性의 관점에서 볼 경우 세계의 만물은 평등적 수평관계에 놓일 수 있다. 그러나 개별적 後天性인 氣質之性의 관점에서 보면, 자기 자신만을 오직 我라 보고, 그 나머지는 非我라고 보기 때문에 만물 간의 평등적 관계가 끊어지고 차등적 관계가 성립되어, 감각적인 자기 만족과 我欲에 집착하는 攻取之性에로 경도되게 된다. 여기로부터 인간 惡性과 惡行이 발생하게 된다. 그래서 장재는 氣質之性을 形而後의 性으로 보아 先天的 共同性인 天地之性과 대비시켜 그 의미를 명백히 구별한다. 이것이 氣質之性이 왜 인간의 惡行과 非行 그리고 사회적 부패의 발생 근거가 되는지에 대한 장재의 설명이다.

셋째, 장재가 후천적 有善有惡의 氣質之性을 至善性만의 天地之性에로 되돌리는 문제에 관하여 어떤 견해를 견지하는지 고찰해 보자. 이 점에 대하여 장재는 현실의 불완전성과 인간 본성의 상대적 惡性을 극복하고 바람직한 사회와 절대적 善性의 회복에로 나아가는 不善矯正의 논리를 제시하고자 한다. 儒家는 佛家나 道家와는 달리 현실의 존재성을 인정하며, 이 현실에서 발생하는 도덕문제를 시비선악의 분별을 통해서 가치로운 방향으로 귀결 지우려 한다. 즉 현실의 惡함과 善함의 존재를 동시에 인정하고 가능한 惡性의 존재가 발생시키는 나쁜 영향을 善性의 회복을 통해 제어하고 보다 나은 방향을 지향하게 한다. 유학자인 장재 역시 이러한 유가적 범주로부터 예외가 아니다. 그도 인간의 현실을 절대적 善性만이 존재하는 완벽한 세계로 상정하는 것이 아니라 상대적 惡性도 동시에 존재하는 불완전한 세계로 보고 있다. 그래서 절대적 善性을 품수받아 태어난 인간은 다른 동물과는 달리 현실적 삶의 과정 속에서 浸染당한 절대적 존재 본성을 회복하기 위해 지속적 수양과 공부에 정진해야 한다고 주장한다.

太虛의 至善性을 품부해 태어난 인간이 그 이후 현실적 삶의 과정에서 본래적 善性을 상실하고 상대적 惡性에 의하여 지배당하게 되는 과정을 人性論의 구상을 통해 설명한다. 앞서 살핀대로 장재는 人性을 天地之性과 氣質之性의 合體物로 보고 있다. 人性에는 이른바 天地之性이라는 것이 있고, 또한 그것 외에 氣質之性이라는 것이 있다. 따라서 人性은 바로 이 두가지 性의 合體物로 보아야 한다고 주장한다.

> "형체화된 연후에 氣質之性이 있으며, 잘 돌이키면 天地之性이 그대로 온전하게 보전될 수 있다."12)

두 가지 性은 太虛卽氣에 뿌리를 두고 있다는 점에서 공통적이긴 하나 그 氣의 내적 속성이 서로 다르다는 점에 차이가 있다. 즉 天地之性은 參和不偏한 陰陽剛柔未分의 氣에 근원하고 있는 데 반하여 氣質之性은 偏僻된 陰陽剛柔旣分의 氣에 근원한다는 점에서 차별성이 있다. 天地之性은 바로 天性을 의미하는 것으로 純善無惡의 性이다. 天道와 상통하는 性이며, 만물의 體가 되는 性이고, 長存不壞하는 절대적 性이다. 이에 비하여 氣質之性은 가변적 氣의 산물이기 때문에 有善有惡의 상대성을 그 특징으로 한다.

> "氣質은 사람들이 말하는 性의 氣[性氣]를 가리키는 것이다. 氣에는 강유·완속·청탁의 氣가 포함된다. 質은 才이다. 氣質은 一物로서 초목의 生成같은 것을 氣質이라 할

12) "形而後有氣質之性, 善反之, 則天地之性存焉." (「正蒙·誠明」)

> 수 있다."[13)]

이 구절에서 보이는 것처럼 氣質之性은 氣와 質이 결합하여 만들어진 후천적 性이다. 즉 氣質之性을 剛柔·緩急·淸濁의 氣를 품수해 생성된 상대적 性이다. 장재 사상에 있어 剛柔旣分의 상대적 氣가 지닌 緩急·智愚·才不才·淸濁 등의 속성은 氣質之性의 범주에 속하는 것으로 人欲 발생의 기본적 근거가 된다.

> "한결같이 고요함은 氣의 근본이며, 치고 빼앗음은 氣의 욕망이다. 먹고 마시고자 하는 배와 입의 욕망과 냄새를 맡고 맛을 보고자 하는 코와 혀의 욕망은 치고 빼앗음의 性이다."[14)]

이처럼 장재는 人欲의 생리적 욕망 모두를 氣質之性의 범주에 포함시킨다. 그는 이같은 생리적 욕망이 본질상 外物을 매개로 해서 자신의 하고자 하는 바를 만족시키기 때문에 攻取의 性이라고 稱하기도 한다. 程朱學자들이 形質이라는 중간 매개체를 거쳐 결정된 氣質之性은 엄격한 의미에서 性이라고 볼 수 없다는 입장임에 반하여, 장재는 생리 욕망과 같은 攻取의 性을 氣質之性의 범주에 포함시켜 人性의 한 특성으로 인정한다.

> "먹고 마시는 것 그리고 남자 여자의 관계가 모두 性인데, 어떻게 없애는 것이 가능하겠는가."[15)]

---

13) "氣質猶人言性氣, 氣有剛柔緩速淸濁之氣也, 質, 才也. 氣質是一物, 若草木之生亦可言氣質." (『張子全書』「學大源上」卷之六)

14) "湛一, 氣之本. 攻取, 氣之欲. 口腹於飮食, 鼻舌於臭味, 皆攻取之性也." (「正蒙·誠明」)

15) "飮食男女皆性也, 是焉可滅." (「正蒙·乾稱」)

장재가 剛柔旣分의 상대적 氣의 性인 氣質之性에 투사시킨 세간적 현실성의 범주, 즉 생리적 욕망과 攻取의 性을 人性의 한 영역으로 인정하는 氣質之性觀은 不善한 人性의 矯正에 관한 문제 해결의 단초를 제공해 준다. 그가 생각하는 인간관은 道家나 佛家의 物化的 인간관이나 탈세간적 인간관이 아니었다. 과거로부터 현재 그리고 미래로 이어지는 사실성의 세계 속에서 삶을 영위하며 지속적으로 가치와 당위를 추구해 나아가는 儒家的 인간관의 정립에 몰두했다. 여기서 말하는 과거·현재·미래로 구성된 사실성의 세계는 절대적 善性과 완전성을 지닌 聖人들만이 모여 사는 세계가 아니라, 善性과 惡性이 혼재된 性을 지닌 불완전한 인간들의 세계이다. 人性의 善함의 본원이 天地之性이라면 惡함의 본원은 氣質之性이다. 天地之性이 純善無惡을 본질적 속성으로 삼는 데 반해 氣質之性은 有善有惡을 내적 속성으로 하는 데서 人性의 상대적 惡함의 근거가 발견될 수 있는 것이다.

> "사람의 氣質의 美惡·貴賤과 夭壽의 이치는 모두 부여받은 바 정해진 분수[定分]이다."[16)]

> "性이 이루어지지 않으면 善과 惡이 뒤섞이게 된다. 따라서 부지런히 힘써서 善을 이어가게 되면 이에 善하게 될 것이다. 惡이 모두 제거되면 [상대적] 善도 그에 따라 없어지게 되는 것이다."[17)]

장재는 氣質이 전적으로 악한 것이 아니라 有善有惡의 혼재성을 자체의 속성으로 하고 있다고 보았으며, 氣質之性이

---

16) "人之氣質美惡貴賤夭壽之理, 皆是所受定分." (『張子全書』「氣質」 卷之五)
17) "性未成則善惡混, 故亹亹而繼善者. 斯爲善矣. 惡盡去則善因以亡." (「正蒙·誠明」)

지닌 有善有惡의 혼재성으로부터 人性의 상대적 惡함의 근거를 찾고 있다.

그런데 장재의 氣質之性의 이론에서 각자의 노력 여하에 따라 자체의 상대적 惡性을 절대적 善性으로 변화시킬 수 있는 길을 터놓고 있음을 찾아 볼 수 있다. 그는 氣質의 美惡·貴賤과 夭壽의 이치가 비록 부여받은 바 정해진 분수이긴 하나 반드시 不可變의 것은 아니라고 파악하였다. 그는 "氣의 변할 수 없는 것은 다만 삶과 죽음, 오래 삶과 일찍 죽음 밖에 없다"18)라고 하여 생사의 문제를 제외하고는 자신의 의지 여하에 따라 얼마든지 氣質之性의 상대적 惡性을 극복하고 天地之性의 절대적 善性을 회복할 수 있는 여지를 남기고 있다. 그는 "性은 사람에 있어서 善하지 않음이 없으나, 잘 돌이키느냐 잘 못돌이키느냐에 달려 있을 뿐이다"19)라고 하여 人性의 善惡 內源을 밝혀 惡性을 善性으로 전환시킬 수 있는 방도를 제시하고 있다.

그런데 여기서 장재가 死生·妖壽의 불가변성을 이야기한 것은 불교의 탈속세적 내세관과 도교의 物化的 不老長生觀이 지닌 탈현실적 가치관에 대한 한계의 설정과 유가의 현실 중심적 가치관의 확립을 의미한다. 유가적 가치관을 정립하는 데 있어 토대가 되는 심성론적 근간은 바로 有善有惡의 혼재성을 특성으로 하는 氣質之性論이다. 그는 인간의 삶의 場을 道家나 佛家와는 달리 善과 惡이 혼재되어 공존하는 불완전한 세계로 보고 있다. 剛柔旣分의 상대적 氣를 품수해 생성된 인간 삶의 현실을 緩急·智愚·才不才·淸濁 등의 불완전한 특

18) "氣之不可變者, 獨死生夭壽而已." (위와 같음)

19) "性於人無不善, 繫其善反, 不善反而已." (위와 같음)

성을 기본적 속성으로 하는 공간으로 파악한 것이다. 동시에 이러한 시공간을 生의 터전으로 삼는 인간 역시 불완전성을 삶의 기본적 범주로 인정해야 한다고 보았다. 따라서 가치관 역시 상대적으로 불완전한 선악 혼재성을 근간으로 할 수밖에 없었다. 이러한 절대적 善性과 상대적 惡性의 혼재성을 적극적으로 수용해 구상된 人性論이 바로 氣質之性論이다. 인간의 人性은 고정불변의 영구적인 것이 아니라, 현실적 삶의 노력 여하에 따라 얼마든지 변화시킬 수 있는 유동적인 것으로 파악했다.

유학을 국가 통치의 기본 이념으로 삼고 있었던 북송 조정의 관리로서, 그리고 당시 북송 조정이 당면한 국내외적 문제 해결에 고심하고 있었던 장재에게 있어 이 같은 人性論의 착상은 당연한 귀결로 보인다. 隋·唐 시대에 맹위를 떨쳤던 道家와 佛家는 일반 백성들로 하여금 현실에 상존하는 惡性의 존재 자체를 부정하고 善性만을 가치로운 것으로 보게 하는 경향이 있었다. 따라서 백성들은 惡性과 善性 중에서 善性만을 바람직한 것으로 인정하고 惡性의 존재 자체를 부정하는 탈세속적 혹은 물화적 가치관을 견지하는 성향을 가지게 되었다. 그는 北宋의 경영에 있어 백성들의 바로 이러한 가치관이 가장 큰 장애물이라 보았다. 따라서 그는 佛家와 道家의 善性 일변도적 특성을 비판하고 현실에 엄연히 존재하는 상대적 惡性의 인정으로부터 북송의 사회 도덕적 문제의 해결을 시도했다. 氣質之性論은 바로 인간세계의 善惡問題에 대한 이같은 發想의 산물로 볼 수 있다. 氣質之性論의 創案은 현실의 삶 속에 절대적 善性의 天地之性만이 존재하는 것이 아니라, 相對的 惡性의 氣質之性도 존재한다는 점을 인정하는 셈이다. 그는 氣質之性을 天地之性에 비해 상대적으로 가치가 떨어지는 것으로 보긴 했지만, 하여튼 人性의 한 축으로 인정하는 데서부터 당면 문제를 해결하고자 했던 것이다.

지금까지 우리는 장재가 말하는 不善의 교정논리를 살펴 보았다. 이제 장재의 견해를 요약해 보면 다음과 같다. 인간 삶의 시공간은 도가의 물화적 자연과 영원한 삶도 아니고 불가의 출세간적 場과 내세적 삶도 아닌 바로 여기·지금의 시공간에서의 유한한 삶이다. 善만이 존재해야만 하는 바램과 희망의 이상적 세계가 아니라 선과 악이 혼재하면서 싸우는 치열한 현실이다. 여기서 인간들은 선과 악, 옳음과 그름의 문제에 대해서 끊임없이 고뇌하고 번뇌해야 한다. 그리고 나서는 결국 善과 是의 방향으로 선택해 나아간다. 인간의 氣質之性은 이같은 성향과 선택을 좌우하는 방향추인 것이다. 氣質之性은 惡의 가능성과 조짐을 미리 알아 수양과 절제의 의도적 작위 과정을 통해 善의 방향으로 전환시킬 수 있는 능력을 지니고 있다. 비록 氣質之性은 天地之性에 비교할 때 有善有惡의 상대적 혼재성을 그 특성으로 하고 있지만 그럼에도 불구하고 자체가 지닌 자발적 의도성이라는 특성으로 인해 항상 바람직한 인간 삶의 지향을 포기하지 않는다. 바로 이 점에는 삶에 대한 장재의 기본적 견해, 즉 현실 중심적 인문주의에 토대한 도덕 왕국의 건설이라는 바램이 그대로 반영되어 있는 것이다. 氣質之性의 현실 중심적 不善 교정 논리를 통해서 당시 사회의 도덕적 부패 현상을 극복하려 했던 것이다. 장재의 이 같은 입장은 맹자이래 지속적으로 주장되어 온 性善論的 전통을 일관되게 계승하는 것이며, 또한 이후 송명 심성학의 유심주의적 전통을 확립하게 되는 중요한 계기가 된다.

그런데 氣質之性의 惡의 기미를 미리 탐지하여 본래적 善

性만의 상태로 회복시키는 데에는 앎의 문제가 필연적으로 수반될 수밖에 없다. 따라서 다음 절에서는 不善矯正의 과정에서 앎의 이론이 왜 요구되며, 어떠한 기능을 하는지를 살피고자 한다.

2. 見聞之知와 德性之知

儒學에서 知論은 性論과 더불어 핵심적 자리를 점한다. 그런데 이 知論은 형태면에서 크게 두 종류로 대별된다. 조남욱은 이러한 구분의 기준을 경험성의 有無라고 보았다. 즉 감각기능의 경험과정을 거쳐서 형성되는 지식을 經驗知라 하고, 그러한 경험과 관계없이 형성되는 지식을 先驗知라고 볼 때, 儒學에서는 이 두 유형을 다 말하고 있다[20]는 것이다.

장재의 知論 역시 이러한 견지로부터 벗어나지 않는다. 그는 인간의 인식의 영역을 見聞之知[21]와 德性之知[22]로 구분한다. 즉 인간의 인식은 외물과의 교섭을 통해 획득하게 되는 見聞의 경험적 인식과 德性의 선험적 인식으로 구성되어 있다는 말이다. 장재의 인식의 문제는 인간과 동식물을 포함한 자연계 내의 모든 객관적 존재를 인정하는 데서부터 출발한다. 즉 세계를 객관과 주관으로 나누고 인식의 내원을 객관

20) 조남욱, 「道德的 知識과 行爲에 대한 儒家의 觀點」, 『앎과 삶에 대한 윤리학적 성찰』, (한국정신문화연구원, 1998), 27쪽.

21) 見聞之知의 어원은 『孟子』에서 비롯된다. "若禹皐陶則見而知之, 若湯則聞而知之." (『孟子』 「盡心下」)

22) 德性之知의 德性의 어원은 『中庸』에 있다. "君子尊德性而道問學." (『中庸』)

세계에 두었다.

> "감응함에는 반드시 사물이 있어야 한다. 사물이 있으면 감응할 수 있지만 사물이 없으면 어떻게 감응할 수 있겠는가."[23]

객관사물이 사람의 인식에 의거하는 것이 아니라, 사람의 인식이 객관세계나 사물에 근원하는 것으로 보았다. 외계의 객관적 실제나 사물이 있어야 인식이 성립할 수 있고, 그것들이 없으면 인식의 근거는 사라지게 된다. 사람의 인식은 천차만별의 다양한 형태를 띠고 있으되, 그러한 상이한 인식은 서로 다른 형태를 지닌 객관적 만물과의 직접적 만남을 통해서 생겨나게 된다.

요컨대 객관 세계에 토대한 인식의 실질적 획득은 주체와 객체의 內外之合에 의해서만 가능하다. 인간의 주관적 감각기관과 객관적 외물의 접촉으로 인해 인식의 성립이 이루어질 수 있다.

> "사람들이 자기에게 지식이 있다고 말하는 것은 귀와 눈으로 말미암아 받은 것이고, 사람들이 받은 것은 안과 밖의 합치로 말미암은 것이다. 귀와 눈 등의 감각 기관의 한계 밖에서 안과 밖을 합할 줄 아는 그 지식은 다른 지식보다 훨씬 뛰어난 것이다."[24]

여기서 受는 외물의 접수를 뜻하고 內外之合은 주체와 객관 세계의 접촉을 의미한다. 그는 이처럼 인식의 획득은 受와

---

23) "感亦須待有物, 有物則有感, 無物則何所感." (『張子全書』「語錄抄」卷十二)

24) "人謂己有知, 由耳目有受也. 人之有受, 由內外之合也. 知合內外於耳目之外, 則其知也過人遠矣." (「正蒙·大心」)

內外之合의 경로를 거쳐야 가능한 것으로 보았다. 인식의 획득이 耳·目·舌·身 등의 감각기관에 의한 外物의 접수와 반영을 통해 가능하다고 한다면 目은 天之明을, 耳는 天之聲을, 心은 天之不御를 접수하고 반영할 것이다. 天之明·天之聲·天之不御는 物 즉 객체이고, 目·耳·心 등은 我 즉 인식 주체이다. 인식의 획득은 物과 我·주체와 객체의 연결과 결합을 통해 가능해지며, 이러한 內外發明이 인간 인식의 來源이다.

> "有와 無가 하나로 되고, 內와 外가 합치된다. 이것은 사람의 마음으로부터 스스로 나온 바다."[25)]

장재 인식론이 앎의 대상으로 삼는 궁극적 지향점은 무엇일까. 그것은 한마디로 외부의 객관적 존재에 내재되어 있는 규율을 인식하는 것이다. "만물은 모두 理를 가지고 있다. 만약 理를 궁구하지 않는다면 한 평생을 꿈 속에서 보내는 것과 같다."[26)] 현실을 근간으로 하는 인간의 일생은 자체가 유의미한 것이며, 사람은 일생을 통해 삶에 관계된 만물·만사의 객관적 조리나 이치를 인식하는 것이 중요하다. 그는 당시의 자연과학적 성과에 상당히 고무되어 있었으며, 그러한 성과가 인식의 면에 반영되었다고 할 수 있고, 또한 이 점은 현실 간과적 경향의 불교 인식론에 대한 비판이기도 하다.

유학에서 인간의 삶은 외부의 초월적 존재나 신앙적 존재를 상정하지 않더라도 그 자체로서 가치로우며, 그것에 투영되어 있는 진리성과 진실성은 온 힘을 다해 추구할 만한 가치가 있는 것으로 파악되었다. 그러나 불교 인식방법은 인간

---

25) "有無一, 內外合, 此人心之所自來也." (「正蒙·乾称」)

26) "萬物皆有理, 若不知窮理, 如夢過一生." (『張子全書』「語錄抄」 卷十二)

이 지향해야 할 가치를 현실의 삶에서 구하지 않고, 현실을 초월하여 실제의 저 편에서 진리를 구하는 것으로 파악되었다. 장재는 정이 처럼 理를 절대의 범주로 형이상학화시켜 자연, 사회, 인륜을 선도하는 원리로 생각지 않았다.[27] 만약 理를 추상화해서 독립시킨다면, 顯微無間이나 體用一源으로 인식되어야 세계가 불교에서 처럼 顯과 微, 體와 用으로 이원화될 가능성이 있음을 그는 인지했던 것으로 보인다. 그는 理를 인간세계의 저 편에 존재하는 이상세계의 보편적 원리로 삼는 사상체계가 인륜·도덕에 대해 미칠 수 있는 부정적 영향의 개연성을 감지했던 것으로 보인다. 이와 같은 장재의 인식이론은 현대 인식론에 비유하면 감성 인식에 해당한다. 그의 표현대로 하면 見聞之知이다. 見聞之知는 이성적 사유나 도덕적 직관 내지 자각을 통해 얻게 된 것이 아니라 신체적 기관을 통해 物과 접하게 됨으로써 획득된 경험적 지식이다.

> "보고 들음으로써 형성되는 지식은 사물과 만남으로 알게 되는 것이지 덕성에 의해 아는 것이 아니다. 덕성에 의해서 알게 되는 것은 見聞에서 싹트지 않는다."[28]

여기서 見聞이 경험을 뜻하고 지식이 心의 認知 활동을 의미한다면 見聞之知는 경험에 의해 얻어지는 지식으로 그 인식 범위 또한 경험 범위의 제한을 받게 마련이다. 그는 인간의 인식 작용에 있어 경험과 감각 기관을 통해서 획득되는 見聞之知의 일정한 역할을 인정함과 동시에 다른 한편으로는 德性之知와는 구별하여 취급한다. 그는 "귀와 눈 등의 감각

---

27) 陳俊民, 『張載哲學與關學學派』, (學生書局, 1990), 82쪽.

28) "見聞之知, 乃物交而知, 非德性所知. 德性所知, 不明於見聞." (「正蒙·大心」)

기관이 비록 性에 累가 됨은 사실이지만 내외의 덕을 합함에 있어서는 그 감각 기관이 그것을 계발하는 요체가 됨을 알 것이다"[29]라고 하여 見聞之知의 부분적 역할을 어느 정도 받아들이고 있음을 알 수 있다.

그의 사상의 근본 의도는 형이상학적 本體를 토대로 한 현상의 설명에 있었다. 따라서 현상에 관한 인식 기제인 見聞之知의 중요성을 부분적으로 인정하지 않을 수 없었다. 그는 見聞之知를 인간 공동체에 장애만을 조장하는 부정적 知로만 파악한 것이 아니었다. 見聞之知의 부정적 측면만 극복한다면 德性之知를 통한 天地之性의 앎에 방해적 요소로만 작용하지 않고 오히려 도움을 줄 수 있다고 생각하였다. 이러한 점에 대하여 王夫之는

> "內란 마음의 신묘함이고, 外란 만물의 法象이다. 法象은 心의 신묘함이 아니면 나타날 수가 없고, 신묘함은 法象이 없으면 드러나지 않는다. 많이 들어서 선택하고, 많이 보아서 알면 그 心思가 계발되어, 회귀할 수 있게 된다. 신묘함을 간직할 수 있게 될 뿐 아니라 格物窮理의 學을 달성할 수 있다."[30]

라고 말한다. 이 구절을 통해 장재의 見聞之知와 德性之知의 관계를 명확히 알 수 있을 것이다. 耳·目·舌·身을 통해서 획득한 지식이 덕성을 통한 天性의 자각에 累를 끼치는 측면이 존재함도 사실이지만, 見聞의 정확한 경험 지식은 德性之知를 계발하는 데 도움을 주는 것도 분명하다는 것이다. 결국

---

29) "耳目雖爲性累, 然合內外之德, 知其爲啓之之要也." (위와 같음)

30) "內者, 心之神. 外者, 物之法象. 法象非神不立, 神非法象不顯. 多聞而擇, 多見而識以啓發其心而會歸, 徒待存神而置格物窮理之學也." (『張子正蒙注』「大心」卷之四)

見聞之知는 德性之知의 계발과 심화를 위해 필요 충분 조건은 못되지만 적어도 필요 조건 정도는 된다는 말이다. 장재는 見聞之知와 德性之知를 구별하여 見聞之知를 小知로 표현하긴 했지만, 현실에서의 도덕적 실천이라는 것 때문에, 德性之知와 見聞之知를 상호 부정적 적대 관계로 파악하지 않고 相補的 관계로 파악했다.

그러나 그는 見聞之知의 역할을 부분적으로 인정하면서도 德性之知와는 구별하여 취급한다.

> "내 몸을 이루는 것은 하늘의 神이다. 性으로서 몸이 이루어짐을 알지 못하고, 스스로 몸에 기인하여 앎을 펴 간다고 이르는 것은 하늘의 공능을 탐하여 자기가 힘쓴 것으로 여기는 것이다. 내가 그 앎을 모르는 데, 백성들이 어찌 알리요. 사람과 만물의 같고 다름이 서로 나타나고 그리고 온갖 변화가 서로 感應함을 따라, 귀와 눈 등의 감각 기관으로 안과 밖을 합치시키면서도, 하늘의 공능을 탐하여 스스로 자기의 앎이라고 이르는 것일 뿐이다."[31)]

인간의 물질적인 신체는 하늘의 신묘한 氣化의 작용에 의해 만들어진 것인 반면에, 신묘한 神化의 덕성인 天地之性은 氣中의 고유한 본성이다. 만약에 신화의 덕성으로 신체를 충실히 하지 아니하고 자신의 신체 기관에만 의존하여 지혜를 발전시키고자 한다면 이는 하늘의 공을 자신의 역량으로 간주하게 되는 것이다.

장재가 이처럼 인식론에서 見聞之知와 德性之知를 분리·구별하는 목적은 見聞之知와 도덕 실천과의 관계 때문이다. 見

31) "成吾身者, 天之神也. 不知以性成身, 而自謂因身發智, 貪天功爲己力, 吾不知其知也. 民何知哉. 人物同異相形, 萬變相感, 耳目內外之合, 貪天功而自謂己知爾." (「正蒙·大心」)

聞에는 私心이 생길 수도 있다. 이 私意로 인해 德性之知를 통한 도덕적 실천에 장애가 생기기 때문에 양자를 구별했다. 이것은 그가 유한한 감관지로 무한한 존재의 세계를 인식하려는 것의 불가능함을 지적하고서, 마음의 무한 기능으로서만이 無限 존재의 본성을 체득할 수 있음을 말한 것이다.

> "그 마음을 크게 하면 능히 천하의 만물을 체득할 수 있다. 만물에 체득하지 못한 것이 있다면 마음에 밖이 있게 된다. 세상 사람의 마음은 見聞의 좁은 데서 그치지만 성인은 性을 다하여 견문으로 그 마음을 桎梏하지 않는다. 그가 천하를 봄에 어느 것도 자기 아닌 것이 없다. 맹자가 마음을 다하면 性을 알고 天을 안다고 한 것은 이것을 말함이다. 天은 커서 밖이 없기 때문에 밖이 있는 마음으로는 天心에 합하기에는 부족하다. 견문지는 物이 교접해야 아는 것이지 덕성의 아는 바가 아니다. 덕성의 아는 바는 견문에서 싹트지 않는다."[32]

그는 見聞之知의 인식 체계가 가지는 한계를 느낄 수 밖에 없었다. 天地之性을 체득하기 위해서는 外向的 인식 기제인 見聞之知로는 안되며, 內向的 인식 기제인 德性之知에 의해서만 가능함을 알게 되었다. 그는 인간이 天心을 盡性하여 天命의 소재를 올바로 파악하기 위해서는 반성적 인식 기제인 德性之知가 필요함을 자각한 것이다.

유가에서 앎의 문제가 해결되어야 할 것이긴 하지만, 이 보다 더 중요한 것은 참된 앎을 얻는 것이다. 왜냐하면 그것은 假知나 誤謬로 인한 不善의 행위를 예방하기 위한 인도적 차

---

32) "大其心, 則能禮天下之物. 物有未體, 則心爲有外. 世人之心, 止於見聞之狹. 聖人盡性, 不以見聞梏其心, 其視天下, 無一物非我. 孟子謂盡心則知性知天, 以此. 天大無外, 故有外之心, 不足以合天心. 見聞之知, 乃物交而知, 非德性所知. 德性所知, 不萌於見聞." (위와 같음)

원에서 절실히 요구되는 것이기 때문이다.[33] 인간의 耳·目·舌·身 등과 같은 감관이 외물과 직접적으로 접촉하여 얻게 된 인식은 주체인 인간 각자가 지닌 능력 한계로 인해 앎의 범위에 제한을 받게 된다.

> "만일 見聞만 가지고 心이라 한다면, 心이 왜소하게 될까 두렵다. 천지의 사이에 충만한 것은 모두 物인데, 자신의 見聞에 근거하여 국한시킨다면 접촉하는 바는 그 얼마나 될까. 이와 같은 것으로 어떻게 천하의 사물을 다 타진할 수 있겠는가."[34]

인간 인식 능력의 한계가 見聞의 수준 정도에 불과하다면, 각자가 획득하게 되는 앎의 범위도 見聞할 수 있는 테두리 내로 제한되고, 사물의 진정한 본질은 보지 못하고 말 것이다. 그러나 인간은 現象과 本體를 通貫하는 보편적 본성을 알고 싶어한다. 유한한 見聞之知로서 알 수 없는 宇宙 本體의 절대적 보편성을 窮盡할 수 있기 바라는 것이다. 만물의 공동적 본성인 天地之性을 알기 위한 인식론으로서의 見聞之知는 한계를 가질 수밖에 없다는 것이다. 유한한 心으로서는 제한적 知 밖에 구할 수 없으며, 넓고 깊은 마음으로서 구해야만 만물의 본성을 깊이 알 수 있다. 산술적 앎의 확장 방식으로는 결코 本體의 본질을 알 수 없다. 인식의 차원을 달리하거나 질적으로 바뀌지 않으면 존재의 보편성을 체득할 수 없다. 그래서 장재는 見聞之知의 상위 인식 기제로 德性之知를 제시한 것이다.

---

33) 조남욱, 「도덕적 지식과 행위에 대한 유가의 관점」, 26쪽.

34) "若只以見聞爲心, 但恐小却心. 今盈天地之間者皆物也, 如只據己之聞見, 所接幾何, 安能盡天下之物." (『張子全書』「語錄抄」卷十二)

그는 宇宙論 정립의 근본 목적을 보편적 善이 지배하는 도덕 공동체의 건설에 두었다. 세계의 본질을 존재와 사실에서 찾은 것이 아니라, 가치와 당위에 두고 그것이 현실에서 구현되도록 노력한 사람이다. 따라서 세계에 대한 인식의 이론도 見聞之知의 경험적 방식과는 구별되는 인식 방법을 상정할 수밖에 없었다. 德性之知라는 인식 방법은 실험적·귀납적 성격의 것이 아니라, 인식하고자 하는 대상과 일체가 됨으로써 그것을 직접적, 전체적으로 알고자 하는 방법이다.[35] 인간이 감각적으로 얻게 되는 지식을 경험적 지식이라 한다면, 德性之知는 본성으로부터 발현된 知이므로 仁·義·禮·知·信 등과 같은 도리를 알게 하여 惻隱之心·辭讓之心·是非之心·羞惡之心의 마음을 갖게 하는 지식이다. 德性之知는 인간의 본심의 虛靈함이 그대로 발현되어서 획득되는 인식이다. 인간에 고유하게 내재되어 있는 덕성에 기초하여 획득되는 인식이며, 현실적으로는 天命에 의해서 인간에게 부여되는 선천적 도덕관념을 말한다.

결국 장재 학문 행위의 지향점을 요약하면 다음과 같이 말할 수 있을 것이다. 德性之知라는 내향적 앎의 접근 방법에 의거해 進德修業하는 목적은 참된 진리를 파악하고, 그 진리를 體의 차원에 머물게 한 것이 아니라 用의 차원에서 실현하는 데 있었다. 그는 인간 삶의 주체적 생명력과 객관적 세계를 하나의 동질적 연관성 속에서 통합해내려 하였다. 학문의 과정에서 진리 인식의 시작은 인격적 주체가 협소한 이기심을 극복하여 자기 중심적인 마음을 없애 버릴 때에만 가능

---

35) 안종수, 「송명 유학의 직관적 인식론」, (『철학 연구』 49집, 대한철학회, 1992), 151쪽.

하게 된다. 그렇게 함으로써 학문적 體得의 기초를 수립하게 되는 것이다. 또한 이러한 과정을 통하여 파악된 진리를 어떻게 실현할 것인가 하는 문제에 있어서 그는 사회·정치·경제 생활에의 적극적 참여를 제시한다. 인간의 생활을 정치적으로는 보다 정당하고 평화롭게 하고, 경제적으로는 보다 풍요롭고 공평하게 하고자 했으며, 윤리적으로는 인간의 인격을 보다 올바르게 하여 모든 인간이 행복한 삶을 영위할 수 있게 하고자 했던 것이다. 이렇게 평생을 일관해 왔던 그의 의지의 실천은 인간과 자연에 관한 탐구의 과정에서 얻은 체득적 확신에 바탕을 두고 있다. 장재는 인간이 우주의 지선한 본질을 선천적으로 품부해 태어났기 때문에 고귀한 가치적 존재일 수밖에 없다고 보았다. 그러므로 현실 사회 속에서 인간은 주체적 노력 여하에 따라 타고난 본래적 가치를 얼마든지 실현할 수 있다는 신념을 가지게 되었다.

장재 인륜사상 체계에서 性論과 知論에는 心論이 반드시 요구된다. 왜냐하면 心이 性과 知의 문제를 총괄하기 때문이다. 그것은 바로 心統性情의 논리로 제시된다. 따라서 다음 절에서는 心이 지각기능의 발현을 통해 어떻게 인간 본연의 善性이 過不及의 상태에 이르지 않도록 하는지에 관해 살펴보고자 한다.

3. 心統性情의 논리

장재에 관한 연구는 주로 氣哲學, 易哲學, 등을 중심으로 이루어져 왔으며, 신유학의 心性論 정립 과정에서 지대한 공헌을 했던 장재의 心·性·情관한 연구와 그에 맞는 평가가 이루어지지 않고 있는 것 같다. 즉 天地之性과 氣質之性 등 性論 자체에 대한 연구 성과는 많이 있지만 장재의 心과 性 및 情의 구체적 의미 그리고 心과 性·情의 유기적 관계에 관한 장재의 견해에 대한 체계적 연구는 충분히 이루어지지 않은 것 같다. 하지만 이러한 장재의 心과 性·情의 개념과 관계에 관한 견해는 신유학사에서 중요한 위치를 점하며, 그것은 구체적으로 心統性情論으로 제시된다. 그러나 일반적으로 이들 간의 관계를 상징적으로 보여주는 心統性情論은 주희의 이론으로 언급되고 있으며 朱熹의 心統性情論에 관한 연구는 많이 있다. 心統性情論을 연구하는 사람들에게 있어 朱熹를 배제하고 心統性情論을 생각할 수 없을 만큼 朱熹와 心統性情論은 밀접한 연관을 맺고 있는 것으로 인지되고 있다. 이에 반하여 '心統性情'의 개념과 구절을 최초로 언급한 사람이 장재라는 점에 대해서는 그다지 주목을 하고 있지 않는 것 같다. 하지만 주희 자신도 장재의 심통성정의 논리에 대해서는 극찬을 아끼지 않는다. 또한 퇴계도 성학십도의 하나로 심통성도를 포함시키고 있음을 볼 때 심통성정론이 장재 기철학이나 역철학 등 다른 여러 부분에 비해서 신유학사에서의 그 이론적 중요성이 뒤진다고 볼 수 없다.

따라서 여기서는 이러한 점에 주목하고, 그 연구의 한 방향으로 新儒學 心性論 형성의 개조라 할 수 있는 張載의 '心統性情'論을 고찰해 보고자 한다. 물론 송대의 신유학의 형성과 정립 이전에도 이들에 대한 나름의 이론은 있었다. 즉 선진유학과 한당 유학에도 心과 性情의 문제에 대한 학자들 나름의 견해는 많이 제시되어 있다. 그러나 장재가 중국 신유학의 心·性·情의 사에서 커다란 족적을 남겼다고 볼 수 있는 이유는 이들에 대한 단편적인 견해들을 하나의 종합적 구도에 의거 정합적 체계를 이루어 낸데에 있다. 따라서 '心統性情'論으로 불리는 장재의 心의 統割論이 유학사에서 어떠한 위치와 특징을 지니는가에 대해서 논의하고자 한다. 즉 장재가 자신의 心統性情論을 정립함에 있어 先秦과 漢唐 유학의 心·性·情의 견해를 어떻게 수용·발전시키며, 그리고 송대 신유학의 집대성자인 주희는 장재의 心性情論을 어떻게 받아들이고, 끝으로 후대의 학자들이 心統性情論에 대해서 어떻게 평가하는지 등을 살펴보고자 한다.

장재의 心統性情의 논리를 고찰하기 위해서는 무엇보다 心觀을 살피는 일이 긴요하다. 왜냐하면 心은 心과 性의 관계, 心과 情의 관계, 性과 情의 관계, 心과 性·情의 관계 등을 고찰하는 데 있어 중핵을 담당하고 있기 때문이다. 중국 유학사에서 心論에 관한 논의는 크게 두 가지로 대별해 볼 수 있다. 그것은 '以仁識心'과 '以智識心'이다.[36] '以仁識心' 계통에서 心은 양심[良心]·본심[本心]·적자지심[赤子之心]·심본체[心本體]·천심[天心]·양지본체[良知本體] 또는 도덕심[道德心]·덕성심[德性心] 등으로 불린다. '以智識心' 계통의 心은 형기심[形氣心]·기질지심[氣質之心]·인심[人心]·성심[成心] 또는 인지심[認知心]·정식심[情識心] 등으로 불린다. 전자는 맹자가 개창자로서 후에 정명도를 거쳐 육상산과 왕양명 등에게로 계승되어 心學으로 체계화된다.[37] 후자 계통의 心論은 순자에서 시작되어 정이를 거쳐 주희 계열로 이어지는 心論이다. 중국의 전통에 있어 心을 논한 학자가 위에서 거론한 몇명의 유학자에 국한되지는 않는다. 예를 들면 양웅, 동중서, 왕

36) 牟宗三, 『名家與荀子』, (學生書局, 1979), 225쪽.

37) 謝仲明(김기현 譯), 『유학과 현대세계』, (서광사, 1998), 64쪽.

부지, 대및 호오봉, 유즙산 등의 학자들도 각기 나름의 心論을 세웠다. 그러나 전체적으로 말하면, 전통 유가의 心論은 비록 각 개인 간에 약간의 차이가 있기는 하지만 그 기본 입장에 있어서는 순자의 노선 아니면 맹자의 노선, 즉 '以智識心' 아니면 '以仁識心'의 양대 노선 가운데 어느 하나에 귀속된다.38)

그러면 이러한 중국 유학의 心論史에서 장재가 기여한 점은 무엇일까. 그것은 이 두 노선을 자신의 이론적 구도에 맞추어 외적 체제와 내적 내용의 형식으로 조합한 데에 있다. 실제로 내용의 세부적인 점을 보면 장재의 心論과 孟·荀의 心論 간에는 서로 다른 점이 상존한다. 그렇지만 장재와 순자의 心論의 관계에 대해서 대체적으로 말하면 그 類는 같으나 그 種은 다르다고 말할 수 있을 것 같고, 장재와 맹자의 心論의 관계에 대해서는 그 種은 같으나 類는 다르다고 할 수 있을 것 같다. 즉 장재의 心論에서는 맹자의 '以仁識心'的 성격과 순자의 '以智識心'的 성격의 양 요소를 모두 찾아 볼 수 있다. 그의 心論은 외면상으로는 '以仁識心'의 특성을 보이지만, 속 내용에 들어가서는 '以智識心'의 성격을 보인다. 이러한 점은 장재의 다음의 언급에서 찾아 볼 수 있다. "虛와 氣를 합하여 性의 이름이 있고, 性과 知覺을 합하여 心의 이름이 있다."39) 장재는 心을 太虛本體에 내원을 두는 性과 인간이 구체적 형체를 지니게 됨으로써 갖게되는 知覺의 합일로 보았다.

그는 이 구절에 대하여 다음과 같이 말함으로써 그 의미를

38) 위의책, 64쪽.

39) "合虛與氣, 有性之名. 合性與知覺, 有心之名." (「正蒙·太和」)

더욱 분명히 하고 있다. 그는 "有와 無가 하나가 되고 안과 밖이 합하는 곳 바로 여기서 人心이 由來한다"40)라고 말한다. '有와 無가 하나가 된다'와 '안과 밖이 합한다'는 양 구절은 바로 '性과 知覺을 합해 心의 이름이 있다'는 문장을 가리켜 설명한 것이라 볼 수 있다. 전자의 구절은 性에 관한 설명으로, 후자의 구절은 知覺에 관한 설명으로 파악할 수 있다. '有와 無가 하나가 된다'는 구절의 의미는 "有와 無, 虛와 實에 일관되게 하나로 관통할 수 있는 것이 性이다"41)라는 구절을 통해 그 뜻을 명확히 읽어낼 수가 있으며, '안과 밖이 합한다'는 구절의 의미는 "사람들이 자기가 지식을 지녔다고 말하는 것은 귀와 눈으로 말미암아 받는 것이다. 사람이 받게 된 것은 안과 밖이 합쳐지는 데서 연유한다"라는 구절을 통해 그 뜻을 분명히 알아낼 수가 있다. '有와 無의 통일'은 性의 본질적 속성을 지칭하는 것이고 '안과 밖의 合'은 知覺의 기본적 공능을 가리키는 것이다.

인식론의 견지에서 볼 때 '안과 밖을 합한다'는 것은 객관과 주관의 이원성을 이론적으로 상정하거나 인정한다는 뜻이다. 객관은 인식의 대자적 대상이며 주관은 인식의 즉자적 주체이다. 인식 주관은 인식 대상인 객관계를 見聞的 차원에서부터 德性的 차원에 이르기까지 알고자 하는 앎에의 지향성을 내재적 특성으로 한다. 天人論의 관점에서 볼 때 지각의 문제는 人에게만 해당되는 것이다. 구체적 형체를 지니지도 않으며 안팎 구분의 논란 소지가 전혀 없는 天에 대해서는 心의 지각 기능의 문제를 논할 수가 없다. 心의 지각 기능에

40) "有無一, 內外合, 此人心之所自來也." (「正蒙·乾稱」)
41) "有無, 虛實通爲一物者, 性也." (「正蒙·乾稱」)

관한 논의는 구체적 형체를 지닌 인간에게만 해당될 수 있는 것이다. 세계는 心을 이정표로 삼아 주관과 객관의 이원적 세계로 나누어진다. 장재는 이 점을 두고 "天은 心이 없다. 心은 모두 사람에게 있어서의 心이다"42)라고 말한다.

요컨데 그는 心에 두 가지의 고유한 특성을 부여하고 있다. 그 중에서 첫 번째는 지각의 능력이고, 두 번째는 도덕성이다. 인간이 만물의 靈長이 될 수 있는 이유는 다른 만물에 비하여 도덕성과 선악시비 판단의 지각능력을 지녔다는 것이다. '性과 知覺이 합해져 心의 이름이 생겼다'는 말은 선천적 善端으로서의 性만 있고, 선악시비 판단 능력으로서의 知覺 기능이 없다면 心이 되기에 부족하다는 것을 의미한다. 또한 心이 단순한 知覺 기능만을 지니고, 도덕적 본성을 갖고 있지 못하다면 인간은 생물이거나 동물에 지나지 않을 것임을 함의한다. 사람의 의식활동은 구체적인 지각으로 표현된다. 그러나 선천적인 도덕본성의 결정과 지배를 받지 않는 지각의 활동 방향이란 있을 수 없다. 장재는 두 측면이 합쳐질 때 사람의 온전한 心이 이루어질 수 있다는 점을 주장한 것이다.

다음으로 장재 심통성정론의 구체적 내용을 살펴보자. 장재는 先秦儒學과 漢唐儒學의 心·性·情論을 계승함과 동시에 송대 신유학의 전반적 구도에 따라 본체론적 토대위에 그것을 정초시킨다. 그런데 心의 본체론적 정초화의 노력은 性·情과의 유기적 관계 속에서 진행된다. 우주 본체론과의 연계구도에 의거한 心·性·情三者 관계 설정의 체계적 정립의 노력은 구체적으로 '心統性情'의 논리로 전개된다. 그러면 그의 心統性情論의 내용은 어떻게 구성되어 있을까. 먼저, 장재

---

42) "天無心, 心都在人之心."(『張子全書』「詩書」卷之四)

는 性을 體用의 관점에서 이해했다. 性의 개념 정립의 문제는 선진으로부터 청대에 이르기까지의 중국 전유학사에서 중요한 논의 주제이다. 그런데 이러한 논의는 송대에 접어들면 획기적 전환점을 맞는다. 그것은 바로 우주 본체론과의 유기적 연계구도 속에서 性의 개념 정립을 모색하는 것이다.

장재 역시 이러한 신유학적 경향으로부터 예외라기보다는 오히려 開祖的·主體的 입장에 서있다. 왜냐하면 그는 우주본체론적 조망하에서 性을 파악하려는 이론적 체계화의 차서에서 선구자에 속함과 동시에 또한 그러한 신유학적 경향에 적극적으로 참여해 커다란 영향을 미쳤기 때문이다. 즉 그는 性을 현상의 존재론적 근거이자 인간에 작위적 노력에 의해 규정하거나 변형시킬 수 없는 선험적인 형이상학적 실체로 파악하며, 그 性의 현상적 존재 양식의 형태로서 氣質之性을 말한다. 요컨대 그는 인륜성과 도덕성의 현실적 擔持體로서의 性을 본체와 현상의 유기적 연계 관계, 즉 氣一分殊의 體用論의 관점에서 보고자 하였다. 그리고 이러한 그의 생각은 天地之性과 氣質之性의 '一而二的' 性論으로 제시된다.

먼저 장재에 의하면 天地之性은 '太虛卽氣' 우주본체가 지니고 있는 본원적 性이다. 즉 陰陽未分의 본체적 氣는 자체만의 고유한 내재적 본질인 性을 지니고 있으며 그것은 太虛에 근본을 두고 있는 것이기도 하지만, 또한 太虛 자체가 실제로 지니고 있는 내적 본질이기도 하다. 장재는 그것을 일러 天地之性이라 한다. 天地之性은 도덕적 본성으로 太虛로부터 품수한 절대적 至善性을 말한다. "인간이 天에서 품부받은 것이 바로 性이다."[43] 구체적 덕으로 말하면 유가적 전통을 따

43) "人受於天則爲性." (『張子全書』「語錄抄」卷十二)

라 仁義禮智를 가리킨다. "仁義禮智는 사람이 따르고 실천해야 할 道로서 소위 性을 말하는 것이다."44)

그런데 陰陽未分의 氣一의 天地之性은 응결되지 않은 비가시적 太虛에 근본하는 性으로 헤아릴 수 없는 미묘한 작용성을 지닌다. "氣의 性은 본래 텅 빈 듯하고 미묘하니 곧 神과 性은 氣가 본래 지니고 있는 바이다."45) 性은 太虛에 근본하므로 氣가 性을 속에 지니고 있는 것과 같은 셈이며, 따라서 性은 氣를 초월할 수 없고 氣를 떠나서는 性이라고 할 수도 없다.

> "하늘의 性이라고 하는 것은 道에 완전하게 통하여, 기질의 혼탁함과 청명함으로서 그것을 가릴 수 없다. 하늘의 命이라고 하는 것은 性에 완전하게 통하여, 우연히 겪는 길함과 흉함으로 그것을 소멸시키기에는 부족하다. … 性은 氣를 넘어 통하고, 命은 氣 내에서 운행한다. 氣에는 內外가 없으니 형체 있음에 의거하여 말할 뿐이다."46)

모든 사물은 氣가 응취하여 이루어진 것이기 때문에 전부 氣一 본체의 性을 품부해 자신만의 개별적 性으로 삼으며, 바로 이것이 天地之性이다. 그것은 비록 개별적 性의 형태로 있지만 본원적으로는 어디에도 구속되지 않은 유기적 일체인 우주본체의 본질이며, 총괄적이고 통일적인 性으로 사람이 지닌 본연의 性도 여기에 해당한다. 따라서 天地之性은 온갖 사물의 본래적 근원이며 또한 하늘의 性이므로 실제로는 형

44) "仁義禮智,人之道也, 亦可謂性." (위와 같음)

45) "氣之性 本虛而神, 則神與性 乃氣所固有." (「正蒙·乾稱」)

46) "天所性者, 通極於道, 氣之昏明 不足以蔽之. 天所命者 通極於性, 遇之吉凶 不足以戕之. … 性通乎氣之外, 命行乎氣之內. 氣無內外, 假有形而言爾." (「正蒙·誠明」)

체의 氣 밖으로 통달해 있다. 이 性은 氣의 본체이며 언제나 변화하지 않고 영원히 존재하는 것이다.

이에 반해 장재에게 있어 氣質之性은 어떠한 특성의 것일까. 太虛는 氣의 본래 상태이며 氣一의 性은 이 본래의 상태가 지니고 있는 性이다. 그런데 氣가 모이면 사물로 되면서 개별의 형체를 지니게 되고, 그 개별적 형체에 따라 특수한 각각의 성질을 지니게 되는데, 이것이 바로 氣質之性이다. 이를테면 氣一의 상태로 존재하던 天地之性은 구체적 형체를 얻음과 더불어 分殊의 性으로 나뉘어 개별적 만물에 내재화되면서 氣質之性의 상태로 존재하게 된다. 사람과 사물마다 드러남과 드러나지 않음의 차이가 있다. 또한 소통하고 가려지고 열리고 막히고 하는 것의 차이를 가지게 된다. 이러한 것은 모두 氣質之性으로 인해 생겨난 것이다.

따라서 氣質之性은 天地之性에 비하여 제약성을 지닐 수밖에 없다. 인간은 우주의 유기적 작용의 결과 만물의 하나로 태어나면서 우주통체의 본질을 자신의 본래적 性으로 품부했지만, 반면에 太虛로부터 품부한 보편성[天地之性]을 그대로 발현하지 못하는 장애에 부딪히게 된다. 현상계에 만물로 생성된다는 것은 구체적 형상을 지닌다는 말이며 구체적 형상은 氣質의 제약성을 의미한다. 우주통체의 性이자 氣一의 性인 太虛의 性은 形狀인 氣質이 없이는 자신의 본래적 모습을 드러낼 수가 없다. 그리하여 氣의 性은 氣質 속에 안착하게 되지만, 이 안착은 동시에 국한성이라는 한계를 지니게 된다. 사람은 우주의 보편적 性을 부여받아 자신의 道德性·至善性의 근거로 삼지만, 이와 동시에 그 보편적 性은 특수한 형체의 제한으로 말미암아 보편성의 제약을 의미하는 氣質의 性을 지니게 되며, 보편성의 제약은 分殊의 형태로 나타난다.

그러나 天地之性과 氣質之性의 전체적 관계는 서로 분리되어 따로 존재하는 개별적인 性이 아니다. 氣一과 分殊의 구도에서 본다면 天地之性은 氣一에 해당하는 性이고 氣質之性은 分殊에 해당하는 性이다. 天地之性은 우주전체를 반영하는 性으로 '太虛卽氣'의 본체론적 차원의 性이며, 氣質之性은 응취한 결과 어떤 구체적 사물로 태어난 후 그 개별적 형체로 말미암아 가지게 되는 현상론적 性이다. 天地之性은 총괄적인 하나의 性으로 존재 일반이 공유하는 氣一의 太虛의 性이고, 氣質之性은 사물과 사람이 서로 다르게 지니고 있는 分殊의 性이다. 그러나 양자는 똑같이 太虛에 근본하는 性이므로 性은 氣質을 초월해서 고원한 존재로 있는 것은 아니고 氣를 떠나서는 그 존재 근거를 보여줄 수가 없다. 氣一의 性과 分殊의 性은 현상계에서 현상화할 때는 서로 상이한 性으로 드러나지만 본질면에서 동질의 性이다. 즉 만물로의 응취와 동시에 下貫되어 氣質 내에 자리 잡은 것이 天地之性으로 그것은 氣質之性으로 불릴 따름이다. 氣質之性 중에서 氣質에 의하여 가리워진 부분만 걷어내면 그것이 바로 太虛의 본연성[天地之性]이다. 이처럼 氣一分殊의 구도에서 볼 때 天地之性과 氣質之性은 본체와 현상에 걸쳐 하나의 일관적 연속성 속에 놓여 있다고 볼 수 있다.

이런 점에서 장재가 말한 天地之性과 氣質之性의 구별은 정이와 주희가 말하는 本然之性과 氣質之性의 구별과는 다르다. 왜냐하면 장재의 구별은 理와 氣의 구별이 아니기 때문이다. 하나는 氣의 性이 존재 일반에 공통적으로 있는 것이고, 다른 하나는 氣가 모여서 형체를 이룬 뒤에 지니는 性으로 개별 사물마다 서로 다른 것이다. 이에 반해 程朱에게 있어 두 가지 性이 서로 다른 까닭은 理와 氣의 의미가 서로 다른 데서 기인하기 때문에, 그들은 天命의 性은 理이고 氣質의 性은 氣라고 한다. 그러므로 장재와 二程이 비록 똑 같이 性二元論을 주장했으면서도 이원이 되는 원리는 서로 같지 않다.[47]

장재는 心과 性의 관계에 대하여 어떻게 보았을까. 그는 양자를 주체와 대상의 관계로 생각하였다. 이 점에 대하여 그는 "心이 性을 다할 수 있다고 하는 것은 사람은 능히 道를 넓힐 수 있다는 말이다. 性이 사람의 心을 살필줄 모른다는 것은 道가 사람을 넓힐 수 없다는 말이다"[48]라고 주장한다. 그에게 있어 心은 有知覺的이며 有意識的인 주관적 사유 작용을 하는 것으로 생각된데 반하여 性은 無知覺的이며 無意識的인 객관적 존재로 파악되었다. 즉 사람의 心은 의식을 지니고 있어 주관적 사유를 능동적으로 수행할 수 있기 때문에 능히 盡性할 수 있는 반면에 性은 虛와 氣의 합작의 산물로 의식이 없기 때문에 知心과 察心할 수 있는 功能을 지니고 있지 못하다는 것이다. 心은 단지 구성의 측면에서만 性과 知覺을 합한 것이 아니라, 기능적으로도 자기의 활동을 통해서 본성의 요구를 실현하거나 완성할 수 있다는 것이다. 이것을 가리켜 "心은 능히 性을 다할 수 있다"고 말한 것이다. 心은 見聞의 감각적 기능으로 인해 발생할 수 있는 자연적 욕망을 제어할 수 있는 능동적 지각 공능을 지니고 있기에[49] 見聞의 제약과 한계를 뛰어넘어 太虛본체의 본질인 天地之性을 직관할 수 있다는 것이다.

요컨대 그는 心을 性의 반영과 담지체로 보아 사람이 도덕적 心의 측면과 자연적 心의 측면을 모두 가지고 있으며, 또

---

47) 張岱年(김백희 譯), 『中國哲學大綱上』, (까치, 1998), 452쪽.

48) "心能盡性, 人能弘道也. 性不知檢其心, 非道弘人也." (「正蒙·誠明」)

49) "心禦見聞." (위와 같음)

한 자연적 본성과 도덕적 본성을 동시에 지니고 있다고 생각하였다. 그런데 心은 지각 공능의 발현을 통해 자연적 心의 사욕화의 경향을 지양하고 인의예지의 도덕적 본성에로의 지향을 유도한다는 것이다. 즉 心은 性을 다하여[盡性] 道를 넓히고자[弘道] 하는 인간의 유의지적 노력의 주체 이며, 性은 道의 본질로서 心의 盡하고 弘하는 공능의 객관적·이념적 대상이라는 것이다.

다음으로 장재의 性과 情의 일원적 관점에 대해서 살펴보자. 性과 情의 관계를 고찰하기에 앞서 장재가 情에 대해서는 어떠한 견해를 지니고 있을까 하는 점을 간략히 살펴보자. 장재의 情의 개념 역시 자기 이전의 견해를 받아 들여 性과의 연계구도 속에서 파악한다. 유학에서 情 자체를 나쁜 것으로 보지는 않는다. 情은 음식, 색, 재화 등의 욕망과는 다른 기쁨, 성냄, 슬픔, 즐거움, 사랑, 미워함, 두려움 등의 감정을 말한다. 평가의 문제는 이러한 감정을 얼마나 잘 부리느냐에 달려 있다고 본다. 이러한 情의 내적 성격에 대한 유학적 견해를 가장 포괄적으로 보여 주는 것은 『中庸』이다. 『中庸』에서 "기뻐하고 성내고 즐거워하는 情이 드러나지 않은 것을 中이라 하고, 드러나서 모두 절도에 알맞은 것을 和라고 한다. 中이란 천하의 근본이며, 和란 천하의 통달한 道이다. 中과 和를 지극히 하면 천지가 제자리를 편안히 하고 온갖 사물이 육성될 것이다"[50]라고 말한다. 기뻐하고 성내고 슬퍼하고 즐거워하는 감정이 드러나지 않으면 기쁠 것도 없고 성낼 것도 없으며 슬퍼할 것도 없고 즐거워할 것도 없으므로 中이라 칭

---

50) "喜怒哀樂之未發 謂之中, 發而皆中節, 謂之和. 中也者 天下之大本也, 和也者 天下之達道也. 致中和天地位焉, 萬物育焉." (『中庸』)

한다. 하지만 일단 그러한 情이 밖으로 표출되면 절도에 맞아서 조화를 이루고 이치에 어긋남이 없는 和의 상태를 유지할 수 있도록 노력해야 한다는 것이다. 이 점에 대하여 순자는 “사람의 타고난 감정을 교정하고 바르게 하여, 순화시켜 인도할 것을 주장하여”51) 감정의 절제를 강조한다. 이러한 『中庸』과 『筍子』의 견해는 드러나지 않는 것을 중시하는 도가와는 달리 표출되지 않는 情의 中보다는 드러나서 절도에 알맞는 和의 유지를 강조하는 유가적 관점을 잘 보여준다.

장재의 情의 성격에 관한 견해 역시 기본적으로 이러한 전통 유학적 노선과 동일 선상에 서 있다. 하지만 그는 여기서 머무는 것이 아니라 더 나아가 우주 본체론적 조망에 의거하여 性과의 유기적 연계관계 속에서 情을 보고자 한다. 그는 非可視的 天地之性이 氣質이라는 형체적 매개를 통해 자신의 존재를 드러낸 것을 情이라 하며 구체적 내용으로 喜怒哀樂을 말한다.

> “情은 곧 실제의 일이니 喜怒哀樂을 일컫는다. 기뻐하고자 하면 이와 같이 기뻐하고 화내고자 하면 이와 같이 화를 내야한다. 슬퍼하고자 하거나 즐거워하고자 하는 자가 이와 같이 즐거워하고 슬퍼하면 이것은 性이 맞아들어 실제의 일로 드러난 것이다.”52)

이를 두고 볼 때 그의 情에 관한 생각은 인간 본성을 전제하여 말하고 있는 것이다. 그리고 喜怒哀懼愛惡欲의 七情은 그가 말한 氣質之性의 실제적 내용을 의미한다.53) 또한 七情

---

51) “矯飾人之情性而正之, … 擾化人之情性而導之..” (『筍子』「性惡」)

52) “情則是實事, 喜怒哀樂之謂也. 欲喜者如此喜之, 欲怒者如此怒之, 欲哀欲樂者如此樂之哀之, 莫非性中發出實事也.” (『橫渠易說』「乾卦」)

53) 候外廬外(박완식 譯), 『宋明理學史 I 』, (이론과 실천, 1993), 135쪽.

자체는 긍정과 부정의 잣대로 평가를 내릴 수 있는 성질의 것이 아니다. 평가는 그 七情이 어느 방향으로 표출되느냐의 여부에 달려 있다. 따라서 사람은 절도에 맞아든 中節의 본연의 상태에로 나아갈 수 있도록 해야 한다는 것이다. 장재에게 中節의 상태란 『中庸』의 中과 和를 아우르는 우주본연의 속성을 뜻하는 것으로, 그는 이것은 天地之性이라 칭한다. 變化氣質과 大心의 수양론은 天地之性이라는 본연성의 유지와 회복에 힘쓰는 情의 中節化의 노력으로 파악할 수 있다.

그러면 장재는 性과 情의 관계에 대하여 어떻게 보았을까. 그는 性과 情을 利와 貞의 개념에 대비시켜 설명하고 있다.

> "利와 貞은 性과 情을 말하며 利는 性으로 이해할 수 있고 貞은 情으로 이해할 수 있다. 利는 流通을 의미하고 貞은 實을 의미한다."[54]

여기서 流通과 實은 性과 情의 의미를 상징적으로 보여준다. 流通은 두루 흘러 통하되 분명한 실체로 드러나지 않은 상태를 말하고, 實은 충분히 흘러 통하여 무언가의 뚜렷한 실체로 드러난 상태이다. 性은 고요함을 내재적 특질로 하면서 현상으로 드러난 구체적인 것의 근원이 되며, 情은 움직임을 내적 특성으로 하면서 분명한 형체를 드러낸 것이다. 그래서 그는 "利는 性이고 貞은 情이다"[55]라고 말한다. 情은 性이 움직인 것으로 마음 깊은 곳 이면에서 밖으로 발산되어 나온 것이다. 사물과의 접촉으로 밖으로 뿜어져 나온 것이 情이다. 고요하여 아무런 움직임의 기미도 보이지 않는 것이 性이며

---

54) "利貞者, 性情也 以利解性, 以貞解情, 利 流通之義, 貞者實也." (『橫渠易說』「乾卦」)

55) "利性也, 貞情也." (위와 같음)

감촉되어 마침내 이루다 통하게 되는 것이 情이다. 이렇게 볼 때 性論에서와 같이 장재는 性과 情의 관계에 대해서도 본체와 현상의 體用論的 논리를 적용시키고 있음을 알 수 있다. 그는 體用論的 논리를 전개함으로써 당시에 만연했던 性善情惡的 경향으로부터 탈피하여 性과 情을 하나의 일관된 연속 과정으로 파악할 수 있는 이론적 근거를 정립할 수 있었다.

性과 情을 유기적 관계 구도에 의거해 볼려는 이러한 장재의 견해는 이후의 신유학사의 주된 흐름으로 정착된다. 대표적으로 주희는 이러한 性과 情의 一元的 파악의 노력에 대하여 "性은 情을 상대로 말한 것이며, 心은 性情을 상대로 말한 것이다. 이와 같은 것은 性이며 動處는 情이므로 主宰는 心이다. 橫渠의 心統性情이란 말은 지극히 훌륭하다"[56]라고 하여 性情의 體用論的 논리에 대하여 극찬을 아끼지 않는다.

마지막으로 장재의 心의 性·情에 대한 '統'의 논리를 살펴보자. 장재는 心의 性·情과의 관계에 관하여 "心은 性과 情을 통섭한다"[57]는 '心統性情論'으로 답한다. 사실 장재 이전까지는 三者의 관계에 대하여 존재론적으로 입체적 설명을 한 사람이 없었다. 주희는 이 점에 대하여 "그 전에 五峰[胡宏]의 설을 보았는 데 그는 心을 性에 대비시켜 말함으로써 情字는 제 위치가 없었다. 그 후에 橫渠의 '心統性情'의 說을 보았는 데 그것이 큰 공로가 있음을 알았다"[58]라고 하였다. 그는 心性情의 상호관계를 '統'의 구도를 통해 해결한다. 통

---

56) "性對情言, 心對性情言, 今如此是性, 動處是情, 主宰是心, 橫渠云, 心統性情者也, 此語極佳." (『張載集』, 「張子語錄·後錄下」)

57) "張子曰 心統性情者也." (『張子全書』「性理拾遺」卷十四)

58) "舊看五峯說, 只將心對性說, 一箇情字都無下落. 後來看橫渠'心統性情'之說, 乃知此話有大功." (『朱子語類』 卷之五)

섭(統)은 합(合)의 의미를 지니고, 性은 내재적인 도덕적 본성을 뜻하며, 情은 그것의 지각과 발현을 의미하며, 心은 도덕적 본성과 지각활동의 두 측면 모두를 統轄한다.

> "心이란 性情을 통할하는 것이다. 形이 있으면 곧 體가 있고, 性이 있으면 곧 情이 있다. 性에서 나오면 情으로 나타나고, 情에서 나오면 色으로 나타나니, 이는 類로서 응하는 것이다."[59)]

心統性情論의 '統'의 관점에 볼 때 性과 情을 어떻게 統轄하느냐 하는 점은 人心 영역의 문제이다. 인성의 선악 여부 역시 人心을 어떻게 統御하느냐에 달려 있다. 장재의 '心統性情'의 명제가 함축하고 있는 의미를 더욱 구체적으로 파악하기 위해서는 그가 '統'字를 어떻게 해석하고 있는가를 살펴보면 된다. 그러나 장재 자신은 '心이 性과 情을 統한다'는 구절을 말했지만, 이것에 대하여 직접적이고도 구체적인 설명을 하지 않고 사상의 전체적 문맥에 맡기고 있다. 그렇다고 그의 이런 태도가 자신의 사상체계에서 統이라는 개념이 차지하는 비중과 역할을 낮게 평가한 데서 연유하는 것은 아닐 것이다. 후에 주희나 퇴계는 이러한 점에 주목하고 직접적 해석을 가하여 사상체계의 중요한 부분으로 삼는다. 장재의 統에 대한 생각을 전체적 문맥 속에서 파악하면 다음과 같이 볼 수 있을 것 같다. "心이란 性情을 統하니 形이 有하면 體가 有하고, 性이 有하면 情이 有하다. 性에서 發하면 情으로 見하고 情에서 發하면 色으로 見하니, 이것은 類로서 應하는 것이다"는 앞의 구절을 통해서 장재의 統의 의미를 간접적으

---

59) "張子曰心通性情者也. 有形則有體, 有性則有精. 發於性則見于精, 發于情則見于色, 以類而應也." (『張子全書』「性理拾遺」卷十四)

로 파악할 수밖에 없다. 이 문구에서 形과 體, 性과 情, 情과 色의 명사 개념은 상호 대비적 직접관계를 맺고 있으며, 그 직접관계는 有, 發, 現의 동사에 의해서 이루어진다. 心 안에서 心의 작용과 활동에 따라 形과 體, 性과 情, 情과 色이 각각의 대비 관계에 의거 서로 연관을 맺는데, 이 기능과 활동을 전체적으로 관리하고 통할하는 心의 종합적 기능을 '統'字라고 본 것이다. 心의 통합적 기능은 '類로서 應한다'라는 마지막 구절에 함축적으로 담겨 있다. 이러한 '類로서 應한다'는 心의 統轄 功能이 궁극적으로 지향하는 바는 中節의 和의 상태이다.

> "맹자가 말한 性과 情은 모두 하나이다. … 情이 반드시 惡한 것은 아니다. 哀樂喜怒가 發하여 모두 節度에 잘 맞아든 상태를 和라 하며 節度에 잘 안 맞아 든 상태를 惡이라 한다."[60)]

즉 心은 性이 情으로 진전됨에 있어 조화를 이끌어 내는 統轄의 기능을 발휘하는 것이다. 性이 情으로 발현됨에 있어 기뻐해야 할 때 기뻐하며, 슬퍼해야 할 때 슬퍼하고, 화를 내야 할 때 화를 내면서도 정도에 지나치지 않는 상태를 지향할 수 있도록 조정하는 것이다.

心統性情說의 '統'에 주목하고 그것에 대하여 체계적인 직접적 해석을 가한 이는 역시 주희이다. 주희의 사상체계와 장재의 사상체계가 근본적으로 다르기 때문에 주희의 생각을 장재의 해석에 그대로 적용하는 것은 무리가 있다. 그렇지만 적어도 형식과 내용의 관점에서 볼 때 형식의 차원에서 統字

---

60) "孟子之言性情皆一也, … 情未必爲惡. 哀樂喜怒發而皆中節謂之和. 不中節則爲惡." (『張子全書』「語錄抄」卷十二)

의 字意的 의미만을 가져와 장재의 統字를 해석하는 데 참고로 하는 것은 그의 본지를 크게 벗어나는 것은 아니라고 본다. 주희는 '統'字를 네 가지 정도로 해석하고 있다. ① '兼'으로 해석하고 있다. "심통성정에 있어 統은 兼과 같다."[61] ② '包'로 해석하는 경우이다. "心은 性情을 兼하여 말한 것이다. 性情을 兼하여 말한다는 것은 곧 성정을 포괄한다는 것이다."[62] ③ '具'로 해석하는 경우이다. "性은 별다른 一物이 心안에 있는 것이 아니고, 心이 이 性情을 갖추고 있을 따름이다."[63] ④ '主宰한다'는 의미로 해석하는 경우이다. "심통성정에서 '統'은 무슨 뜻입니까 라고 물으니 대답하기를 통은 主宰이니 마치 백만대군을 통솔하는 것과 같다. 心은 혼연한 것이며 性은 이 理를 가지고 있으며 情은 발동하는 곳이다."[64] 주희가 여기서 말하고자 하는 대체적 의미는 心이 性·情과 밀접한 관련을 가지고 있으면서 통할한다, 또는 총괄하여 다스린다는 뜻이 된다. 즉 그는 장재와 마찬가지로 統의 구도에 의거해 心·性·情을 유기적 일체 관계로 파악하고자 한다.

퇴계는 『聖學十圖』에서 장재의 '心統性情'論에 대한 주희의 이러한 의도와 논지를 잘 설명하고 있으며, 이러한 퇴계의 견해를 살펴보는 것 또한 장재의 統字 의미를 파악하는 데 도움이 되리라 본다.

---

61) "'心統性情'統, 猶兼也." (『朱子語類』 卷九十八)
62) "心者, 兼性情而言, 兼性情而言者, 包括乎性情也." (위의책, 卷二十)
63) "性不是別有一物在心裏. 心具此性情." (위의책, 卷之五)
64) "問 心統性情如何 曰 統是主宰, 如統百萬萬軍. 心是渾然底物, 性是有此理, 情是動處." (위의책, 卷九十八)

"마음이 性과 情을 거느린다고 하는 말은 올바른 것이다. 마음이 性을 거느리기 때문에 仁義禮智가 性이 되며, 또한 仁과 義의 마음이 있는 것이다. 마음이 情을 거느리기 때문에 惻隱, 羞惡, 辭讓, 是非가 情이 되며, 또한 惻隱, 羞惡, 辭讓, 是非의 마음이 있는 것이다. 만약 마음이 性을 통제하지 못면 未發之中에 이를 수 없어서 性이 뚫어지기 쉽고, 만약 마음이 情을 통제하지 못하면 中節의 조화에 이를 수 없어서 情이 방탕해지기 쉽다."[65]

위에서 본 바와 같이 퇴계에 있어서도 心統性情의 논리가 중요하다. 그는 『孟子』의 四端과 『中庸』의 七情의 내용을 성리학적 심성론과 연계하여 心統性情의 논리를 더욱 구체적으로 전개하고 있다. 그러나 퇴계의 이러한 논리를 수용하는 것은 크게 문제가 없으나 心·性·情의 구체적 관계에 관한 내용까지 받아들이는 것은 부적합하다. 왜냐하면 장재의 太虛卽氣論과 퇴계의 性卽理論의 사상 내용이 서로 많은 차이점을 지니고 있기 때문이다. 즉 장재의 경우에 있어서 心이 情을 직접 통할하는 것은 가능하나 性에 대한 有意志的인 관리는 불가능하다. 心과 性은 단지 상호 밀접한 간접적 관련을 맺고 있다고 하는 것이 더 적합할 것이다. 그 이유는 心은 형이상학적 실재인 性을 직접 통할할 수는 없으며, 단지 情을 통할함으로써 性이 자연히 발현될 수 있도록 할 수 있을 뿐이기 때문이다.

장재의 心統性情論에서 '統'은 이러한 의미를 지니기 때문

---

65) "張子曰 心統性情斯言當矣. 心統性, 故仁義禮智爲性, 而又有言仁義之心者. 心統情, 故惻隱羞惡辭讓是非爲情, 而又有言惻隱之心羞惡辭讓是非之心者. 心不統性, 則無以致其未發之中, 而性易鑿, 心不統情, 則無以致其中節之和, 而情易蕩. (『聖學十圖』「心統性情圖說」)

에 '統轄한다'말은 다음의 의미로 해석할 수 있을 것이다. 즉, '統'은 ①心이 性을 統轄하는 경우와 ②心이 情을 統轄할 경우의 두 가지 의미로 나눌 수 있으며, 그리고 양자의 統轄 양상은 각기 다르게 나타난다.

먼저, 心이 性을 統轄할 경우이다. 心의 기능은 자체의 능동적 功能을 발휘하여 본질상 純粹 至善의 형이상학적 실재인 性을 드러내 보이도록 하는 것이다. 장재는 맹자의 전통을 받아들여 性이 心에 선천적으로 갖추어져 있는 것으로 파악했으며, 후천적으로 습득된 것으로 보지 않는다. 인간의 心안에서 潛在·潛存의 의미로 상존한다. 潛在·潛存이란 말은 存在·實存에 대비시켜 하는 말이다. 실존이란 顯現된 有를 가리키고 潛存이란 아직 顯現이 안된 有를 가리킨다.[66] 天地之性은 氣質之性을 안착처로 삼아 실질적 자리는 잡았지만, 이에 대한 반대급부로 氣質의 장애 때문에 현실적으로 자체의 본질을 드러내지 못하고 잠재태의 상태로 머물러 있어야만 하는 한계를 지니게 된다. 心 역시 氣質의 장애로 雜念과 邪意에 가리어 지각의 靈明性을 발하지 못하고 막혀있다. 따라서 사람들은 우선 수양을 통해 心的 지각의 靈明함을 회복해야하고, 이어서 心은 자체의 인지적 공능의 능동적 발휘를 통해 性이 발현될 수 있도록 하는 이중적 노력을 해야 한다. 心이 性을 직접적 방식으로 통할하는 것이 아니라, 心의 기능의 발휘를 막고 있는 氣質의 邪意를 걷어내어 心 자체가 虛明한 상태에 놓이게 되면 性體는 자체의 본래적 빛을 발하게 된다. 그와 동시에 心의 영명한 지각력은 본래적 性인 天地之性을 직관하여 이것을 선악과 시비 판단의 근원적

---

66) 謝仲明(김현 譯), 『유학과 현대세계』, 172쪽.

원리로 삼게 된다.

다음으로 心이 情을 통할하는 경우로서 心의 기능은 情을 직접 통할하는 데 맞추어 진다. 본체의 至善的 본질인 性이 현상 쪽으로 한 단계 진전되어 나온 상태가 情이며 여기서 더 나아간 상태가 色이다. 본체적 性은 현상 쪽으로 한단계 다가옴으로써 현실적 안착 기반을 잡음과 동시에 至善性을 그대로 유지하지 못하고 불순성을 필연적으로 받아 들여야 한다. 지선성과 불순성이 불안한 동거관계를 유지하고 있는 것이 바로 情이다. 情은 내재적 특성상 반드시 이치에 부합되고 절도에 맞아드는 것은 아니다. 따라서 心은 항상 動을 기본적 속성으로 하는 情의 움직임을 살펴 色의 상태로 진전되지 않도록 적극적 견제와 통할에 힘써야만 한다. 心은 情의 구체적 내용물인 희노애구애오욕이 절도에 맞는지, 過不及의 상태는 아닌지, 이치에 부합하는지 등을 살피는 적극적이고도 직접적인 기능을 다해야 한다.

지금까지 살펴보았던 것처럼, 장재의 心統性情論에서 心의 性에 대한 統轄과 心의 情에 대한 統轄은 내용적으로 조금 다른 의미를 지닌다. 心의 性에 대한 統轄은 간접적 성격을 갖는 데 반해 心의 情에 대한 統轄은 직접적 성격을 지닌다. 心의 性에 대한 주재·통할 면에서는 맹자적 요소가 순자적 요소보다 위를 점하는 것 같고, 心의 情에 대한 주재와 통할 면에서는 순자적 요소가 맹자적 요소보다 더 강조되고 있는 것 같다. 전자는 수양을 통해 心의 靈明함을 드러냄으로써 心에 내재된 天地之性을 아무런 장애 없이 발하게 하는데 그 목적이 두어지는 우회적 성격을 지니지만, 후자는 心의 情에 대한 직접적인 統轄에 의해 情의 상대적 惡性에로의 진전 가능성을 사전에 막고 절대적 善性에로 유도하는 데 그 지향점이 두어진다. 心의 性에 대한 통할은 認知的 성격은 지니지만 心이 情을 통할할 경우와 같이 적극적인 察識의 기능을 하지는 않는다.[67] 양자의 이러한 차이는 性과 情의 고유한 특성에서 비롯한다. 장재에게 있어 天地之性은 인간의 의지가 개입될 수 없는 외재적 절대성을 의미하는[68] 반면에 情은 선천적 보편성과 후천적 상대성 그리고 至善的 단초와 불순한 惡性을 동시에 함유한 양립적 성격의 것이다. 따라서 心은 절대적 성격의 性에 대해서는 작위적 행사를 가할 수 없으며, 단지 性의 본래적 모습이 그대로 발할 수 있도록 제반의 장애를 없애는 역할을 하는 정도에 그친다. 반면 상대성과 절대성 그리고 선천성과 후천성이 병존하는 情에 대해서는 心의 인지적 의지를 개입시켜 절대적 善端으로서의 天地之性이 상대적 過不及의 惡性에 의해 가리지 않도록 氣質之性에 대한 직접적인 작위적 행사를 가한다고 보는 것이 장재의 기본 논지이다.

지금까지 장재의 '心統性情'論을 心과 性 및 情의 구체적 의미와 三者 간의 관계 그리고 心의 性·情에 대한 統의 논리로 나누어 고찰해 보았다. 이러한 장재의 견해는 대략 다음의 네 가지 내용으로 요약할 수 있다. ①性과 知覺을 합쳐 心의 이름이 있다[合性與知覺, 有心之名], 有와 無를 하나로 하고 內와 外를 합하는 것이 心의 유래한 바이다[有無一, 內外合, 此人心之所自來], ②사람이 天에서 품부받은 것이 性이다. 인의예지는 사람이 따라야할 道로서 소위 性을 말하는 것이다[人受於天則爲性. 仁義禮智, 人之道也, 亦可謂性], ③情은 실제의 일이니 곧 喜怒哀樂을 일컫는다[情則是實事, 喜怒哀樂之

67) 蔡仁厚, 『孔孟荀哲學』, (學生書局, 1984), 524 - 525쪽.
68) "性則分明外在." (『張子全書』「語錄抄」卷十二)

謂也], ④心은 性과 情을 統攝한다[心統性情]. 이 네 구절에서 장재가 주장하고자 하는 것은 다음과 같은 점이다. 즉 인간은 본질적으로 善한 존재일 수밖에 없으나 후천적으로 惡行이 문제가 되었다. 그러므로 인간의 선천적 善性을 그대로 발현시키기 위한 방책을 강구하거나 또는 惡과 不中節으로의 진전 징후를 사전에 감지하여 善과 中節의 방향으로 되돌리기 위한 대책을 세우는 데 있어서 性·情의 문제에 대한 검토가 요구될 수밖에 없었다. 그리고 이러한 性과 情을 통할하는 것이 心이기 때문에 心統性情의 논리가 요청되었던 것이다. 이로부터 우리는 그의 心論이 순자의 認知的 心으로 맹자의 仁의 道德心을 궁구하는 형태를 취하고 있음을 알 수 있다. 그의 心은 德性之知의 인식적 공능으로 窮理·盡性하여 仁의 도덕지식을 추구하는 데에로 지향되며, 이것은 궁극적으로 도덕적 실천에로 이어지고, 이 모든 활동은 心이 지닌 主宰的 功能에 의해 統轄된다. 그는 心이 天地之性의 순수 至善的 측면 만을 지니고 있는 것이 아니라, 동시에 갈고 닦아야 할 氣質의 情요소도 가지고 있는 것으로 보았다. 이것은 그가 心·性·情의 探論에 있어서 한편으로는 맹자의 성선설을 받아들였기에 순자의 성악설과는 다른 견해를 갖지만, 다른 한편에서는 맹자 성선설의 불충분함을 자각하여 性을 논할 때 氣質과 情의 문제를 함께 논해야 한다고 주장하는 것으로 부지불식간에 순자적인 발상법을 수용하고 있는 것이라 볼 수 있다.

장재는 선진유학의 맹자와 순자의 심론 그리고 당시의 학자들에 의하여 단편적으로 제시되었던 心에 관한 견해들을 종합하여 하나의 정합적 心論을 구성해 냄으로써 신유학의 心論확립에 있어 이론적·개념적 토대를 제공했다고 볼 수 있다. 또한 장재는 心의 統의 논리에 의거 氣質과 情을 性과 결합시켜 병론함으로써 맹순 이래의 性善·性惡의 상반적 논리와 동중서 이래의 性善情惡의 이분법적 사고를 동시에 해결한 것으로 생각했다. 이러한 점에서 侯外廬는 理學의 수많은 명제들이 장재의 학설에 이미 갖춰져 있었으며, 맨 먼저 그 단서를 마련한 바 적지 않기에 이학의 기초를 세운 인물로 평가한다.[69] 또한 박경환도 장재를 송명이학의 1차 集成者로 평가한다.[70] 필자도 侯外廬와 박경환의 견해에 동의를 한다. 물론 장재의 견해들이 그의 완전한 독창물은 아닐 것이다. 그의 견해를 뒷받침 해주는 많은 방계의 견해들이 제시되었다. 하지만 集成者란 말이 의미하듯 당시 제시되었던 다양한 견해들을 종합적으로 체계화하는 집성자로서의 역할을 장재만큼 잘 수행한 인물을 찾아보기 힘들다.

---

69) 侯外廬, 『宋明理學史 I』, 145쪽.

70) 박경환, 「張載의 氣論的 天人合一思想 硏究」, (고려대학교 박사논문, 1997), 162쪽.

제5장

장재 인륜 구현의 도덕적 수양론

장재는 인간이 인륜을 추구하는 정신적 존재라고 보았다. 그는 인간 본질의 내적 속성이 생물학적 측면에 가깝기보다는 정신적 측면에 가깝다고 보고, 인간의 정신적 작용과 발현 양상을 인간 본성의 고유한 측면으로 삼고 있다. 즉 인간을 宇宙 本體[太虛卽氣]의 神化的 본성[天地之性]을 품수해 태어난 자유로운 정신의 소유자로 파악했을 뿐만 아니라, 선천적으로 품부한 至善的 본질을 지니고 실존하면서도 可能態로서의 그 본질을 부단히 알려고 노력함과 동시에 보존·발현시키려는 존재로 파악했다. 이것은 인간이면 누구나 선천적으로 타고난 至善的 氣稟을 실현할 수 있다는 윤리적 가능성에 대한 그의 확신을 보여주는 것이다. 그러나 그는 인간의 타고난 至善的 본질이 일상생활을 하는 가운데 그 발현의 제약을 받을 수밖에 없다고 보았다. 인간이 자신의 心性을 수양해야 하는 이유가 바로 여기에 있다. 그렇다면 장재는 인간 본성 혹은 본질의 회복과 그 실천 방법론에 대하여 어떠한 견해를 제시하고 있을까. 여기서는 氣質의 變化와 天性의 涵養 그리고 窮理와 盡心을 통한 德性之知의 擴充이라는 시각에서 그의 心性 修養論을 고찰해 보고, 이러한 심성수양의 성과가 人

欲의 제거를 통한 天理의 회복에로 어떻게 연결되는지를 고찰하고자 한다.

1. 氣質의 변화와 天性의 함양

장재의 '太虛卽氣'는 본체와 현상, 인간과 만물, 사실과 가치, 존재와 당위를 총섭하는 해석체계이다. 현상·존재·만물의 범주가 상대적 惡의 가능성을 함유하는 불완전성을 내적 특성으로 하는 반면에 본체·인간·가치 등의 범주는 절대적 善性 혹은 그것에의 지향을 내적 속성으로 한다. 특히 인간의 경우 天生的으로 본체로부터 善性을 품부해 태어났기 때문에, 최상의 현상적 삶은 그 내적 본질을 최대한 발현하는 것이다. 太虛의 氣의 응취에 의해 만물로의 생성과 동시에 인간은 '虛'를 天地之性의 형태로 부여받는다. 天地之性은 인간의 心에 절대적 당위성과 도덕적 본질로 자리잡는다. 그래서 인간은 궁극적으로 그것을 지향할 수밖에 없으며, 여기서 도덕적 인간관의 수립과 그것의 실천방법이 필연적으로 요구되게 된다.

장재는 그 방법으로 '氣質變化'를 제시한다. 氣質變化의 성공 여부는 善惡混在의 氣質의 性을 善性만의 상태인 天地의 性으로 어떻게 돌리느냐에 달려 있다. 本然의 非可視的 존재방식을 지닌 天地之性은 항상 虛明한 반면에, 非本然의 可視的 존재방식을 지닌 氣質之性은 淸濁의 혼재 상태에 있게 된다. 氣質은 本然과는 달리 감각할 수 있는 구체적 형체를 자신의 존재 방식으로 하며, 이 존재 방식의 제약으로 인해 善性과 惡性의 가능성을 동시에 지닐 수밖에 없다. 善은 天地

의 性에서 내원하며 惡은 청탁 혼융의 氣質로부터 연유한다. 따라서 도덕적 자각능력의 발휘를 통해 氣質의 善惡 혼융성을 本然의 모습으로 변화시키기만 하면 天地之性의 純善性이 그 빛을 발하게 된다는 낙관론을 견지했다.

> "氣質을 변화시키는 것에 대하여 맹자가 말하기를, 즉 '거처하는 것이 그 기품을 변화시키고, 봉양하는 것이 그 몸을 바꾼다'고 했다. 하물며 천하의 큰 곳에 기거함에랴. 仁에 의거하고 義에 말미암으면 자연스레 마음은 화평해지고 몸도 바르게 된다. … 다만 옛날에 했던 것을 떨쳐버리고 동작을 모두 禮에 맞게 하면 氣質이 자연히 온전하게 좋아진다."[1)]

장재는 맹자가 말한 "居移氣 養移體"[2)]의 논지를 재확인하면서 仁義의 본성에 기인한 기질의 변화를 천명하고 있는 것이다. 즉 그는 현상적 도덕성의 근원을 본연의 天地之性에 두었으며, 그것은 개인의 運命은 물론 국가의 장래까지도 좌우하는 방향추로 파악했다. 따라서 그의 신유학적 인륜해석의 궁극적 지향점은 후천적 氣質變化의 노력을 통한 天地之性의 회복과 현실적 구현에 두어질 수밖에 없었다.

그는 이러한 氣質의 변화를 당위성과 자발성의 차원에서 논의한다. 즉 기질의 변화란 氣質의 性에 내함된 善과 惡의 동시적 가능성을 주목하여 惡의 기미를 최대한 억제하고 善의 조짐을 최고로 계발시키고자 하는 인간의 당위적·자발적 행위를 말한다. 그는 이러한 노력의 구체적 방법으로 학문적

---

1) "變化氣質, 孟子曰, 居移氣, 養移體, 況居天下之大居者乎. 居仁由義, 自然心和而體正. … 但拂去舊日所爲. 使動作皆中禮, 則氣質自然全好." (『張子全書』「氣質」卷之五)

2) "居移氣 養移體." (『孟子』「盡心上」)

연구와 학습의 수행을 제시된다.

또 그는 "학문함이 크게 이로운 것은 스스로 기질을 변화시킬 수 있다는 점에 있다. 그렇지 않으면 끝내 밝게 깨달은 바가 없어서 성인의 심오한 뜻을 볼 수 없게될 것이다. 그러므로 배우는 자는 반드시 기질을 변화시켜야 한다"[3)]라고 하였다. 이것은 그가 氣質變化의 요체를 학문에 두고 있음을 보여주는 것이다. 이와 관련한 내용은 다음과 같은 발언에서 더욱 자세히 알 수 있다.

> "사람의 기질의 좋고 나쁨, 귀하고 천함, 일찍 죽거나 오래 사는 것의 이치는 모두 일정한 분수를 받은 바이다. 만약 기질이 좋지 못한 자는 학문을 하면 즉시 변화시킬 수 있다. 요즘 사람들이 氣의 부림에 많이 좌우되어 현자가 될 수 없는 까닭은 대개 학문을 모르기 때문이다. … 학문을 해서 본성을 이루는 데까지 도달하면 氣가 어디로부터도 이길 수 있는 말미가 없어지게 된다. 맹자가 말하기를 '氣가 오로지 하나로 모이면 志를 움직인다'고 말했다. 움직인다고 함은 바꾸어 변하게 한다는 말이니, 志가 仝一하면 氣를 움직일 수 있는 것과 같다. 반드시 학문이 하늘과 같은 경지에 이르면 본성을 이룰 수 있다."[4)]

이처럼 장재는 氣質변화를 통한 天地之性의 회복을 학문의 출발점으로 삼되, 이것은 반드시 '學'의 과정을 거쳐야만 이룰 수 있는 것으로 파악했다. 즉 氣質의 변화를 통해 天地之

---

3) "爲學大益, 在自能變化氣質. 不然卒無所發明, 不得見聖人之奧, 故學者先須變化氣質." (『張子全書』「義理」卷之六)

4) "人之氣質美惡與貴賤夭壽之理, 皆是所受定分. 如氣質惡者學卽能移. 今人所以多爲氣所使, 而不得爲賢者, 蓋爲不知學. … 但學至於成性, 則氣無由勝. 孟子謂, 氣壹則動志, 動猶言易移. 若志一則亦能動氣, 必學至於如天則能成性." (『張子全書』「氣質」卷之五)

性을 회복하기 위해서는 氣質之性 속에 내함된 惡的 成分을 제거해야 하는데 여기에는 반드시 '學至于天'의 과정이 요청되며, 이를 통해 '成性'의 경지에 이를 수 있다는 것이다. 그는 惡의 근원인 氣質의 人欲은 中節을 좇지 못해 생긴 과욕에서 비롯된 것이기도 하지만, 동시에 不知學도 惡의 한 원인이라 보아 학문과 학습을 통하여 惡의 요소를 없앨 것을 주장하였다.[5)]

유학에서는 인간의 궁극적 목적으로 성인의 경지에 도달하는 것을 제시하면서 성인이 될 수 있는 현실적 가능성을 누구에게나 열어 놓고 있다. 공자는 인간의 능력을 '生而知之', '學而知之', '困而知之', '困而不學'으로 네 단계로 나누고 있으며, 『중용』에서는 그것을 '生知', '學知', '困知'의 셋으로 분류하고 있고, 韓愈는 그것에 대해 '性三品說'을 제시한다. 그러나 上知와 下愚의 부류에 속하는 사람은 그리 많지 않으며, 사람들은 정도의 차이는 있지만 누구나 스스로의 재질을 다할 수 있는 것으로 본다. 선천적으로 그러한 재질을 갖추었다 하더라도 후천적인 환경적 조건과 스스로를 가꾸려는 의지가 필요함을 강조한다. 유학에서 학문과 교육이 강조되는 이유가 바로 여기에 있다.

장재의 학문관 역시 이 같은 先秦 유학의 학문과 학습의 목적을 계승, 발전시키는 데 초점이 맞추어지고 있다. 유학에서 인생과 교육의 목적은 서로 상통하는 것으로 상호보완적인 변증법적 관계에 있으며, 그 궁극에 있어서는 하나다.[6)] 장재 역시 학습을 통하여 성인의 차원에 이를 수 있다고 생각

---

5) 燕國材, 『唐宋心理思想研究』, (湖南人民出版社, 1987), 199쪽.
6) 김용옥, 『동양학 어떻게 할 것인가』, (통나무, 1986), 323쪽.

하였다. 학문의 궁극적 지향점을 기질의 변화를 통한 성인의 경지에 도달하는 데 두고 학문의 목적과 인생의 목적을 일치시키려 한다. 여기서 성인이란 "성인은 그 덕을 이루어 자신을 사사로이 하지 않는다"[7] "성인은 천의 총명함을 다한 사람이다"[8] "성인은 하늘을 즐거워하므로, 안과 밖을 합하여 그 인을 이룬다"[9]는 말로 특징지을 수 있는 자이다. 이러한 聖人은 無不明, 無不通 사람이기 때문에 애써 숙고하거나 힘쓰지 않아도 모든 일에 맞아드는 사람이다. 그런데 여기서 중요한 사실은 聖人이 入神의 경지에 이른 완벽한 사람이긴 하지만 이 聖人 역시 본질적으로는 한 인간이기 때문에 누구든지 노력을 게을리 하지 않는다면 聖人이 될 수 있는 가능성을 열어 놓고 있다는 사실이다. 이것은 학습을 통한 학문의 중요성과 필요성을 강조하는 장재 학문관의 성격을 보여주는 것이기도 하다.

그는 당시 사람들의 학문하는 자세를 비판한다. 그는 이 점에 대하여 "諸生들에게 학문을 함에 반드시 성인과 같이 되고자 노력한 뒤에 그쳐야 한다'고 말한다. 단지 사람만을 알고 하늘을 알고자 아니하며, 현인이 되기만을 구하고, 성인되길 구하지 않는 것이 秦漢이래 학자들의 큰 병폐였다"[10]라고 이른다. 그의 학문의 궁극적 지향점은 배워서 인간다운 인간이 되는 것뿐만 아니라 나아가 최고 등급의 인간, 즉 '成聖'의 경지에 이른 인간에 있었다.[11] 그는 학문을 성인에 이르기

---

7) "聖人成其德, 不私其身." (「正蒙·至當」)

8) "聖人, 天聰明之盡者爾." (위와같음)

9) "聖人樂天, 故合內外而成其仁." (「正蒙·三十」)

10) "告諸生以學必如聖人而後已, 以爲知人而不知天, 求爲賢人而不求爲聖人, 此秦漢以來學者之大蔽也." (『宋元學案』「橫渠學案序錄」卷十七)

위한 일련의 학습과정의 체계로 본다. 학습은 당연히 유가 경전에 관한 학습이었다. 유가 경전 중에서도 특히 『論語』와 『孟子』를 중요시했다. "성인을 알고자 하는 데 『論語』와 『孟子』만한 것보다 요체가 되는 것은 없다. 『論語』와 『孟子』 二書가 학자에게 크게 만족스러운 것은 모름지기 涵泳하기 때문이다."[12] 이처럼 유가 경전을 강조하는 이유는 당시의 학자들이 道·佛경전에 빠져 內聖外王의 현실경영을 등한시 한 것에서 비롯됐다.

장재에게 있어 학습에 의한 학문의 축적은 기질변화를 위한 외재적 조건이다. 그는 내재적 조건으로 '誠'을 제시한다. 도덕적 수양을 위한 학습과 학문이 修身의 외적 조건으로서 窮理를 의미한다면, 誠은 엄격한 자기 규율과 내적 자기반성을 통한 盡性의 수양의 방법이라 할 수 있다. 따라서 誠의 방법은 수양에 의한 도덕적 자율성의 자각을 의미한다.[13] 주돈이는 송명 신유학의 개조로서 우주론적 토대에 근거하여 인간의 도덕론을 세운다. 그는 『通書』에서 誠을 우주론적 차원으로 확대하여 그것의 본질로 파악하고 있다. 인간의 성실함을 우주의 誠함에다 정초시킨다. 인간 정신의 내재적 충실성은 우주의 본질과 바로 맞닿아 있다. 인간정신과 우주정신의 합일이야말로 『通書』의 誠論이 꾀하고 있는 궁극적 지향점이다. 주돈이는 『中庸』과 『孟子』에서 말하는 '誠'을 본체와 현상, 정신과 물질, 존재와 당위를 포괄하는 것으로 확대 해석함으로써 신유학자로서의 면모를 보여준다. 太極은 진실된

---

11) 程運, 『張橫渠教育思想研究』, (商務印書館, 1968), 148쪽.

12) "要見聖人, 無如論孟爲要. 論孟二書於學者大足, 只是須涵泳." (『張子全書』「義理」 卷之六)

13) 김양용, 「張載의 도덕철학」, 346쪽.

존재로서 天人을 관통하는 誠道이기 때문에 그 자체 生生不已하는 존재론적 실체이자 도덕적 가치의 원천일 수 있다는 것이다. 이와 같이 존재와 당위를 일원적으로 설명한 점에서 주돈이를 송학의 실질적 개조로 볼 수 있다.

장재는 여기서부터 더 나아가 우주론적 차원의 誠에 근거하여 우주와 인간, 본체와 현상을 포괄하는 역동적 해석체계를 만든다. 구체적으로는 誠을 太虛之氣의 실재성에다 정초시킨다. 주돈이가 본체로부터 현상화되는 만물의 縱的인 化生의 측면에 주목했었다면, 장재는 본체와 현상 사이를 순환하면서 나아가는 天道의 횡적 관계에 주안점을 두었다.[14] 이론적 특성의 이 같은 차이점은 誠論에도 그대로 적용된다. 주돈이에게 있어 誠은 太極으로부터 萬物에 이르는 縱的 과정의 順理的 지속성으로 파악되었다. 장재에게 있어 誠은 太虛로부터 萬物로 이어지는 응취산화의 지속적인 橫的 과정의 근본적 동인으로 말해진다. 그는 정이나 주자의 '性卽理'체계처럼 理라는 본체적 원리를 따로 상정하여 誠을 바로 이 理의 속성으로 본 것이 아니라, 氣一元論者답게 氣의 本然態인 太虛의 본질로 간주함으로써 현실성과 이념성 사이의 間隙을 없애고, 誠의 현실적 실재성을 강조한다.

> "하늘이 장구하여 그침이 없는 道는 이른바 誠이다."[15]

> "성실함으로써 사물이 존재하면 시작도 마침도 있다. 거짓스러우면 존재하지 않는 데 어찌 시작과 마침이 있겠는가, 그러므로 성실함이 없으면 사물이 없다고 이르는 것이다."[16]

---

14) 정인재外, 『중국철학개론』, 221쪽.

15) "天所以長久不已之道, 乃所謂誠." (「正蒙·誠明」)

太虛로부터 萬物로 다시 萬物로부터 太虛로 이어지는 橫的 天道에 誠함이 없다면 우주가 정연한 질서 속에서 쉼 없이 운행될 수 없을 것이다. 또한 凝聚散化에 의한 만물의 생성과 소멸의 과정 역시 멈추게 되어 우주 내에 아무런 사물도 존재하지 않게 될 것이다. 혹 존재했더라도 금방 파괴되어 사라지게 될 것이다. 이렇게 볼 때 誠이란 현상의 존재와 운동을 일관성 있게 해주고, 만물이 끊임없이 재창조 되도록 해주며, 인간에게 진실성을 부여해 주는 우주정신의 본질을 드러내는 용어이다. 그래서 太虛卽氣의 天道와 誠은 아무런 차이가 없는 것이다.

장재는 이같이 '太虛卽氣'의 본체론에 의거 宇宙의 항상성과 誠을 일원화시켜 볼 수 있는 실재론적 근거를 확립한 다음 유가의 고유주제인 도덕성 실현의 문제로 나아간다.[17] 즉 誠이 天道 측면에서 우주의 실재적 항상성을 뜻한다면, 人道 측면에서는 眞實無妄의 경지에 도달하려는 도덕적 수양의 의미를 지닌다. 그에게 있어 '誠'은 존재의 궁극적 근거일 뿐만 아니라, 또한 당위의 실천방법 내지 수양론이기도 하다. 이러한 점에서 장재는 이전의 誠字의 의미에 비해 인간의 도덕적 자율성과 자각성을 더욱 강조하여, 이를 우주에 있어서 太虛之氣의 실재성과 인간세계에 있어서 도덕적 수양의 두 가지 측면으로 해석하였다.[18] 장재의 '太虛卽氣'의 신유학적 구도 속에서 인간의 성실성은 우주적 誠함으로 확대되어 가지 않을 수 없었으며, 우주적 誠함은 인간의 내면적 본질로 자리잡지 않을 수 없었다. 장재의 誠의 수양방법이란 바로 우주와

---

16) "誠有是物則有終有始. 僞實不有, 何終始之有. 故曰不誠無物." (위와같음)
17) 정인재外, 『중국철학개론』, 224쪽.
18) 김양용, 「張載의 도덕철학」, 347쪽.

인간의 공동적 본질로서의 추상 명사화된 '誠'을 동사화 하는 것이다. 즉 인간의 끊임없는 도덕적 수양 노력이라는 형태의 '誠之' 행위를 의미한다.

> "인간의 삶은 본래 천도에 따른 것이다. 인간의 일은 행하여지기 마련이며 행하여지지 않는다면 성실하지 못한 것이다. 성실하지 않으면 物은 의미가 없게 된다. 그러므로 반드시 실제의 일은 반드시 행해져야 한다. 오로지 성인의 踐形[실천하여 구체화하는 것]만이 實의 지극함이다.[19]

> "物을 이익되게 함에는 반드시 성실해야 한다. 마치 하늘이 생명체를 낳는 경우처럼 날마다 나아가게 하고 날로 자라나게 해야 한다. 스스로를 이익되게 함에는 반드시 성심성의로 하여야 한다. 마치 강물이 바야흐로 이르는 것처럼 날로 더하고 날로 얻게 해야 한다."[20]

이 구절에서 장재는 天道의 본질로서의 誠이 人道에 의해서 실현될 때만이 天道로서의 실제적 기능을 발휘할 수 있음을 말한다. 그러기 위해서 인간은 誠之의 노력을 통해서 天道와 부단히 합일하려는 노력을 기울여야 한다. 장재에게 있어 인간이 '誠之'의 동사적 활동을 통하여 본질적으로 구해야만 되는 것은 '誠'이라는 天地人 三才의 공동적 본질로 파악되었다.

그러면 天道의 본질인 '誠'은 어떠한 실제적 경로를 통해 인식되고 동시에 실천되어 졌을까. 그것은 바로 '篤行'이었다. 誠과 篤行은 體用과 相通의 관계에 있다.[21]

---

19) "人生固有天道. 人之事在行, 不行則無誠, 不誠則無物, 故須行實事. 惟聖人踐形爲實之至." (『張子全書』「語錄抄」卷十二)

20) "益物必誠, 如天之生物, 日進日息. 自益必誠, 如川之方至, 日增日得." (「正蒙·乾稱」)

> "행하는 것이 독실한 사람을 돈독하다 말할 수 있을 것이다. 하늘의 道처럼 멈추지 않고 계속 그러한 것이 독실함의 지극함이다."[22)]

> "지극한 誠은 天性이요, 쉬지 않음은 天命이다. 사람이 능히 지극히 誠할 수 있으면, 性을 다하여 神함을 궁구할 수 있고, 쉼이 없으면 命이 행하여 化를 알 수가 있다. 학문이 化를 알 수 있는 상태에 이르지 못하면 진정으로 얻은 것이 아니다."[23)]

여기서 장재는 일상의 인간이 天道의 본질인 誠을 자신의 것으로 주체화 할 수 있는 길로 篤行을 제시하고 있음을 알 수 있다. 그는 誠을 존재와 당위의 궁극적 본질로서 보기도 했지만 동시에 수양과 실천의 방법으로도 보았다. 誠을 후자의 수양과 실천의 방법으로 볼 경우 그것은 구체적으로 篤行을 의미한다. 이러한 篤行을 통하여 誠을 주체적으로 體認·實踐하게 될 때 虛明한 神을 내재적 특성으로 하는 天道의 生生不息의 대열에 능동적으로 참여할 수 있으며 동시에 이를 통하여 天道의 보편적 본질인 天地之性을 확보할 수 있게 된다.

이제까지 논했던 것처럼 장재는 후천적 氣質 속에 내함된 惡的 징후를 걷어내고 天性을 회복하는 가장 최선의 방법은 기질 자체를 변화시키는 것이라 보았다. 그러한 방법으로 誠之와 篤行을 말했다. 그러나 이것만으로는 부족하며 좀 더 포

---

21) 程運, 『張橫渠教育思想研究』, 139쪽.

22) "行之篤者, 敦篤云乎哉. 如天道不已而然, 篤之至也." (「正蒙·中正」)

23) "至誠, 天性也. 不息, 天命也. 人能至誠, 則盡性而神可窮矣, 不息, 則命行而化可知矣. 學未至知化, 非眞得也." (「正蒙·乾稱」)

괄적이며 치밀한 방책이 요구되었다. 이러한 이유에서 德性之知의 확충 문제가 부각된다. 따라서 다음 절에서는 德性之知의 확충을 통한 氣質의 변화와 天性의 함양에 대한 장재의 견해를 살펴보고자 한다.

2. 窮理와 盡心을 통한 德性之知의 확충

장재의 德性之知는 자체의 특성상 이론과 실천, 앎과 수양 간의 밀접한 상관 관계를 잘 보여준다. 德性之知는 경험적, 감각적, 산술적 지식이 아니라 직관적, 초감성적, 선험적 성격이 강한 도덕적 자각의 지식으로서 天地之性을 꿰뚫어 보려는 心의 활동에 관한 앎의 이론이다. 그래서 德性之知를 가리켜 天德良知·誠明所知라고도 한다.[24] 즉 德性之知는 見聞之知의 한계를 극복하고 太虛의 본질을 체득하고자 하는 앎의 기제이다. 天地之性의 인식은 見聞之知만으로 해결될 수 있는 성질의 것이 아니며, 이론의 문제 뿐만 아니라 실천의 문제가 필수적으로 수반된다. 왜냐하면 상대적으로 불완전한 존재인 인간이 절대적 至善性인 天地之性을 희구하는 문제는 단순히 사실적 지식을 알고자 하는 것이 아니라 당위적 本體를 직관하고자 하는 것이기 때문이다. 그래서 여기에는 고도의 수양을 통한 내성적 인식력이 필요한 것이다. 이러한 고도의 수양과 내성적 인식 작용은 이론과 실천의 변증법적 관계를 맺으면서 天地之性의 직관과 실천에로 한 단계씩 다가서는 것이다. 바로 이 점에서 德性之知가 확충되어야 할 필요성

24) "誠明所知, 乃天德良知, 非見聞所知而已." (「正蒙 · 誠明」)

이 절대적으로 요구된다.

그러면 장재는 德性之知의 확충을 통해 天地之性을 體得해 가는 과정을 어떻게 파악했을까. 그는 크게 보아 窮理의 외적 공부와 盡心의 내적 수양의 두 측면으로 나누어 파악하고 있다. 먼저 장재가 窮理와 盡心의 관계를 어떻게 보고 있는지부터 살펴보기로 하자. 장재는 天地之性을 體認하기 위한 德性之知의 확충 방안으로 窮理의 중요성을 강조한다.

> "明을 통하여 誠을 이루는 것은 먼저 窮理를 하고 나서 그것을 통하여 性을 온전히 실현하는 데 이르는 것이다. 그것은 먼저 배우고 묻는 것을 통하여 깨닫고 나서 天性에 이르는 것이다. … 이제 明을 통하여 誠을 이루기를 바라기에 배움에 힘쓰고 뒤로 물러서지 않을 것이다. … 明을 통하여 誠을 이루기 위해서는 窮理를 해야한다."25)

사람은 누구나 窮理를 통하여 자신의 본성을 온전히 실현할 수 있고 그것을 통해 天命에 이를 수 있다는 것이다. 여기서 窮理는 天道에 대한 이해의 추구과정이다. 그런데 이러한 天道에 대한 이해가 본성의 실현으로 나아갈 수 있는 것은 天道와 性의 동일성에 근거한다.

> "天道는 바로 性을 의미한다. 따라서 사람을 알고자 하면 天을 모르고서는 안되고 天을 알아야만 사람을 알 수 있다. 天을 알고 사람을 안다는 것은 窮理를 통하여 본성을 지극히 하는 것과 같은 의미이다."26)

---

25) "自明誠者, 先窮理以至於盡性, 謂先從學問理會, 以推達於天性, … 某今亦竊希於明誠, 所以勉勉安　於不退, … 自明誠者須是要窮理." (『張載集』「張子語錄·語錄下」)

26) "天道卽性也. 故思知人不可不知天, 能知天斯知人矣. 知人與窮理盡性以至于命同意." (『橫渠易說』「說卦」)

결국 장재의 窮理·盡心의 수양론은 맹자의 盡心에 의한 知性·知天의 실천적 수양의 방법[27]과 『周易』의 窮理·盡性·至命의 인식론적 공부의 방법[28]의 결합임을 알 수 있다. 盡心이 내성적, 내향적 길을 통해 후천적 기질의 제약을 극복하여 선천적 천지지성을 회복하려는 실천적 수양론이라면, 窮理는 주로 외부의 사물을 대상으로 해서 이루어지는 인식적 활동에 의거한 공부론이다. 장재가 이처럼 양자를 동시에 중요시할 수밖에 없었던 이유에 대해 박경환은 다음과 같이 주장한다. 즉 맹자는 天道를 단지 인간의 본성과의 관련 속에서만 고려할 뿐이고 天道가 만물 속에 편재해 있다는 사유에까지 나아가지는 않았다. 따라서 그에게는 윤리적 고려의 범위는 개인의 내면으로 한정될 수밖에 없었다. 그러나 장재는 기일분수에 의한 천도의 편재라는 사유를 지녔으므로 윤리의 문제와 관련하여 외물에 대한 인식의 중요성을 주목한 것이다.[29] 이미 앞에서 살폈던 대로 신유학의 대표적 특징 중의 하나는 인성론의 문제를 천도의 본체론과의 상보적 관계에 의거 해결하려 한다는 점이다. 따라서 장재가 『孟子』의 내향적 盡心의 공부 외에 『周易』의 외향적 窮理論을 중시한 것은 당연한 것일 수 있다. 그 이후 程朱에 이르러 窮理의 공부는 『大學』의 格物의 說과 결합됨으로써 程朱學의 주된 공부방법으로 정착된다. 이런 점에서 장재의 窮理論은 송명유학사에서 중요한 의미를 지니게 된다.[30]

그렇다면 장재의 窮理論은 어떠한가. 장재가 말하는 窮理

27) "盡其心者, 知其性也. 知其性, 則知天矣." (『孟子』「盡心上」)

28) "窮理盡性以至於命." (『周易』「說卦」)

29) 박경환, 『張載의 氣論的 天人合一思想 硏究』, 99쪽.

30) 위의 논문 97쪽.

란 '太虛卽氣'의 神化작용에 의해 생성된 만물 속의 내재적 理를 파악하려는 노력이다. 따라서 그에게 있어 窮理는 天道의 객관적, 보편적 법칙으로서의 理의 단순한 인식의 차원을 넘어 穿鑿과 體得의 과정을 요구하게 된다. 왜냐하면 窮理는 밖의 대상 사물을 단순히 보고 듣는 작용을 통해서만 이루어지는 것이 아니기 때문이다. 물론 그 이유는 장재가 인식주관의 대상인 객관적 理에 부여한 성격에서 비롯한다. 장재에게 객관적 대상인 理의 내재적 성격은 誠으로 파악되며, 그것은 구체적으로 天地之性으로 명명된다. 天地之性은 성격상 見聞에 의존하는 인식의 노력만으로 완숙하게 알기에는 부족하며 見聞보다 상위의 인식 기제인 德性에 의한 앎을 필요로 한다. 見聞이 인간의 감관에 의존하는 것이라면 德性은 내면의 수양을 요구한다. 따라서 見聞之知와 德性之知를 포괄할 수 있는 앎의 추구 방법이 필요로 하게 되며 여기서 窮理가 제시된다.

그러면 窮理의 과정은 어떻게 전개될까. 窮理란 앎의 지향에 있어 주관과 객관의 구도를 설정하는 것이다. 窮은 주관의 앎에 대한 추구 의지를 말하고 理는 알고자 하는 주관적 의지의 객관적 대상이 된다. 그리고 이러한 주관의 앎의 추구 노력은 見聞의 단계로부터 德性의 단계로 이어지는 과정을 밟는다.

> "이치를 궁구함에 또한 마땅히 차례 차례 나가야 한다. 사물을 많이 보고 이치를 많이 궁구하게 되면 사람의 性을 다할 수 있고 物의 性을 다할 수 있다."[31]

---

31) "窮理亦當有漸, 見物多, 窮理多, 從此就約, 盡人之性, 盡物之性." (『橫渠易說』「說卦」)

장재는 太虛로부터 품부한 내면의 이치 확인과 검증의 통로로서 見聞의 필요성을 인정하지 않을 수 없었다. 이에 관해서 장재는 "學을 통하여 사물의 理를 추구하지 않으면 心이 거친 상태에 놓이게 된다"[32]라고 말한다. 외물의 이치에 대한 궁구가 있어야만 내면의 心이 갖춘 그 영명한 능력을 온전히 실현하게 된다고 본 것이다. 하지만 주관의 理의 실체에 대한 앎의 지향은 見聞의 단계에 멈추지 않고 德性을 필요로 하게 된다.

> "日月의 환함과 천지의 변화에 현혹되는 것이니, 그러므로 자기 스스로가 반드시 正道로서 그것을 보아야 한다. 이와 같이 하는 것은 窮理를 넘어서지 않는다. 어찌 오직 耳目으로 듣고 보는 것 뿐이겠는가. 반드시 한결같은 德을 좇아 큰 근원을 보아서 지극히 하는 데 이르러야 미혹되지 않는다."[33]

萬物· 萬物은 天理를 품부해 태어났기에 天理를 내함할 수밖에 없다. 따라서 모든 사람은 窮理의 노력 자세를 가지기만 하면 物事에 서서히 다가가 그것의 본질이라 할 수 있는 天理의 체험과 앎에로 근접할 수 있다. 그런데 耳目의 見聞만으로는 天理의 본질을 직관할 수 없다. 이것에는 德性的 인식이 요구된다. 그래야만 天地의 大源을 제대로 알 수 있다.

그래서 장재는 窮理의 구체적 방법으로 학문과 독서를 이야기한다.

---

32) "學不能追究事理, 只是心粗." (『張子全書』「義理」卷之六)

33) "爲日月之明與天地變化所眩惑, 故必己以正道觀之. 能如是, 不越乎窮理, 豈惟耳目所見聞, 必從一德見其大源, 至於盡處, 則可以不惑也." (『橫渠易說』「繫辭下」)

> "궁구하는 것이 곧 학문이다. 보는 것과 구하는 것 모두가 배움이다. 장성하여 배우는 것 진실로 이른바 학문이다. 그 어릴 때의 경우에도 어찌 그것을 학문이라 이르지 않을 수 있겠는가. 곧 자신이 胞胎되 어미의 가르침에 있어서는 자기가 비록 직각하지 못했어도 그것을 배움[學]이라 이른다. 그러나 타인이 조작하여서 자기가 그 가르침에 변화를 하게 된다면 그것은 '배움[學]'이라 이르지 못한다. "[34]

> "독서가 부족하면 살피고 바로잡아 義理의 정밀함에 근거하지 못한다. 대개 책은 이러한 마음을 유지할 수 있게 한다. 한 순간 책을 읽지 않으면 德性에 나태함이 있게 된다. 책을 읽으면 이러한 마음이 언제나 보존되지만, 책을 읽지 않으면 끝까지 義理를 찾아도 보지 못한다."[35]

장재에게 있어 氣의 법칙은 天地人 三才의 陰陽, 剛柔, 仁義를 포괄하는 性命之理이다. 이 理는 도덕과 자연을 아울러 관통하는 객관적 보편 법칙이다. 이러한 존재와 당위의 一如的 이치를 체득하기 위해서는 거기에 적합한 앎의 방식이 요구된다. 장재에게 있어 그것은 바로 窮理이다. 窮理는 인식 주관과 객관적 법칙을 매개하는 앎의 접근 방식이다. 주관과 관계없이 항존하는 理를 주관과 연결시키는 개념이 窮이다. 객관적 理를 알고자 하는 주관적 窮의 구체적 접근의 방식이 바로 학문이며, 그것은 구체적으로 많은 독서를 필요로 한다.

장재에게 있어서 이러한 窮理의 공부는 곧바로 盡性으로 이어진다. 太虛之氣의 凝聚에 따라 인간을 포함한 만물은 天

---

34) "窮卽是學也. 所觀所求皆學也, 長而學固所謂之學, 其幼時豈可不謂之學. 直自在胞胎保母之教, 己雖不知謂之學. 然人作之而己變以化於其教則其不謂之學." (『張子全書』「語錄抄」, 卷十二)

35) "讀書小則無由考校得義精. 蓋書以維持此心, 一時放下則一時德性有懈. 讀書則此心常在, 不讀書則終看義理不見." (『張子全書』「義理」, 卷之六)

理를 품부해 태어나며, 天理는 天地之性이라는 이름으로 心에 내재된다. 盡性은 心에 내재된 性을 극진히 하는 것이다. 氣質之性에 가리어 드러나지 않는 天地之性을 다함으로써 太虛本體의 虛한 至善性과 일치되는 경지에 이르게 된다.

> "有와 無, 虛와 實에서 통하여 하나가 되는 것이 性이다. 하나로 될 수 없으면 性을 다한 것이 아니다."[36]

有無虛實에 하나로 일관되어 있는 天地之性은 氣質之性과 같은 개별적 性이 아니라, 모든 만물에 두루하는 보편적 性이기 때문에 자신에 품부된 性을 끝까지 타진하게 되면 그것이 보편적 性과 상통함을 알게 된다. 왜냐하면 모든 개별성은 天性에서 발원하는 현상적 性에 불과하기 때문이다.

이러한 이지적인 이론적 인식의 마지막 단계는 至命이다. 至命이란 窮理와 盡性의 이론적 앎의 추구를 통해 최종적으로 天命을 깨우치고 몸소 체득하는 차원에 도달함을 뜻한다.

> "사물의 이치를 지극히 알고 性을 다한 뒤에야 命에 이를 수 있다. 命이란 또한 자기에게 나아가 말한 것이다."[37]

이상에서 살펴 본 것처럼 장재는 窮理, 盡性, 至于命의 삼단계에 걸친 理智的 앎의 과정이 원활하게 이루어지고 나서야 비로소 세계와 인간을 바라보는 관점에 변화가 생긴다고 본다. 至誠·至善, 無思·無慮, 無私·無欲의 차원에로 들어설 수 있으며, 私意, 期必, 固執, 自我의 氣質의 장애를 벗어나 위로는 天性과 동질적 차원에 놓이게 되고, 아래로는 만물과 상통하는 中正의 경지에 이르게 된다.[38]

---

36) "有無, 虛實通爲一物者, 性也. 不能爲一, 非盡性也." (「正蒙·乾稱」)

37) "旣窮理又盡性然後能至於命, 命則又就己而言之也." (『橫渠易說』「說卦」)

그런데 차후 장재와 二程은 '窮理盡性以至於命'구절을 놓고 일대 논쟁을 벌인다. 장재는 그것을 理智的 認識의 도정과 도덕적 수양의 그것이 혼합된 성격의 것으로 보고 세 단계로 나누어 점진적 고양과 제고의 과정으로 파악한 데 반해 정이는 한 단계로 묶어 완전히 도덕수양의 도정으로 보았다.

> "窮理[이치를 궁구하고], 盡性[性을 다하여], 以至於命[命에 이르는 것] 의 세 가지의 일은 일시에 함께 이루어지는 것으로서 원래 次序가 없다. 窮理를 앎의 일로 볼 수는 없다. 만일 실제로 궁구하여 이치를 얻을 수 있다면, 性命 또한 가능할 것이다."[39]

> "窮理, 盡性, 至命은 단 하나의 일이다. 窮理하면 이것이 바로 盡性이며 盡性을 하면 이것이 바로 至命이다."[40]

장재는 二程의 이러한 지적에 대하여 다음과 같이 반박한다.

> "此義에는 모두 차서가 있다. 모름지기 窮理로서 자신의 性을 극진히 다하면 이를 미루어 다른 사람의 性도 극진히 다할 수 있다. 이와 같이 한 뒤에 天道에 이를 수 있는 것이다. 그 사이에 많은 일들이 있는 데 어떻게 곧 바로 이를 이해할 수 있겠는가. 학자들은 반드시 窮理를 우선적으로 해야하며 이와 같이 하여야만 비로소 학문을 할 수 있다. 여기서 말하는 知命과 至于命이란 遠近의 차이가 있는 데 어떻게 아는 것을 가지고서 바로 그곳에 이르렀다고 말할

---

38) "中正然後貫天下之道, 此君子之所以大居正也. 蓋得正則得所止, 得所止則可以弘而至於大." (「正蒙·中正」)

39) "窮理盡性以至於命, 三事一時並了. 元無次序, 不可將窮理作知之事, 若實窮得理, 性命亦可了." (『河南程氏遺書』 第二卷上)

40) "窮理盡性至命只是一事. 纔窮理便盡性, 纔盡性便至命." (『河南程氏遺書』 第十八卷)

수 있겠는가."[41]

장재와 二程사이의 이 같은 견해의 차는 양자의 철학체계의 근본적 상이함에서 비롯되는 것이다.

지금까지 장재가 『周易』의 窮理·盡性·至命의 이론적 앎의 노력을 통해서 德性之知를 어떻게 확충했는가를 살펴보았다. 그러나 德性之知의 확충은 이러한 외부적 대상에 대한 理智的 인식의 추구만으로는 한계가 있다. 왜냐하면 그에게 있어서 德性之知는 본질적으로 도덕적 앎의 기제로서 내면적인 도덕적 본심이 발현되어 체득된 앎이기 때문이다. 또한 모든 사물의 이치를 內存하고 있는 心의 발현에 의해 얻게 된 인식이기도 하기 때문이다. 따라서 이러한 앎을 체득하기 위해서는 본심을 그대로 보존할 수 있는 내면적 수양이 요구된다. 즉 太虛卽氣로부터 인간으로의 생성과 더불어 품부한 선천적 天地之性을 후천적 氣質의 장애를 받지 않고 발현시킬 수 있는 깨끗한 정신력의 지속성이 중시된다. 그래서 장재는 『孟子』의 '盡心·知性·知天'의 내성적 방법을 받아들이게 된다.

이에 장재는 내성적 공부의 구체적 방법으로 虛心에 의한 수양과 禮의 실천을 제시한다. "닦고 유지하는 길은 모름지기 心을 虛하게 하고, 또한 반드시 禮을 얻어 안과 밖으로 밝게 하는 것이다. 이것이 안과 밖을 합하는 길이다."[42] 德性之知는 이론적 인식지가 아니라 實踐知이기 때문에 내면적 수

41) "此義儘有次序. 須是窮理, 便能盡得己之性則推類又盡人之性, 如此然後至於天道也. 其間煞有事, 豈有當下理會了, 學者須是窮理爲先, 如此則方有學, 今言知命與至於命, 儘有遠近, 豈可以知便謂之至也." (『張子全書』「二程書拾遺」卷十四)

42) "修持之道, 既須虛心, 又須得禮, 內外發明, 此合內外之道也." (『張子全書』「氣質」卷之五)

양을 요하는 虛心과 그것의 실천을 의미하는 得禮가 동시에 요구된다. 이렇게 虛心과 得禮가 內外로 합쳐져야만 德性之知가 온전하게 얻어진다는 것이다.

먼저 장재의 虛心에 대한 견해부터 살펴보기로 하자. 그는 도덕 생활의 최고 경지인 天地之性의 인식 단계에 이르기 위해 우선적으로 갖추어야 할 인생 태도, 즉 수양 방법이자 실천 원리로 虛心의 견지를 주장한다. 虛心은 赤子之心을 보존하여 아무런 思慮도 존재하지 않는 虛한 상태이다. 그는 우주 본체인 太虛의 神化 과정에 의하여 이루어진 人心도 역시 虛에 바탕을 둔다고 보았다. 虛는 아무런 내용이 없는 虛無의 虛가 아니라 實有의 虛이다. 그 虛는 온갖 이치와 도리를 갖추고 있기 때문에 오히려 至實하며 至善하다. 虛를 保持함으로써 衆理와 萬善을 잃지 않게 되고, 또한 心에도 막힘이 없게 된다.

> "本心을 보존하는 처음은 모름지기 天德을 명쾌히 아는 것이다. 天德이 곧 虛心이다."[43)]

> "天地는 虛로써 德을 삼는다. 지극히 善한 것은 虛다."[44)]

> "虛한 연후에라야 능히 마음을 지극히 할 수 있다."[45)]

일반인들이 상식적 수준에서 반성적 생각 없이 수양 주체를 我와 非我로 구분하고, 또한 세계를 주관과 객관으로 나누어서 보고자 하는 경향이 있었다. 이에 장재는 그러한 분리에 얽매여 우주의 본질[天地之性]을 보지 못하는 사람들의 앎의

---

43) "存心之始, 須明知天德, 天德卽虛." (『張子全書』「氣質」 卷之五)

44) "天地以虛爲德, 至善者 虛也." (위와 같음).

45) "虛心然後能盡心." (위와 같음)

한계를 비판하고자 하였다. 그리고 그러한 한계의 극복은 虛心을 통해서만이 이루어질 수 있다고 주장한 것이다.

虛心의 최고 경지에 이른 사람은 성인이다. 보통 사람들의 마음은 見聞의 편협함에 국한당하고 말지만, 성인은 見聞으로 마음을 구속하지 않는다. 오히려 德性之知의 수양적 앎의 기제를 통해 마음을 텅 비워 천하의 모든 사물 가운데 하나라도 자기와 일체가 되지 않는 것이 없게 한다. 성인은 虛心의 상태로 있기 때문에 天能인 性을 보존하여 有無와 內外를 합하고 만물에 잘 감응하여 知行이 일치하는 덕을 가진 사람이다.

그래서 장재는 사람들로 하여금 이러한 虛心의 마음을 갖도록 하기위해 『論語』에서 이른바 意, 必, 固, 我의 네 가지를 없도록 하는 四絶精神을 실천할 것을 강조하였다.

> "意란 미리 생각함이 있는 것이다. 必이란 기대함이 있는 것이다. 固는 변화하지 못하는 것이며 我란 한쪽으로 치우침이 있는 것이다. 네 가지 중 하나만 있어도 천지와 닮을 수 없다. 天理를 하나로 꿰뚫으면 意, 必, 固, 我에 집착하지 않게 된다."[46)]

이 경우 意·必·固·我는 成心의 상태를 말한다. 成心은 덕성지지의 발현을 통한 천지지성의 통관을 가로막는다. 따라서 德性之知의 확충을 통해 천지자연의 본질을 그대로 직관하여 실천하기 위해서는 虛心의 存養막는 요소를 제거해야 한다.

다음으로 장재는 盡心의 방법으로 虛心과 더불어 실천궁행

---

46) "意 有思也, 必 有待也, 固 不化也, 我 有方也. 四者有一焉, 則與天地爲不相似. 天理一貫, 則無意必固我之鑿." (「正蒙·中正」)

의 禮를 강조한다. 그렇다면 장재가 말하는 禮란 어떤 성격의 것일까. 그는 禮를 氣一分殊의 논리에 근거하여 體用의 有機的 관점에서 파악한다.

즉 그는 體의 입장에서 禮의 형이상학화를 시도한 연후에 그것의 用으로서 禮의 실천문제를 논의한다. 송대에 들어오면 불가와 도가의 형이상학의 영향으로 현상의 본원적 원리에 관한 탐구가 일어난다. 그의 禮論 역시 이러한 영향을 받게 된다. 그 결과 그는 현상의 개별적 儀禮의 근원 원리로서의 禮에 관한 탐구를 본체론적 관점에서 시작한다.

> "禮는 天地의 德이다."[47)]

> "禮는 밖으로 드러날 뿐만 아니라, 또한 無體의 禮이기도 하다."[48)]

여기서 장재는 禮를 인간이 준수해야 할 일종의 현상적 禮儀로만 생각지 않는다. 즉 관습과 예제에 의거한 도덕판단의 개별적 잣대로 국한시켜 보지 않는다. 그는 禮를 본체론적 차원의 궁극적 원리로 파악한 것이다. 이것은 장재가 禮를 인간만의 것이라는 관점을 넘어 천지의 반영이며 天地의 德으로 여겼음을 의미한다.

그런데 이러한 본체론적 차원의 禮는 인간의 心에 품부되고,[49)] 이어 행위로 현상화되어 나타난다. 즉 현상적 차원의 禮에 관한 해석은 인간의 실제 삶에서 구현되고 있는 禮儀와 習俗 그리고 儀禮에 관련된 것들의 총칭적 설명이다. 이것은

---

47) "禮卽天地之德." (『張子全書』「禮樂」 卷之五)

48) "禮非止著見於外, 亦有無體之禮." (위와 같음)

49) "皆禮之原在心." (위와 같음)

현상에 드러난 有形의 禮로서, 성인이 天理의 자연스런 질서에 근거해 만든 것이다.[50)]

> "禮란 聖人이 만든 법이다. 禮를 제거하면 천하에 道가 없게 된다."[51)]

> "형체의 흔적이 없는 것은 바로 道다. 大德敦化와 같은 것이 바로 이것이다. 형체의 흔적이 있는 것은 器이다. 사실에 나타난 禮義와 같은 것이 바로 이것이다."[52)]

현상적 차원의 禮는 인간의 본성, 즉 내면적 도덕의식의 반영이기 때문에 사회라는 구체적 상황 속에서 사람들의 의례적 행위가 관행이나 절차에 부합되도록 조절하는 기능을 한다. 따라서 그것은 현실적 삶의 내용을 규제하고 준수하는 넓은 의미의 禮樂法制에 관한 제규정을 포함하게 된다.

그는 왜 이처럼 禮를 氣一分殊의 體用論의 관점에서 파악하는 것일까. 그것은 盡心과의 관계 때문이다. 앞서 살펴 보았던 것처럼 그는 心과 性이 太虛卽氣의 天에서 비롯한 것으로 보았다. 이것은 禮와 盡心의 문제와 관련하여 다음의 의미를 지닌다. 즉 禮의 근원이 天이라고 보는 것은 동시에 禮가 인간의 本性과 本心에서 발현되었다는 뜻으로 해석할 수 있다. 왜냐하면 본성과 본심과 예는 유기적 관계에 있으며, 모두 太虛의 본체에 그 연원을 두고 있기 때문이다. 따라서 그에게 있어 禮는 단순히 현상의 의례나 예의와 같은 것에 불과한 것이 아니라 본체론적 연원을 갖는 절대적 당위인 동시

---

50) "禮本天之自然." (위와 같음)

51) "禮者聖人之成法也, 除了禮, 天下更無道矣." (위와 같음)

52) "無形迹者卽道也, 如大德敦化是也. 有形迹者卽氣也, 見於事實, 如禮義是也." (『橫渠易說』「繫辭上」)

에 반드시 실천되어야 할 것으로 인식되었다. 그는 이렇게 함으로써 盡心을 할 수 있다고 생각한 것이다.

> "禮란 性을 보존하는 것이다. 禮는 본래 性에서 나왔으니 性을 보존하여 근본으로 돌아가야 한다. 무릇 性을 이루지 못했을 때에는 禮로서 이를 보존해야 한다. 禮를 지킬 수 있으면 이미 道를 어긴 것이 아니다."[53)]

요컨대 그는 禮를 인간계만의 질서로 국한시키지 않고 天地自然의 이치로 확대 해석하여 절대 가치성을 입론한 것이다. 이러한 그의 견해는 다음의 언급에서 더욱 구체적으로 표명되고 있다.

> "天地의 禮는 스스로 그렇게 있는 것이니 어찌 사람에 의존하겠는가. 하늘이 만물을 낳음에 尊卑와 大小의 모습이 있게 하였다. 사람은 그것에 순응할 따름이다. 이것이 禮을 따라야 하는 바 이유이다."[54)]

이처럼 그는 현실적 禮制와 儀禮의 정당성을 형이상학적 禮에 정초시킨다. 따라서 그는 "때에 따라 적당하게 조화하는 것이 곧 예다. 時中의 道가 禮"라고 하여"[55)] 학자들로 하여금 절대적 禮의 실천을 강조한다. "배움에 뜻을 둔 사람은 모름지기 禮를 보아야 한다. 대개 禮란 사람의 덕성을 길러 불어나게 한다."[56)]

---

53) "禮所以持性, 蓋本出於性, 持性反本也, 凡未成性, 須禮以持之, 能守禮已不畔道也." (『張子全書』「禮樂」卷之五)

54) "天地之禮, 自然而有, 何假於人, 天之生物, 使有尊卑大小之象, 人順之而已, 此所以爲禮也." (위와 같음)

55) "時措之宜, 便是禮, 禮卽時措時中." (위와 같음)

56) "學者且須觀禮, 蓋禮者滋養人德性." (『張子全書』「學大原下」卷之七)

또한 현상의 인간은 후천적 기질의 제약으로 인해 선천적으로 품부한 본성을 그대로 발현시키지 못하고 악으로 기울 개연성을 많이 지닌다. 이럴 경우에도 至善性의 외부적 발현 양태인 禮의 檢束을 통해 현실적 習의 장애를 극복하게 되면, 그 결과 자신의 본연의 모습을 회복할 수 있게 된다고 하여 예의 실제적 효용성을 강조한다. 즉 그는 “다시 내면을 검속하고자 할 때는 다만 옛날 했던 것을 떨쳐버리고 동작을 모두 禮에 맞게 하면 기질이 자연히 좋아지게 된다”[57]라고 하여 기질변화를 통한 선천적 至善性의 회복의 가능 근거를 禮의 檢束과 實踐에서 찾고 있는 것이다.

전체적으로 말하면 장재는 盡心의 방법으로서의 虛心과 禮의 실천을 表裏관계로 파악한다. 그가 양자의 관계를 이렇게 본 것은 盡心의 공부가 단지 虛心만으로 가능한 것이 아니라 현실의 실제 생활 속에서의 사회적 규범과 질서의 준수를 수반해야만 온전하게 이루어질 수 있다고 파악한 데서 비롯한다. 이것은 맹자의 內省 위주의 盡心說에서 약화되었던 현실적 사회규범의 실천의 중요성을 새롭게 환기시킨 것[58]이라 볼 수 있다.

이제까지 氣質의 變化와 天性의 涵養, 그리고 窮理와 盡心을 통한 德性之知의 擴充이라는 각 절의 주제하에 장재의 심성의 수양의 방법과 목적에 관하여 고찰해 보았다. 심성수양의 방법은 타고난 氣質을 변화시키는 것과 窮理와 盡心이었다. 심성수양을 통해 이루고자 했던 목적은 天地之性의 자각이었다. 이처럼 장재가 天地之性의 본질을 알고자 했던 이유

57) “更要約時, 但拂去舊日所爲, 使動作皆中禮, 則氣質自然全好.” (『張子全書』「氣質」卷之五)

58) 박경환, 「張載의 氣論的 天人合一思想 硏究」, 129쪽.

는 후천적으로 가지게 된 人欲을 극복하고 天理의 본원을 회복하고자 하는 데 있었다. 요컨대 天地之性은 人欲을 제거하고 天理를 발현시키는 데 있어 본원적 樞紐라 볼 수 있다. 왜냐하면 天理는 우주본체의 정합적 理致이며, 이 理致는 바로 天地之性으로 심성수양을 통해 天地之性을 자각하게 되면 天理의 본질이 자연스럽게 자득되기 때문이다. 따라서 다음으로 人欲의 극복을 통해 天理를 회복하는 문제에 관한 장재의 견해를 살필 것이다.

3. 天理와 人欲의 문제

天理는 인간의 본성 속에 선천적으로 구비된 선한 본성을 일컫는 말이고, 人欲은 인간의 이기적 욕심과 사욕을 가리키는 말로 天理에 대비되는 개념이다. 大濱晧는 天理는 사람과 사물에 자연·필연적으로 내재하는 본래성이고, 人欲은 본래성이 정당하게 발현하는 것을 방해하는 것이라고 이해하였다.[59] 天理와 人欲의 어원은 『禮記』「樂記」의 “사람이 날 때부터 고요한 것은 天性이다. ···· 사람이 외부사물에 의해서 변화되는 것은 天理를 소멸시키고 人欲을 끊임없이 추구하게 하는 것이다”[60]는 구절에서 유래한다. 天理와 人欲의 개념은 송대 이전까지는 유학사에서 그다지 중요한 개념으로 취급되지 않았다. 그러나 송대에 들어 성리학이 체계적으로 정립된

59) 大濱晧(이형성 譯), 『범주로 보는 주자학』, (예문서원, 1997), 279쪽.

60) “人生而靜 天之性也, … 人化物也者 滅天理而窮人欲者也.” (『禮記』「樂記」)

이후 명·청대에 이르기까지 天理와 人欲의 관계에 대해서는 활발한 논쟁이 벌어진다.

이러한 논쟁은 크게 두 입장으로 나누어 진다. 하나는 天理와 人欲을 대립적 관점에서 보아, 天理를 보존하고 人欲을 滅할 것을 주장하는 '存理去欲說[이치를 보존하고 욕망을 제거한다는 학설]'의 입장이다. 다른 하나는 天理와 人欲을 同體異名의 통일적 견지에서 보아, 인간의 욕망인 인욕 자체가 악이거나 무조건적 부정의 대상은 아니라고 말하는 '理存於欲說[이치가 욕망 가운데에 있다는 학설]'의 견해이다.

먼저 天理와 人欲을 대립적인 것으로 여기는 '存理去欲'의 관점은 理와 欲의 철저한 분별에서 비롯함을 알 수 있다. 성리학에서 理欲之辨은 義利之辨과 함께 대표적 논쟁점이 되었는 데 이것의 주요 관심사는 人欲을 天理로부터 분별하여 그것을 제거하려는 것이었다. 즉 天理가 성하게 되면 人欲의 영향력이 줄어들고 人欲의 영향력이 확대되면 天理의 힘이 약화된다고 보아 '存天理, 去人欲'을 주장한다. 天理와 人欲을 서로 상반적인 것으로 보는 이같은 관점은 身을 惡으로 보고, 心을 善으로 여기는 心身二元的 혹은 善惡二元的 견해에서 비롯하는 것이다.[61] 이처럼 理와 欲을 분별적으로 보려는 노력은 송명 이학가들의 공부론의 중요한 부분이다. 이러한 理와 欲의 대립과 분별을 최초로 전개하는 사람은 장재이며, 이후 정호, 정이에 의해 발전되고 주희에 의해 집대성되었다. 이 점에 대하여 張岱年은 "천리와 인욕의 구별은 장재로부터 발단하여, 정씨 형제에게서 성립되고, 주희에 이르러 크게 완성되었다"[62]라고 하여 장재를 天理와 人欲 구체적 관계개념

61) 韋政通, 『中國哲學辭典』, (大林學術叢刊, 1977), 99쪽.

의 발원자로 평가하고 있다. 장재에 있어서 이렇게 평가될 만한 근거는 『正蒙』의 「誠明」편에서 볼 수 있다.

그러면 먼저 新儒學에서 이 문제가 어떻게 정리되는지를 요약해 보면 다음과 같다.

程顥는 天理를 매우 중시했다. 그는 "사람의 마음이 오직 위태롭다는 것은 人欲이며, 道心이 오직 은미하다는 것은 天理이다"[63]라고 하여 天理와 人欲을 대립적인 것으로 파악하고 천리의 발현인 도심의 함양에 진력할 것을 말한다. 또한 "사람의 마음은 앎이 없을 수 없는데, 오직 人欲에 가려지면 天理를 잊게 된다"[64]고 주장한다. 이것은 人欲에 지배되면 天理를 잃는다고 하여 人欲의 가림을 제거하고 天理의 회복을 강조한 것이다.

程頤는 "욕심이 사람을 해치는 것이 극심하구나. 사람이 선하지 못한 일을 하는 것은 욕심이 유혹하기 때문이다. 유혹을 하는 데도 그것을 알아차리지 못하면, 천리가 소멸되어도 그 천리로 돌아갈려고 생각하지 못하는 지경에 이른다"[65]라고 하여 욕심을 사람을 해치는 악의 근원으로 보았다. 따라서 인간의 삶의 목표는 마땅히 인욕의 허물을 덜어내서 천리를 회복하는 데에로 지향되어야 한다.

주희는 天理와 人欲을 엄격히 구별할 것을 주장하였다.

> "사람이 지닌 한 마음은 천리를 보존해야만 인욕이 없어진다. 인욕이 이기면 천리가 소멸한다. 천리와 인욕이 뒤

---

62) 張岱年(김백희 譯), 『中國哲學大綱 下』, 897쪽.

63) "人心惟危 人欲也. 道心惟微 天理也." (『語錄』 卷十一)

64) "人心莫不有知 惟蔽於人欲 則忘天理也." (『語錄』 卷十一)

65) "心矣欲之害人也 人之爲不善 欲誘之也 誘之而弗知 則至於天理滅而不知反." (『語錄』 卷二十五)

> 섞여 있는 것은 없으니, 학자는 반드시 이것을 체득하고 성찰해야만 한다."[66]

천리와 인욕은 양립할 수 있는 성질의 것이 아니기 때문에 철저하게 이치를 보존하고 욕망을 제거해야 한다. 왕수인은 天理와 人欲의 구별을 매우 중시하여, 天理를 보존하고 人欲을 제거하는 것이 양지를 이루는 중요한 공부라고 보았다. 그는 이 점에 관하여 "오로지 인욕을 제거하고 천리를 보존해야만 비로소 공부이다. 고요할 때에도 생각마다에 욕망을 제거하고 이치를 보존하며, 움직일 때에도 생각마다에 욕망을 제거하고 이치를 보존한다"[67]라고 주장한다. 공부를 통한 수양의 목적은 마음이 고요할 때나 움직일 때 할 것 없이 천리를 보존하고 인욕을 제거하는 데 있다. 이러한 마음이 천리에 순수하게 맞아서 한 점의 인욕도 없는 상태에 이르면, 이것이 바로 성인의 경지이다. 성인을 본받는다는 것은 이치를 보존하고 욕망을 제거하는 수양 공부에 정진함을 뜻한다.

이상의 存理去欲의 입장과는 달리 天理와 人欲을 '理存於欲'의 통일적 관점에서 보는 대표적 학자들로는 胡宏, 羅欽順, 王夫之 등을 들 수 있다. 胡宏은 인간의 감정이 공적인 근거를 갖는가, 사적인 근거를 갖는가에 따라 天理·人欲의 차이가 생길 뿐이라 하여 天理와 人欲의 同體異名을 주장한다. 그는 "천리와 인욕은 本體는 같으나 작용이 다르고, 운행은 같으나 실정이 다르다. 수양이 깊어진 군자는 마땅히 깊이 구별해야 한다"[68]라고 하였다. 이것은 천리가 있으면 인욕이

---

66) "人之一心 天理存則人欲亡 人欲勝則天理滅 未有天理人欲夾雜者 學者必須要於此體認省察之." (『朱子 語類』 卷十三)

67) "只要去人欲 存天理 方是功夫. 靜時念念去欲存理 動時念念去欲存理." (『傳習錄』 上卷)

있게 되고, 인욕이 있으면 천리가 있게 되기 때문에 운행을 같이 한다고 말한 것이다. 그리고 천리는 공평함을 지향하고, 인욕은 사사로움을 지향하기 때문에 실정은 서로 다르게 나타난다고 주장한 것이다.69)

명대의 羅欽順은 천리와 인욕을 명백하게 구별하는 것을 반대한다. 그는 욕망이 원래 하늘로부터 발원하는 것이기 때문에 반드시 악은 아니라고 보았다. 이러한 점에 대하여 그는 "무릇 사람의 욕망은 본래 하늘로부터 나온 것이다. ‥‥ 오직 그 情을 멋대로 두고 욕망에 내맡기고도 돌이킬 줄 모르면, 이것이 바로 악일 따름이다. ‥‥ 무릇 욕망과 희노애락의 감정은 모두 性이 지니고 있는 바이다. 희노애락의 감정을 또한 버릴 수 있겠는가"70)라고 이른다. 사람에게 욕망이 존재하는 것은 필연적이고 당위적인 것으로 다만 당위의 법칙에 합치하도록 하면 이것이 바로 선이다. 그러므로 욕망을 무조건 제거하려고 할 것이 아니라 그 욕망이 中和를 벗어나 악의 방향으로 흐르지 않도록 노력할 것을 강조한다.

청대의 王夫之는 天理와 人欲의 통일과 일체를 강조했다. 왕부지는 천리와 인욕의 관계에 대하여 "禮는 순수하게 천리의 알맞은 형식이라고 하더라도, 반드시 인욕에 깃들어 드러난다. ‥‥ 오직 그러함으로 결국 사람을 떠나서 따로 하늘이 있는 것이 아니며, 욕망을 떠나서 따로 이치가 있는 것도 아니다"71)라고 한다. 천리는 인욕의 가운데 있다는 것이다. 인

---

68) "天理人欲 同體而異用 同行而異情 進修君子 宜深別焉." (『知言』)

69) 張岱年(김백희 譯), 『中國哲學大綱下』, 906쪽.

70) "夫人之有欲 固出於天 … 惟其恣情縱欲而不知反 斯爲惡耳 … 夫欲與喜怒哀樂 皆性之所有者 喜怒哀樂 又可去乎." (『困知記』)

71) "禮雖純爲天理之節文 而必寓於人欲以見 … 唯然 故終不離人而別有天

욕을 끊어버리면 천리의 존재기반이 없어지기 때문에 욕망을 가벼이 보아서는 안되며 마땅히 중시해야 한다. 그래야만 이치와 욕망의 관계를 바로 파악할 수 있다. 天理는 인욕의 당위규범이지 결코 인욕을 해치는 것은 아니다. 그러나 人欲이 바로 天理는 아니며 인욕 가운데에는 바람직하지 못한 것도 있음으로 천리를 해칠 가능성은 상존한다고 보았다. 따라서 인욕 중의 바람직한 성격을 띠는 천리적 요소와 그렇지 못한 부정적 욕망을 잘 분별하여 인욕의 통한 천리의 보존·함양에 노력을 기울여야 한다고 주장한다.

그러면 이상에서 살핀 두 흐름을 전제할 때 天理와 人欲論의 전개 과정에서 장재는 어떠한 부류에 속하는 것일까. 그의 성리학사적 위상으로도 확인되듯이 그는 前者의 입장을 견지한다. 장재에게 있어 天理와 人欲의 관계는 본체와 현상의 연계구도와 바로 직결된다. 즉 그는 사람의 마음 속에는 선천적 天理와 후천적 人欲이 공존한다고 보았던 것이다. 그는 "위로 도달함은 天理로 돌아가는 것이고, 아래로 도달함은 人欲을 따름일진저"[72]라고 하였다. 여기서 天理는 본체론적 차원의 문제로 다루어짐을 알 수 있다. 그는 사람이 자연의 太虛에서 생겨났다는 점, 그리고 자연과 마음의 본체 상태는 모두 규정할 수 없는 太虛라는 점에 근거해 자연의 본체와 인간의 본체는 같은 것으로 단정한다.[73] 그런데 인간은 바로 이 天理를 품부해 태어난다. 그것은 바로 至善의 天地之性으로 항상 밝은 상태로 있으나 시각의 대상으로는 되지 않는다. 또한 氣

終不離欲而別有理也." (『讀四書大全說』「孟子」)

72) "上達反天理, 下達徇人欲者與." (「正蒙·誠明」)

73) "太虛者, 天之實也. 萬物取足於太虛, 人亦出於太虛, 太虛者, 心之實也." (『張子全書』「語錄抄」, 卷十 二.)

稟에 제약당하고 人欲에 가려져 어둡게 될 때가 있지만 그 본래의 至善性을 처음부터 끝까지 잃지 않고 보존한다. 그는 "소위 天理라는 것은 능히 마음에서 즐거워할 수 있으며, 충분히 천하 뜻의 이치에 통할 수 있는 것이니, 능히 천하로 하여금 기쁘게 하고 또한 통하게 할 수 있으면 천하가 반드시 그에게로 돌아간다"[74]라고 하였다. 보통의 사람은 마음속에 天理와 人欲 두 가지를 함께 갖고 있는 데 天理는 人欲에 항상 가려져 있으며 보통 사람의 의지나 의도로서 어떻게 작위할 수 있는 성질의 것이 아니다. 다만 天理는 자연히 그렇게 되는 것이지 氣稟의 당연함도 아니요, 志나 意로 관계할 것도 아니라는 것이다.[75]

하지만 후천적 현상의 차원으로 넘어 오면 상황은 달라져 人欲이 문제로 등장한다. 자연의 본체인 太虛의 본질을 이어받은 것이 인간의 본성이 되고, 변화하는 객형을 이어받은 육체적 측면이 마음이 된다. 또한 본성은 맑고 텅비고 고요한 하나이고, 마음의 욕망은 좋아하는 것은 끌어당기고 싫어하는 것은 밀어내는 것이다.[76] 그리고 본성에도 太虛의 측면인 天地之性과 육체적 측면인 氣質之性이 있고, 마음의 경우에도 太虛의 측면인 天理를 따르는 '큰 마음[大心]'과 육체의 측면인 인욕을 따르려는 '작은 마음[成心]'이 공존한다. 그런데 人欲은 氣質之性과 成心으로 인해 발생된 飮食男女의 情欲을 말한다. 인간 마음의 私欲, 物欲, 즉 成心에서 비롯된다.

---

74) "所謂天理也者, 能悅諸心, 能通天下之志之理也. 能使天下悅且通, 則天下必歸焉." (「正蒙·誠明」)

75) "正所天理馴致, 非氣稟當然, 非志意所與也." (위와 같음)

76) 손영식, 「송대 신유학에서 철학적 쟁점의 연구」, (서울대학교 박사논문, 1993), 61쪽.

心의 움직임이 天理의 발동일 때는 人欲이 아니지만 조금이라도 작위나 계산이 들어갔을 때는 人欲이다.

> "천리를 밝히는 것은 마치 밝음으로 향하는 것과 같아서 온갖 현상에 숨겨지는 것이 없다. 人欲을 다하는 것은 마치 오로지 그림자 사이를 살펴봄과 같아서 하나의 사물 가운데서 작게 구획지을 따름이다."77)

이러한 天理와 人欲은 인성과 직접적 관계에 있다고 보았다. 그런데 그는 인성의 이중성, 즉 天地之性과 氣質之性은 서로 다른 발전의 방향을 지닌다고 생각한다. 즉 "物을 따르고 마음을 잃어버리면 사람이 物化되어 天理를 멸하게 된다. 精神을 보존하며 변화를 거치게 되면 物에 얽매임을 잊고 性命을 따르게 된다"78)고 주장한다. 天理로 돌아가려는 경향은 天地之性에 뿌리를 두고 人欲을 따르려는 경향은 氣質之性에 근원을 둔다. 즉 天理는 보편적 도덕 원리로 사람과 사물에 자연·필연적으로 내재하는 본래성이고, 人欲은 본래성이 정당하게 발현하는 것을 방해하는 것이다.

그런데 모든 인간은 天地之性의 天理를 품부해 태어났으며, 人欲은 생성 이후 사람들이 스스로 초래한 것으로 본다. 이 점에 대해 그는 "모두 命이 아님이 없으나 그 바른 것을 받아 따라야 할 것이다. 性命의 理를 따르는 것은 性命의 바름을 얻은 것이다. 理를 멸하고 욕망을 궁구함은 인위적으로 초래한 것이다"79)라고 말하다. 따라서 그는 '天理'를 되찾기

---

77) "燭天理, 如向明, 萬象無所隱. 窮人欲, 如專顧影間, 區區於一物之中爾." (「正蒙·大心」)

78) "徇物喪心, 人化物而滅天理者乎. 存神過化, 忘物累而順性命者乎." (「正蒙·神化」)

79) "莫非命也, 順受其正. 順性命之理, 則得性命之正. 滅理窮欲, 人爲之招

위해서 人欲을 없애야 한다고 주장한다.

> "지금의 사람들은 天理를 멸하고 人欲을 궁구한다. 이제 다시 天理를 회복해야 한다. 옛날의 학자들은 天理를 세우고자 했으나 공맹 이후 그 마음이 전해지지 않았다."[80]

이에 그는 배움과 교육의 당위성을 강조하면서 그 가르침의 당위적 주체로서 성인을 말한다. 왜냐하면 성인은 生而知之의 인간으로서 일반 사람들이 人欲의 맹목적 충동을 극복하고 天理의 진실성을 회복하는 데 있어서 인격적 전형이 되기 때문이다. 그리고 이 성인은 人欲의 장애를 전혀 받지 않고 天理를 보편적 잣대로 삼아 인간을 교육시키고자 하기 때문이다.[81]

장재는 이러한 인욕을 극복할 수 있는 구체적 방안으로 禮의 실천을 강조한다. 그의 눈에 북송사회는 인욕이 사회 전반의 풍속과 기풍을 해쳐 인륜 도덕이 무너진 상태로 보였다. 이에 禮의 실천을 통한 가치회복과 사회적 안정은 현실적 당면과제였다. 그에게 있어 禮의 근원은 天地之道에 있고, 그 禮는 인간의 보편적인 性에 품부되어 있다. 따라서 그 性의 발현 양태로 유형화된 儀禮와 禮制 등은 합리적 타당성을 天道로부터 부여받게 되는 것이다. 이것은 장재가 禮의 규범적 효력의 인정 근거를 바로 天道의 本體로부터 끌어내고자 했음을 말해주는 것이다. 그러므로 그에게 있어 天理의 회복과

也." (「正蒙·誠明」)

80) "今之人滅天理而窮人欲, 今復反歸其天理. 古之學者便立天理, 孔孟以後其心不傳." (『張子全書』「義　理」卷之六)

81) "天理者, 時義而已. 君子教人, 擧天理以示之而已, 其行己也, 述天理而時措之也." (「正蒙·神化」)

人欲의 극복은 禮論에로 직결될 수밖에 없다. 禮는 天理의 天序·天秩, 곧 자연의 질서로 나타나는 節文의 아름다움이며, 모든 사람이 공유하는 것이다. 사람이 공통 규준으로 삼는 자연의 질서 그것이 바로 禮의 근본이라는 것이다. 그는 자연의 天序와 天秩를 보고 듣고 말하고 행동함으로써 인욕과 사욕에 빠지는 것을 막을 수 있다고 보았던 것이다. 왜냐하면 禮를 따르게 되면 成心으로 인해 발생하는 욕망이 사라지고 인륜 질서의 아름다움이 피어나게 된다고 보았기 때문이다.

그러면 장재의 天理·人欲論은 程頤, 程顥, 朱熹, 王守仁 등의 天理·人欲論에 비교할 때 어떠한 특징을 지닐까. 전체적으로 보아 天理와 人欲을 대립적으로 보고 '存理去欲'을 주장하는 점에서는 같지만, 天理의 성격 규정에서 상이한 견해를 견지한다. 그것은 그들이 주장하는 우주본체론의 성격이 어떠한가에 달려있다. 또한 거기에 따라 수양론의 성격도 조금씩 다르다.

理先氣後를 주장하는 정이와 주희는 天이 곧 理이며, 性도 理라고 보았다. 그러므로 天理란 우주본체의 발현이며, 인성의 본래 모습이라고 한다. 이에 반해 人欲은 天理가 氣質의 가림에 의해서 생기는 것으로 보았다. 따라서 天理의 발현이 人欲에 의해 장애를 받지 않도록 居敬窮理에 힘쓸 것을 주장한다.

왕수인은 天이 곧 마음이며, 理도 마음이라고 주장한다. 그래서 天理는 良知의 본체라고 주장한다. 양지의 발현에 따르는 것이 바로 天理를 발양하고 人欲을 제거하는 첩경으로 보았다. 따라서 그는 致良知에 의한 심성수양을 강조한다.

程·朱와 왕수인에 비교하여 氣一元論者인 장재는 "太虛로 말미암아 天의 이름이 있다"고 말하였다. 天을 氣로서 설명하면서, 그 氣의 내재적 법칙을 바로 天理라고 보았다. 이 天理에 순응하는 것이 人欲의 私意에 빠지지 않고 사는 것이다. 그러기 위해서 窮理와 盡心, 虛心과 大心을 통한 심성의 수양에 진력할 것을 제시한다.

이상의 天理, 人欲의 문제를 끝으로 장재 인륜사상에 있어서의 도덕적 수양론의 내용을 살펴 보았다. 앞서 논한 바와 같이 이 장에서는 인륜사상의 도덕적 실천론이라 할 수 있는 심성수양론을 고찰해 보았다. 심성 수양론을 고찰하지 않을 수 없었던 이유는 인륜에 관한 장재의 견해에서 비롯한다. 서론에서도 논했던 것처럼 그는 우주의 본질과 인간의 도덕성, 그리고 사회의 인륜성을 별개의 분리된 것이 아니라, 서로 맞닿아 있는 연속성의 것으로 보면서 실천 수양론을 전개하고 있는 것이다. 이것은 인륜을 본체와 현상의 유기적 연계구도에 의거해 이해했음을 의미한다. 그런데 장재에게 있어 이 같은 성격의 인륜은 우주와 인간 그리고 사회를 포괄하는 개념이었다. 즉 우주유기체의 본질은 바로 인간의 주체적 도덕성이며, 이러한 도덕성은 사회 공동체의 인륜성으로 확대되는 것이었다. 이에 다음 장에서는 이와 관련한 내용들을 살펴보기로 한다.

제6장

장재 인륜 정신과 인륜 공동체

지금까지 장재가 어떠한 계기에서 氣 중심적 인륜관을 세우게 되었으며, 그리고 그것은 구체적으로 어떠한 내용을 담고 있는가 하는 문제, 즉 그의 인륜사상의 이론적 체계를 고찰해 보았다. 이제 개인과 공동체의 사회적 차원에서의 인륜정신 실천면을 살펴보고자 한다. 즉 장재가 북송시대에 당면한 다양한 현실적인 문제들을 어떠한 시각에서 바라보고 진단하였으며, 그러한 문제의 바람직한 해결을 위해 어떠한 견해를 제시하였는가 하는 부분이다. 인륜정신을 구현하는 데 있어 그에게 요구되어진 과제는 크게 개인적 修己의 영역과 사회적 治人의 부분, 그리고 양자를 포괄하는 전체적 차원으로 나누어 고찰될 수 있다. 첫째, 개인적 修己의 영역은 인륜공동체를 구성하고 있는 주체들이 갖추어야 할 이념적 전형으로서의 바람직한 인격이 어떠한 성격의 것이어야 하는가에 관한 파악이다. 둘째, 개인적 修己의 영역은 거기서 머무는 것이 아니라 사회적 治人의 차원으로 확대 연결되어 民胞物與의 同類意識과 이에 기반한 민본정치의 구현으로 나타난다. 따라서 그 내용과 특징을 살펴보고자 한다. 셋째, 修己와 治人을 포괄하는 전체적 차원으로 장재는 道·佛의 탈사회적·

탈세속적 세계관에 대항해 氣중심의 현실 지향적 인륜 국가를 세우려 한다. 그는 이러한 당면 과제를 해결하기 위한 방도로서 禮制와 宗法의 중요성을 강조하며, 이를 통해 修己와 治人의 이상적 상태가 잘 조화된 국가의 모습을 제시하려 했다. 따라서 장재가 이 같은 인륜정신의 구현이라는 실천적 문제를 어떻게 수행해 나갔는가 하는 점을 살펴보고자 한다.

1. '大心'에 의한 人格完成

장재의 기본 관심사는 인간의 도덕적 인격완성에 있었고, 이 완성된 도덕적 인격을 바탕으로 해서 가족이나 사회관계를 바람직하게 발전시킬 수 있다고 보았다. 그리고 그는 이러한 인격완성의 주체를 도덕적 자아로서의 心이라 본다. 그런데 중요한 것은 이러한 心의 역량을 어떻게 극대화시키느냐 하는 것이다. 이미 앞에서 말한 性論, 心統性情論, 氣質變化의 修養論, 窮理와 盡心을 통한 德性之知 확충 등의 논의는 心的 기능의 발현을 통해 인격을 제고시키는 것과 관련된 것이다. 요컨대 장재에게 있어 인격완성의 관건은 心의 지각기능에 의거해 선천적으로 품부한 天地之性을 얼마나 보존·발양시킬 수 있느냐 하는 점에 달려있다. 이 점에 대하여 그는 '大心[마음을 크게 하는 것]'을 통한 인격의 완성의 경로를 제시한다.

그러면 장재는 인격도야의 주체로서의 心에 대해서 어떠한 견해를 견지할까. 먼저 유학에서 말하는 도덕적 주체로서의 心의 개념과 서구 심리학의 도덕적 自我의 개념이 어떻게 다른지를 살펴보면 장재의 인격도야의 주체로서의 心의 성격이 보다 선명하게 파악될 수 있을 것이다.

유학에서 自我라는 용어는 사용되지 않는다. 이 점에 대해 최봉영은 서구의 自我라는 용어에 대체할 수 있는 용어로 '自家'라는 개념을 말한다.[1] 自我는 서구적 인성이론에 근거하여 사용되기 시작한 새로운 용어라는 것이다. 自我는 나의 개체성이 갖는 정신적 실체의 속성을 나타내는 개념이다. 이렇기 때문에 자아는 개인이 자기자신을 어떻게 생각하고 있느냐 하는 인식의 문제라고 말한다. 그리고 임능빈은 自我의 본질에 관해 논란이 많은 게 사실이지만, 일반적으로 말해서 이 自我는 인간의 지각, 가치, 및 인생의 다른 측면에 대한 개인의 인지의 조직화된 형태를 나타내기에 이 자아개념은 인간의 성격형성에 대단히 중요하다고 주장한다.[2] 위의 말을 근거로 할 때 自我는 개인의 정신적 실체의 속성, 개인 인지의 조직화된 형태라고 말할 수 있다. 서구의 이러한 自我의 개념이 유학의 자아 개념과 전적으로 일치하는 것은 아니지만 유학의 자아개념도 이러한 면을 지니고 있다.

양자의 차이점은 무엇일까. 서구의 自我 개념이 개인적 차원에 국한된 것인데 반해 유학의 自家 개념은 개인적 차원에 머무는 것이 아니라 사회·공동체적 차원과 유기적 관계에 있다. 이 점은 서구의 근대적 개인주의가 추구하는 自己實現과 유교문화권의 自家實現의 중요한 차이점에서 비롯된다.

그러면 개인의 정신적 실체의 속성, 개인 인지의 조직화된 형태를 뜻하는 自我 혹은 自家에 해당하는 개념을 新儒學에서 찾는다면 구체적으로 무엇이라 할 수 있을까. 그것은 心으

---

1) 최봉영, 『한국인의 사회적 성격(Ⅱ)』, (느티나무, 1994), 33쪽.

2) 임능빈 編輯, 『동양사상과 심리학』, (星苑社, 1995), 65쪽.

로 볼 수 있다. 自我는 본체의 본연지성과 현상의 기질지성 그리고 이것을 총괄하는 자율적 統의 功能의 합작물이다. 본연의 특성은 선험성, 선천성, 공동성이다. 기질의 특성은 개별성, 상대성, 후천성이다. 이 兩者와 統의 공능의 조합에 의해서 自我는 구성된다고 할 수 있다. 이러한 성격의 자아인 心은 인간의 인격형성의 중추역할을 담당한다. 앞의 심통성정론에서 논했던 것처럼 주희는 인격수양의 모든 과정을 통괄하는 주체로 心을 상정한다. 따라서 주희의 성리학을 도덕적 자아의 인격완성이라는 측면에서 접근해 갈 경우 心의 이론을 축으로 삼아 知의 이론, 修養論, 敬의 이론, 禮의 이론, 개인과 공동체의 有機性 등을 덧붙여 체계화할 수 있다. 이렇게 볼 때 서구 심리학에서 말하는 自我가 현상적 차원에서만 논해지는 반면에 성리학의 自我는 본체와 현상의 연계적 차원에서 논의됨을 알 수 있다.

장재 인륜사상에 있어 自我에 대한 개념, 도덕적 自我와 인격완성의 관계 역시 주희가 생각했던 범주로부터 크게 벗어나지 않는다. 그의 신유학적 도덕철학의 궁극적 지향점 역시 도덕자아의 인격완성에 있다. 그러면 인격완성의 주체인 道德自我는 어떻게 규정될 수 있을까. 장재 역시 주희와 마찬가지로 그것을 心으로 보고 있다. 自我의 개념은 원래 동양적 개념이 아니라 서양적 개념이기에 自我를 바로 心이라 부르기에는 약간의 개념상의 무리가 있을 수도 있다. 그러나 장재가 도덕적 인격완성의 내적 주체를 心으로 보고 있음을 고려하면 心을 自我와 대체적 등치 개념의 범주에 포함시켜도 큰 무리는 없을 것 같다. 自我인 心은 '性과 知覺을 합하여 心의 이름이 있다'라는 구절에서 보았듯이 선천적인 天地之性과 후천적 氣質之性 그리고 知覺의 조합물이다. 그런데 선천적인 至善性[天地之性]은 후천적인 氣質에 의하여 포위되어 있는 先驗的 도덕성이다. 바로 여기에 心의 또 다른 기능인 知覺功能의 역할이 요구된다. 心의 知覺功能은 구체적으로 見聞과 德性의 두 차원으로 나누어지며 兩者를 총괄적으로 조정하는 것이 '統'의 기능이다.

장재는 自我의 氣質的 피제약성을 떨쳐내고 선천적 지선성을 회복할 수 있느냐의 여부를 自我의 知覺功能에 맡긴다. 그는 自我인 心의 知覺功能을 현상적 문제 해결을 주로 담당하는 經驗的 自我와 도덕적 기능을 맞는 德性的 自我의 합작물로 본다. 그는 兩者가 기본적으로 상호보완의 관계에 있긴 하지만 궁극적으로 德性의 의리적 自我가 見聞의 경험적 自我를 통할하는 것으로 여겼다. 사람들이 감각적으로 아는 知가 경험적 지식이라면 덕성의 知는 본성으로부터 발현된 知이므로 愛·敬·是非 등의 道理를 알게 한다는 것이다.[3] 현상적 氣質에 관련된 여러 잡다한 사항들에 의하여 방해를 받지 않고 인격수양에 정진하기 위해서 도덕자아로서의 心은 자신의 내적 상태를 항상 산란한 動의 상태가 아니라 수렴된 靜의 상태로 유지하기 위해 노력해야 한다.

그렇게 해야 하는 이유는 인간으로의 생성과 더불어 품부한 天地之性을 후천적 기질에 의해 장애를 받지 않고 그대로 발현·실천하기 위해서이다. 그러기 위해서 心은 자신만의 고유한 統의 기능을 발휘하여 선천적 지선성이 情을 지나 色의 상태에 이르지 않도록 해야 한다. 장재는 보다 성숙한 자아와 그렇지 못한 자아의 차이점을 바로 여기에 두고 있다. 自我인 心에 선천적으로 품부된 천지지성이 기질의 장애로 인하여

3) 牟宗三, 『心體與性體(一冊)』, 544쪽.

中庸을 잃고 過不及의 상태로 빠져들어 제 기능을 발하지 못하는 것을 방지하기 위해 기질변화를 통한 인격수양을 강조한다.

장재는 自我의 현실적 욕구의 담지물인 기질지성의 존재를 부정태로 보는 것이 아니라 긍정적인 것으로 인정한다. 기질지성은 지선성과 상대적 악성의 단초가 합해진 것이다. 기질지성에 내재된 인간의 다양한 욕구는 기의 응취에 의해 생성된 인간에게 있어 필연적 수반물이다. 신체가 있으면 거기에 상응하는 심적 욕구가 있을 수밖에 없다. 天理와 人欲이 함께하지만 중요한 것은 욕구를 어느 방향으로 실현시키느냐에 있다.[4] 자기실현의 욕구에다 이런 다양한 욕구를 종속시킬 수 있느냐 없느냐에 따라 인격완성의 갈림길이 생긴다. 장재는 인간의 여러 가지 욕구를 부정적 강화로 소거시키는 대신에 오히려 선택적인 긍정적 강화를 강조함으로써 무리없이 성숙한 인격의 방향으로 나아가도록 유도한다.[5] 즉 장재는 지배적인 자기실현의 욕구에다 잡다한 욕구를 종속시킴으로써 모든 동기의 역동성을 충분히 살리려 하고 있다.

장재는 타고난 氣質이 어떠한가에 따라 인격의 성숙도를 나눈다. 모든 인간은 天地之性의 보편성을 부여받아 태어났다는 점에서 동질적이다. 그러나 어떠한 氣質을 타고 태어났느냐 하는 점에서는 차별적이다. 그는 후천적 형체의 제약인 氣質의 차별에 따라 인격 성숙도의 단계도 다르다고 주장한다. 그렇다면 이 말은 인격 성숙의 정도가 타고난 氣質에 의

4) "莫非天也, 陽明勝則德性用, 陰濁勝則物欲行. 領惡而全好者, 其必由學乎." (「正蒙·誠明」)

5) "克己要當以理義戰退私己. 皆理乃天德, 克己者必有剛强壯健之德乃勝己." (『橫渠易說』「大壯」)

해 이미 결정된 것이기 때문에 후천적으로 어떠한 변화도 기대할 수 없다는 결정론적 관점을 의미하는 것일까. 그것은 아니다. 장재는 개별적 노력 여하에 따라 후천적 기질의 장애를 극복하고 인격의 성숙도를 한층 고양시킬 수 있다는 氣質變化의 개연성을 누구에게나 열어 놓고 있다. 인간은 만물로 태어남과 동시에 내적으로 본체의 보편적 至善性을 부여받았다. 인격의 성숙도는 누구나 지닌 이 至善性을 어떻게 보존하여 발양하느냐에 달려 있다는 것이다.

그런데 그러한 보존과 발양의 정도는 氣質의 純度 여하에 따라 다르게 나타나며, 그 정도를 결정하는 데에 중요한 요소는 心의 修養과 學의 역할이다. 왜냐하면 心이 氣質의 장애를 얼마나 걷어낼 수 있느냐는 修養과 學의 정도에 달려 있으며, 거기에 따라 인격의 성숙도가 나누어지기 때문이다.[6] 이 점과 관련하여 앞에서 살폈던 장재의 언급을 다시 한번 보기로 하자.

> "대체로 天下에서 말하는 性이란, 예를 들면 '金性은 강하고 火性은 뜨겁다'고 하거나, 또는 牛性이니 馬性이니 하는 따위를 말한 것으로 이는 고유한 것이다. 무릇 일체 萬物은 모두가 이러한 성질을 가지고 있지만 通·蔽·開·塞 때문에 인간과 만물의 구별이 생기게 된다. 가림의 厚·薄에 의하여 智·愚의 구별이 있다. 막힌 것은 굳어져 열리지 않으며, 두텁게 가려진 것은 열어 젖힐 수는 있지만 열기에 어려움이 있다. 엷게 가려진 것은 열기가 쉽다. 막힌 것이 열리면 天道에 이를 수 있으며 이는 聖人과 같다."[7]

---

6) "入得此心方是學不錯, 然後要學此心之約到無去處也." (『張子全書』「氣質」卷之五)

7) "天下凡謂之性者, 如言金性剛, 火性熱, 牛之性, 馬之性也, 莫非固有. 凡物莫不有是性, 由通蔽開塞, 所以有人物之別, 由蔽有厚薄, 故有智愚之別. 塞

장재는 通蔽·開塞·厚薄에 의거 인격의 선천적 純度와 후천적 변화의 개연성을 설명한다. 그는 氣質의 通·蔽·開·塞로 인하여 인간과 만물의 구별이 생기게 되고, 나아가 가림의 厚·薄에 의하여 인간의 智·愚의 구별이 있게 된다고 보았다. 하지만 그는 누구에게나 天道에 이를 수 있는 가능성은 열어 놓고 있다.

이러한 견해는 주희에게도 수용된 것으로 보인다. 주희의 말을 보면 다음과 같다.

> "그런데 두 氣와 다섯 가지 원소가 교감함으로써 다양한 변화가 생기고, 이로 하여 人과 物의 생명은 혹은 정련되게 혹은 조악하게 생성된다. 하나인 氣로 말하자면 생명은 구별없이 이 氣를 받아 생성된다. 정련과 조악에서 보자면 인간은 그 氣의 바르고 뚫린 것을 얻었고 동식물은 그 氣의 치우치고 막힌 것을 얻었다. 오직 인간만이 그 바른 것을 받았기에 이 理가 막힌 곳 없이 뚫려 있고, 동식물은 그 치우친 것을 얻었기에 이 理가 막혀 지각이 없다."[8)]

주희는 精粗·通塞·正偏의 개념으로 인간과 만물을 구별하고 나아가 인간과 인간 사이의 인격 성숙도의 차이를 설명하는 것이다. 사람은 정련한 氣를 타고 태어났기에 바르고 뚫려 있으며, 동식물은 조악한 氣를 품부해 태어났기에 치우치고 막혀 있다는 것이다. 주희와 장재가 비록 표현방식은 달리해도 공통적으로 말하고자 하는 바는 ①생래적으로 품득한 선

者牢不可開, 厚者可以開而開之也難, 薄者開之也易, 開則達於天道, 與聖人一." (『張子全書』「性理拾遺」卷十四)

8) "然而二氣五行, 交感萬變, 故人物之生, 有精粗之不同. 自一氣言之則人物皆受是氣而生, 自精粗而言則人得其氣之正且通者, 物得其偏且塞者. 惟人得其正, 故是理通而無所塞, 物得其偏, 故是理塞而無所知." (『朱子語類』卷之四)

천적 氣質의 차이에 따라 인격 성숙도의 차이가 나고, ②선천적 요소가 절대 불변의 결정론적 인자가 될 수는 없으며, ③후천적 노력의 여하에 따라 인격의 성숙도 내지 완성도는 달라질 수 있음을 말한다.

바로 여기서 인격성숙과 완성을 위한 후천적 노력의 성립 근거가 마련된다. 장재는 그 구체적인 방법으로 학문적 노력과 실천적 수양의 이중적 접근 방법을 제시한다. 그런데 이러한 이중적 접근 방법은 성리학의 기본적 특성이다. 성리학에서 自我의 인격수양의 기본 방법은 存養과 窮理의 두 가지이다. 存養은 선량한 마음을 보존하고 천부의 본성을 함양하기 위해 居敬에 힘쓰는 것이고 窮理는 개별적인 사리를 추구하고, 나아가서 우주의 근본원리를 깨닫기 위해 배우고 생각하는 것을 말한다. 인간은 이러한 학문적 노력과 수양의 과정을 통해 개인적으로나 사회적으로 바람직한 인간이 되는 것이라 보았다. 성리학의 이 같은 두 목표에 대하여 현상윤은 '法聖賢[聖賢을 본받는 것]'으로 요약할 수 있다고 말한다.[9] 이것은 성현의 삶과 학문에서 배움을 얻기 위하여 存養에 힘쓰고 窮理에 열중하는 것이니, 결국 성리학이란 성현을 본받아 수양에 힘쓰는 학문이 된다. 그리고 김성태는 이렇게 存養과 窮理에 의해서 도달하려는 이상적 입장인 성현의 인격이란 성리학이 목표로 하는 성숙된 인격상이라고 말한다. 또한 성인의 인격은 본받아 배울 수 있으니 存養과 窮理의 방법에 의거해 인격완성에 정진할 것을 주창하는 성리학이야 말로 군자의 학이며 인격을 성숙시키는 학이라고 강조한다.[10]

---

9) 현상윤, 『朝鮮儒學史』, (민중서관, 1949), 63쪽.

10) 김성태, 『성숙인격론』, (고려대학교 출판부, 1982), 29쪽.

장재의 인격완성을 위한 접근 방법은 이러한 程朱學의 방법론과 비교하여 내용상의 차이점을 가지긴 하지만 형식면에서 보면 程朱學的 범주로부터 벗어나지 않는다. 기질적으로 타고난 인격을 보다 좋은 상태로 만들기 위해서는 선천적 天性을 회복해야 하며 그러기 위해서는 氣質의 변화가 필수적으로 요구된다. 氣質의 變化는 단순히 이루어지는 것이 아니라 存德性의 存養과 道問學의 窮理가 동시에 요구된다.[11] 즉 그것은 형식면에서 학문과 수양의 상보적 융합의 길을 취한다.[12] 5장의 도덕적 수양론은 바로 인격완성을 위한 이 같은 접근의 방식을 논의한 것이다.

장재는 인격 완성의 목표를 '法聖賢'에 둔다. 聖賢은 공자의 이른바 '生而知之'차원의 인간을 말한다. 法은 본받아 실천한다는 뜻이다. 聖賢은 氣의 응취에 의해 현상의 인간으로 태어났지만 후천적 氣質의 장애를 전혀 받지 않고 품부한 그대로의 天性을 잘 보존하여 개인적으로나 사회적으로 잘 발현시키는 類의 인간이다. 장재는 이러한 인간을 본받아야 할 궁극적 이상으로 본다. 天地之性이라는 규범적 이념은 생명의 보편적 본질이며 각각의 생명은 동일하게 이 선험적인 보편적 규범이념을 품부해 태어났다는 점에서는 동질적이다. 하지만 규범이념인 仁義禮智를 구현하고 있는 정도가 氣質의 여하에 따라 현실적으로 천차만별이라는 점에서 생명은 均質의 것이 아니다. 장재는 이 생명의 非均質性에 주목했으며 그것은 바로 인격의 相異性을 의미한다. 非均質性에 수반된 인

11) "今且只將尊德性而道問學爲心, 日自求於問學一有所背否, 於德性有懈否. 此義亦是博文約禮, 下學上達." (『張子全書』「近思錄拾遺」卷十四)

12) "誠意而不以禮則無徵, 蓋誠非禮無以見也. 誠意與行禮無有先後, 須兼修之." (『張子全書』「氣質」卷之五)

격의 차별성은 선천적인 것이며 그는 이것으로부터 인격수양의 현실성과 당위성을 자각한다. 하지만 그러한 당위성과 현실성은 폐쇄적 성격의 것이 아니라 개방적인 것이다. 즉 최상의 인격완성을 위해 노력만 한다면 누구나 성취할 수 있다는 현실적 개연성을 모든 사람에게 개방해 놓고 있다. 단지 素質상 低劣한 氣質을 타고난 이는 우수한 기질을 지니고 태어난 사람에 비해 인격 성취도의 수월성 면에서 뒤질 뿐이다.

그런데 장재는 이 인격도야의 성취 수준이 '大心', 즉 '얼마나 마음을 크게 가질 수 있느냐'의 정도에 의해 결정된다고 보았다. 장재는 이러한 大心에 대해서 다음과 같이 말한다.

> "마음을 크게 하면 천하의 사물을 다 체득할 수 있다. 사물을 다 체득하지 못하면 마음은 밖이 있게 된다. 세상 사람들의 마음은 見聞의 편협한 데 머무르게 되나, 성인은 본성을 극진히 하여 見聞으로서 마음을 잡아매지 않아 그 천하를 봄에 한 물건이라도 자신이 아닌 것이 없다. 맹자가 말하기를 '마음을 극진히 하면 본성도 알고 하늘도 안다'고 하였다. 하늘은 너무도 커서 경계가 없다. 그러므로 경계가 있는 마음은 하늘의 마음이라 하기에는 부족하다."[13)]

사람들이 見聞과 같은 감각적이고 경험적인 데서 벗어나 천하의 모든 사물을 체득하여 어떤 하나의 미물일지라도 자신의 분신인 것처럼 느낄 수 있는 大心을 가진다면 주체와 객체는 하나로 합일될 수 있다. 주체의 세계와 객체의 세계가

---

13) "其大心, 則能體天下之物, 物有未體, 則心爲有外. 世人之心, 止於見聞之狹, 聖人盡性, 不以見 聞梏其心, 其視天下, 無一物非我. 孟子謂盡心則知性知天, 以此. 天大無外, 故有外之心, 不足以合天心." (「正蒙·大心」)

하나의 전면적 합일을 이루게 될 때 주체의 마음이 곧 객체의 마음으로 된다. 만약 경험지인 見聞之知에만 얽매여 修養知인 德性之知를 등한시하게 되면 세계는 주체의 세계와 객체의 세계로 서로 갈리어 그 동질성을 유지하기 힘들게 되고 天地之性의 앎과 실천도 요원하게 된다.

그래서 장재는 협소한 我를 중심으로 하여 세계를 볼 것이 아니라, 道와 합치할 수 있는 큰 마음, 즉 大心을 가질 것을 주장한다. 그는 "나로서 사물을 보면 내가 크고, 道로서 사물과 나의 體를 삼으면 道가 크다"[14]라고 하여 자아의 사사로운 집착에서 벗어나 세계의 본질과 하나로 일치될 수 있도록 학문과 수양에 힘쓸 것을 강조한다.

장재의 이러한 생각은 다음의 구절에서 더욱 분명히 알 수 있다.

> "사물을 體로 삼고 몸을 體로 삼음이 道의 근본이다. 자신의 몸으로 道를 體로 삼으면, 그 사람됨이 크다. 道는 능히 몸을 物로 삼을 수 있으므로 크다. 몸을 사물로 삼지 못하고 몸에 누가 되면 그것은 아득히 낮은 것이다."[15]

道의 본질을 체득해야만 사물의 이치를 남김없이 파악하여 의리에 저절로 밝아지고 세상의 보편적 이치에 부합되게 행동할 수 있다는 것이다. 그렇게 됨으로써 이원화된 마음이 아니라 일원화된 하나의 마음, 즉 세계의 마음만이 존재하게 된다. 여기서 바로 物我의 구분이 없어지게 되며, 세계의 본질이 나의 본질이 되고, 또한 객체의 본질은 바로 나의 본질이

---

14) "以我視物, 則我大. 以道體物我, 則道大." (『正蒙·大心』)
15) "體物體身, 道之本也. 身而體道, 其爲人也大矣. 道能物身, 故大, 不能物身而累於身, 則藐乎其卑矣." (「正蒙·大心」)

된다. 만약에 자신만의 편협된 생각에 사로잡혀 道와 我를 이원화시키고 我에 집착하게 되면 물욕에 빠져 바람직한 인격의 형성과는 멀어지게 된다.

장재는 大心이 최고조에 달한 상태를 虛心이라 보았다. 그에게 있어 聖人은 개인적으로나 사회적으로 大心의 방법을 통해 이 虛心을 최대한 보존·발양할 수 있는 인간으로 파악되었다. 왜냐하면 聖人은 생래적으로 虛心의 氣稟을 품부해 태어난 인간이기 때문에 그 虛心의 발현을 통해 意, 必, 固, 我의 四絶로부터 벗어나 天道와 합일할 수 있기 때문이다.

天道와 合一을 하게 되면 인격성숙의 최고 단계라 할 수 있는 '盡性'의 경지에 이르게 된다. 盡性은 大心을 통해 虛心의 상태에 이르러야만 깨달을 수 있는 경지이다. 이같이 선천적으로 품부한 본성을 다하는 盡性의 차원에 도달함으로써 만물일체의 이치를 깨닫게 된다. 이렇게 함으로써 어느 한 쪽으로 치우치지 않고 공명정대한 마음을 가질 수 있게 된다.

> "마음을 비우게 되면 공평해지고 공평해지면 옳음과 그름, 해야할 것과 하지 말아야 할 것이 자연스럽게 나타난다."16)

즉 세계의 본원으로부터 단절된 爲我的 자아에 집착함으로써 생겨난 편협함에서 벗어나 세상의 萬事를 원만하고 바람직한 방향으로 처리할 수 있는 보다 성숙된 인격을 가질 수 있다는 것이다.

요컨대 장재에게 있어 이상적 인격[天地之性]은 생득적으로 주어진 것으로 여러 가지 잠재 능력을 갖추고 있다. 이 인

---

16) "心旣虛則公平, 公平則是非較然易見." (『張子全書』「學大原上」 卷之六)

격은 현실의 사회 구성원이 이념적 전형으로 구상해 낸 소망과 바램의 인격이 아니라 인간으로서 태어남과 더불어 선천적으로 품부한 인격이다. 이러한 이상적 인격에 비해 현실적 인격[氣質之性]은 어떤 차이점을 지닐까. 현실적 인격은 신체의 氣質에 의해 제약을 받고 여러 가지 인간적 욕망으로 가려져 어두워진 인격의 모습을 말한다. 그러나 이 현실적 인격은 그 바탕에 늘 밝은 본체가 있기 때문에 그 發하는 바를 따라서 밝혀 나아가면 이상적 인격, 즉 본래의 참인격에로 복귀할 수 있다고 본다.

지금까지 어떤 인간상이 탁월하게 좋은 인간상인가에 관한 장재의 견해를 살펴보았다. 탁월한 인간상의 기준은 얼마나 좋은 인격을 지녔느냐에 달려있다. 좋은 인격을 지니기 위해서는 도덕적 이념[天地之性]을 품어야 하는데, 그 도덕적 이념은 후천적으로 주어진 것이기보다는 도덕적 자아로서의 心에 선천적으로 품부·내재되어 있는 것이다. 따라서 문제의 관건은 그 보편적인 도덕적 이념을 얼마나 탁월하게 보존·발양할 수 있느냐에 달려있다.

그런데 장재에게 있어 이 같은 의미를 지닌 이상적 인격은 개인이 지향해야 할 내재적 이념의 차원에 머무는 것이 아니라 공동체의 차원과 직결되어 있다. 이상적 인격의 전형으로서 心에 내재된 天地之性의 규범이념은 공동체의 차원으로 확대·구현되어야만 온전한 의미의 보편적 공동성이 될 수 있다. 왜냐하면 앞서 논의했던 것처럼 장재의 인격도야의 주체로서의 心에 내재된 도덕적 이념은 인간 공동체를 전제로 한 것이기 때문이다. 즉 天地之性은 개인의 주체적 도덕성과 공동체의 사회적 인륜성을 유기적으로 포괄하는 개념이기 때문이다. 이어서 그는 그러한 유기적 이념성이 살아 숨쉬는 이상적 사회로 民胞物與의 同類意識이 구현된 민본사회와 종법적 인륜공동체를 제시한다.

2. '民胞物與'의 民本政治

장재는 자연과 인간의 모든 비사회적·사회적 관계를 本體와의 有機的 연관 속에서 설명한다. 사람과 사람 간, 만물과 만물 간, 만물과 사람간의 관계는 물론이고, 유가의 근간인 신분 간, 군신 간, 부모 자식 간, 부부 간, 형제 자매 간 등 자연계와 사회의 모든 관계와 구별을 본체와 현상의 연계구도와 연결지우며, 그러한 現象과 本體의 통체적 연관구조는 氣一과 分殊의 논리로 구체화 된다. 陶希聖은 장재의 그 같은 의도를 두고 모든 사회적 구별을 氣一分殊의 우주본체론에 의거해 해석하려는 시도로 파악한다.[17] 또한 陳定宏은 장재가 자연현상과의 유기적 관계를 통해 사회현상을 설명하려는 것으로 본다.[18] 이와 같이 모든 관계를 우주론과의 유기적 관계 속에서 보려는 관점은 「正蒙」에 잘 나타나 있다.

장재의 이러한 생각은 본원적 측면과 현상적 측면으로 나누어 볼 수 있다. 우선 본원적 측면의 관점이란 陶希聖이나 陳定宏의 지적처럼 인간과 만물의 同質性의 타당성을 우주론적 측면에서 본체론에 정초시키려는 것이다. 그의 본체관은 '太虛卽氣'로 제시된다. 太虛卽氣의 본체관이 지닌 의의는 세계의 통일성과 평등성의 근거를 바로 太虛에 두는 데 있다.

---

17) 陶希聖, 『中國政治思想史』, (全民出版社, 1990), 90쪽.
18) 陳定宏, 『中國社會思想史』, (北京大學校 出版部, 1990), 461쪽.

太虛가 세계의 근원인 이상 세계의 萬事, 萬物은 氣를 매개로 하여 太虛에서 시작하여 太虛로 귀결된다. 太虛가 통하고 막히는 조화의 근본이며 자연과 사회를 포함한 만물의 본원이다. 太虛에는 본래 차별이 없으며 차별은 氣化에서 비롯된 응취산화의 결과일 뿐이다.

그런데 太和의 원리에 따라 이루어지는 太虛의 凝聚散化의 과정에는 일정한 규율성이 존재하는 데, 그 규율성은 理이다. 이에 장재는 "만물에는 모두 理가 있다"[19]라고 말하였고, 또한 "천하의 理를 따르는 것을 道라 하며, 천하의 理를 얻는 것을 德이라 이른다"[20]고 하였다. 이 理는 정주학에서 말하는 性卽理의 형이상학화된 理와는 다르다. 理는 단지 萬事·萬物의 내재적 원리일 뿐이다. 장재는 만물의 근원적 평등성과 동등성을 바로 이 理에다 정초한다. 그 이유는 인간을 포함한 모든 만물이 생명으로의 생성과 동시에 이 理를 품부했기 때문이다. 이 理를 구체적으로 말하면 天地之性이다. 앞서 살펴던 것처럼 天地之性의 구체적 내용은 仁義禮智의 四德이고, 이 四德 가운데 최상위의 德은 仁이다. 장재에게 있어 '仁'은 愛人, 愛物을 포괄하는 본원적 차원의 범애주의적 사랑을 뜻한다. 인간을 포함한 萬物은 천지 가운데 하나의 사물로서 이 '仁'을 똑같이 본성으로 품부해 태어났기 때문에 자기만을 사랑하는 편벽된 존재가 될 수 없다는 것이다.

> "서고자 하면 반드시 함께 서고, 알고자 하면 반드시 두루 알며, 사랑하고자 하면 반드시 모두 사랑하고, 이루고자 하면 반드시 홀로 이루지 않는다."[21]

---

19) "萬物皆有理." (『張子全書』「語錄抄」卷十二)

20) "循天下之理之謂道, 得天下之理之謂德." (「正蒙·至當」)

이 인용구에서 보이는 것처럼 한 사회는 물론 전체 인류의 인간 관계는 모두 마치 수족처럼 情이 통하고 형제처럼 서로 친해야 하며, 피차의 구분이 없이 서로 평등한 관계가 되어야 하고, 인간과 만물과의 관계도 이와 같아야 한다.[22] 왜냐하면 만물과 인류는 똑같이 天地의 氣에 의해서 태어나 함께 천지 사이에 처하여 있기 때문이다. 인간이든 만물이든, 지배 계급이든 피지배 계급이든, 왕이든 백성이든, 일단 '太虛卽氣'의 神化작용, 더 구체적으로는 陰陽 二氣의 凝聚散化의 과정을 통해서 태어나고 사라지는 동등한 物이며, 또한 생성과 더불어 '仁'의 도덕적 본질을 내재적으로 품부하게 된다. 그러므로 사람들은 사람을 사랑해야 할뿐만 아니라 만물도 사랑해야 한다. 만물이 인류의 친구라면 인간과 만물은 마땅히 서로 우호적으로 대하여야 한다. 그는 이 같은 萬民과 萬物의 平等的, 同等的 범애주의를 당시 북송 사회가 당면하고 있었던 현실 문제 해결의 사상적 토대로 삼았다.[23]

그런데 이러한 萬民과 萬物의 同等性 논리는 모든 인간이 근원적으로 같다는 民吾同胞의 萬民平等的 가치추구 태도로 그리고 만물과 인간은 同類라는 物吾與也의 의식으로 나타난다. 그의 이 같은 생각은 ① 북송의 모순적 현실에 대한 인식에서 단초를 잡고, ② 「正蒙」에서 확립된 본체론과 인성론의 형이상학적 정당화를 거쳐, ③ 「西銘」의 萬民과 萬物의 관계론에 이르러 절정에 달하는 일관적 연속성을 보여준다. 그러나 지금까지 대부분의 연구들은 ①에 대해서는 동의를 하지

---

21) "立必俱立, 知必周知, 愛必兼愛, 成不獨成." (「正蒙·誠明」)

22) 陳正炎 外(이성규 譯), 『중국의 유토피아 사상』, (지식산업사, 1993), 295쪽.

23) 陳瑛外, 『中國倫理思想史』, (貴州人民出版社, 1985), 504쪽.

만 ②와 ③의 내용적 연속성에 대해서는 견해의 일치를 보지 못하고 있다. 그 기원은 二程과 朱熹에게로 소급된다. 二程은 장재의 윤리·도덕 사상면에 관해서는 칭송하면서도 우주본체론 방면에 관해서는 찬동의 입장을 보이지 않는다.

이러한 점은 「西銘」은 극찬을 하면서도 「正蒙」에 대해서는 비판적 태도를 취하는 데서 잘 드러난다. 주희는 장재의 「正蒙」과 「西銘」이 내용상 서로 별개의 것으로 보고 "횡거의 말 가운데 진실로 지나침이 있는 것은 곧 「正蒙」이다. 「西銘」의 글은 理를 추극하여 義理를 간직했으니, 옛 성현도 펴지 못한 점을 잘 드러낸 것이다. 맹자의 性善과 養氣의 논지와 견주어 그 공을 같이 한다"[24]라고 하여 「正蒙」에 대해서는 비판을 가하고 「西銘」에 대해서는 칭송하면서 내용상의 일관성을 부인한다. 그러나 「正蒙」과 「西銘」은 상호 불가분의 관계에 있다. 주희의 이러한 해석은 단지 性卽理의 본체론에 어긋나는 太虛卽氣의 본체론에 대한 비판이며, 「西銘」을 자신들의 사상 내용에 부합하도록 편의에 따라 본 것에 지나지 않는다. 장재 인륜사상에 나타난 만민평등의 인도주의는 「正蒙」에서 본체론적 토대를 잡고 「西銘」에서 그 극치에 달한다. 따라서 장재의 인륜사상을 제대로 파악하기 위해서는 「正蒙」과 「西銘」을 일관적 맥락 속에서 연속적으로 볼 필요가 있다.

장재는 「西銘」에서 民胞物與의 同類意識에 근거해 인간과 만물이 본래적으로 하나였음을 주장한다. 그는 太虛卽氣의 氣一元論的 관점에서 인간을 포함한 만물은 同質의 氣를 원질로 해 태어났기 때문에 同類라고 강조한다. 그는 이 점에

24) "橫渠之言 誠有過者 乃在正蒙. 西銘之爲書 推理以存義 擴先聖所未發 與孟子性善養氣之論 同功." (『性理大全』「西銘」朱熹 細註)

대하여 다음과 같이 말한다.

> "乾을 아버지라 부르고, 坤을 어머니라 부른다. 나 이 조그만 몸이 그 가운데 처해 있도다. 그러므로 天地 사이에 가득 차 있는 것은 나의 형체가 되었고, 天地를 이끄는 것은 나의 本性이 되었다. 백성은 나의 동포요, 만물은 나의 동료이다. 천자는 나의 부모의 宗子요, 大臣은 종자의 家相이다. 나이 많은 이를 높이는 것은 천지가 낳은 어른을 어른으로 대접하는 것이요, 외롭고 약한 이를 불쌍히 여기는 것은 그 어린이를 어린이로 대하는 것이다. 성인은 천지와 덕을 합한 사람이요, 현인은 빼어난 사람이다. 천하의 파리하고 병든 사람, 고아와 자식 없는 노인, 홀아비와 과부는 모두 다 내 형제 가운데 어려움을 당하여 호소할 데 없는 자이다."[25)]

인간은 아주 작은 존재이고 자연계의 일부분으로 만물과 일체가 되어 천지 사이에 더불어 생존한다. 그 원인은 인간의 신체와 정신이 동질의 천지의 氣로 이루어져 있기 때문이다. 즉 氣의 본성은 천지의 통솔 작용에 따라 인간에 내재되며, 인간은 이러한 본성을 같이 품부해 태어났기 때문에 모두 한 동포이다. 만물 역시 근본적으로는 인간과 동질의 氣·性을 지니고 있음으로 인간의 동반자이다. 이 점은 인간이 天地의 소생이자 자연의 한 부분으로 세상의 사람들이나 만물과 하나의 통일적 연관 속에 놓여 있으며, 자연계 속에 존재하면서 자연계와 더불어 일체가 됨을 말해주는 것이다. 또한 장재의

25) "乾稱父, 坤稱母, 予茲藐焉, 乃混然中處. 故天地之塞, 吾其體. 天地之帥, 吾其性, 民吾同胞, 物吾與也, 大君者, 吾父母宗子, 其大臣, 宗子之家相也. 存高年, 所以長其長, 慈孤弱, 所以幼其幼. 聖其合德, 賢其秀也. 凡天下疲癃殘疾惸獨鰥寡, 皆吾兄弟之顚連, 而無告者也"(『張子全書』「西銘」卷之一)

근원적인 생각이 엄연히 존재하는 현상적 차별성을 극복하고, 나아가 萬物·萬民의 본래적 同質性과 同類意識을 환기시키고자 하는 데에 있었다는 점을 확인시켜 주는 것이기도 하다. 그의 이 같은 생각은 民吾同胞, 物吾與也 등의 구절을 통해서도 충분히 입증된다.

또한 장재의 이런 본원적 생각은 「西銘考證講義」에서 퇴계가 「西銘」을 짓게 된 의도를 해석하는 데에서 더욱 분명히 확인할 수 있다.

> "대체로 橫渠의 이 銘은 거듭 풀이하여 나와 천지만물의 이치가 본래 하나인 까닭을 미루어 밝힌 것입니다. 仁의 體를 그려내고 그로써 唯我의 私心을 깨뜨리고 無我의 公心을 크게 열어 주어, 그 완고하기가 돌과 같은 마음으로 하여금 융화하여 환히 트이게 하고 남과 나 사이에 간격이 없게 해서, 조그마한 私心도 그 사이에 용납함이 없게 하였으니, 천지 만물이 한 집안이 되고 온 나라가 한 사람처럼 되어서, 남의 괴로움과 아픔을 내 몸에 절실히 느껴서 仁道를 얻을 수 있습니다."[26]

퇴계의 해석에 의거해 보면, 장재가 「西銘」을 짓게 된 이유는 모든 사람들에게 民胞物與의 의식을 깨우치게 하기 위한 데에 있는 것으로 보인다. 그러한 민포물여의 동류의식을 갖게 하기 위해서는 모든 사람들로 하여금 생명으로 태어남과 동시에 품부한 仁의 마음[天地之性]을 자각하도록 하는 것이 중요했다. 이러한 우주 본질로서의 仁의 마음을 자각하면, 唯

---

26) "蓋橫渠此銘, 反覆推明, 吾與天地萬物其理本一之, 故狀出仁體, 因以破有我之私, 廓無我之公, 使其頑然如石之心, 融化洞徹, 物我無間, 一毫私意, 無所容於其間, 可以見天地爲一家, 中國爲一人, 痒痾疾痛, 眞切吾身, 而仁道得矣." (『退溪先生文集』 「西銘考證講義」 卷之七)

我의 私心을 깨뜨리고 無我의 公心을 갖게 되어, 천지만물이 자기와 하나가 되고, 온 나라 사람들이 한 집안 사람처럼 되며, 남의 아픔을 내 몸의 고통으로 절실히 느낄 수 있다는 것이다.

그러면 장재가 이러한 仁을 어떻게 이해했기에 物吾與也와 民吾同胞의 만물일체 혹은 동류의식의 근거가 될 수 있을까. 퇴계는 장재가 仁을 어떻게 이해했는지에 관해 다음과 같이 말한다.

> "이제 橫渠 또한 '仁이란 것이 비록 천지만물과 더불어 일체가 되는 것이긴 하지만, 반드시 자기가 근본이 되고 主宰가 되어 모름지기 남과 내가 한 이치로 얽혀 있다는 절실한 의미와 가슴에 가득한 측은한 마음이 두루 관철 유통되어 막힘이 없고, 그것이 어디에나 미치지 않는 데가 없음을 깨달아야만 비로소 이것이 仁의 실체이다'라고 생각했던 것입니다. 만약 이 이치를 알지 못하고 막연하게 천지만물이 그대로 仁이 된다고 하면, 이른바 仁의 體는 한없이 넓고 멀어서 나의 심신과 더불어 무슨 상관이 있겠습니까"27)

위의 퇴계의 견해에 의거하면, 장재에게 있어 仁은 반드시 자기가 근본이 되어 남과 내가 한 이치로 얽혀 있다는 유기적 일체 의식을 느끼는 것이었다. 즉 仁은 일체의 차별을 넘어 천지와 인간과 만물을 하나로 엮어주는 우주적 차원의 사랑이었다. 仁은 천지만물의 모든 곳에 두루 관통되어 있는

---

27) "今橫渠亦以爲仁者 雖與天地萬物爲一體, 然必先要從自己爲原本爲主宰, 仍須見得物我一理 相關親切意味. 與夫滿腔子惻隱之心, 貫徹流行, 無有壅閼, 無不周徧處, 方是仁之實體. 若不知此理, 而泛以天地萬物一體爲仁, 則所謂仁體者, 莽莽蕩蕩, 與吾身心, 有何于預哉." (『退溪先生文集』「西銘考證講義」卷之七)

것이었다. 하지만 우주본질로서의 仁은 일상생활 속에서 반드시 자신이 주체가 되어 실천적 선의지를 키워나갈 경우에만 자각되는 측은한 마음이었다. 만약 천지만물에 편재해 있는 仁을 자신의 내적 본질로 자각하기 위한 절실함이 전제되지 않을 경우에는 자신과 仁은 별개의 것으로 있게 되는 것이었다.

그러나 장재는 현상적으로 존재하는 차등성과 차별성의 측면을 간과할 수 없었다. 그는 다음의 두 가지 이유에서 본원적 동질성과 평등성의 측면에만 집착할 수 없었다. 첫째는 사상적 이유이다. 장재는 무조건적 兼愛를 주장하는 墨家類의 사상가가 아니라 유학자였다. 유학자로서의 장재에게 있어 항상 관심의 대상이 되는 것은 갈등하고 싸우는 현실 자체였다. 道家나 佛家처럼 현실을 떠나 자연과 탈세속 속에서 이상적으로 화해와 자비를 이야기할 수 없었다. 현실을 초월하고 벗어나 관념과 추상 속에서 관용과 용서의 인간학을 주창할 것이 아니라, 현실 속에 살면서 갈등의 인간학을 화해의 인간학으로 전환시킬 수 있도록 노력할 것을 말한다.

그는 갈등의 인간학을 화해의 인간학으로 전이시킬 수 있는 단초를 본래적 동등성과 현실적 차등성에서 찾는다. 만물은 본원적인 면에서 볼 때는 '太虛卽氣'의 응취에 의해서 태어났기에 가치의 차등이 없이 동등하지만, 현실적 차원에서는 엄연히 차등이 존재함이 인정되어져야 한다는 것이다.

> "무릇 만물은 모두가 이러한 성질을 가지고 있지만 通·蔽·開·塞으로 인하여 인간과 萬物의 차이가 있다. 가림의 두텁고 얇음으로 인하여 지혜롭고 어리석음의 차이가 있다. 막힌 것은 견고하여 열리지 않으며, 두터운 것은 열 수는 있지만 열기에 어려움이 있다. 얇은 것은 열기가 쉽다. 막힌 것이 열리면 天道에 이를 수 있으며 聖人과 같이 될

수 있다."[28)]

장재는 人性을 논함에 있어 인간도 애초부터 만물과 마찬가지였지만, 그 氣의 淸通함으로 인하여 만물의 주체가 될 수 있다고 보았다. 사람도 다른 만물과 같이 氣의 응취에 의하여 생성된 것이긴 하지만, 氣에는 현실적으로 偏正의 차이가 있어서 만물과 사람 사이에는 차등이 존재할 수밖에 없다는 것이다. 차등은 인간들 사이에도 마찬가지로 적용되어 인간 집단인 사회 내에서의 차별은 필연적으로 존재할 수밖에 없고, 여기서 갈등이 생기게 되며 갈등은 당연한 것으로 인정되어져야 한다. 현실 속에서의 철저한 차등의 인정을 통해 갈등 해결의 실마리를 찾아야 한다. 유가의 본령은 자연이나 탈세속에 있기보다는 사회적·세속적 인간 관계에 두어지고 그 현실은 자연과 탈세간에서 보이는 화해와 통합과는 거리가 먼 투쟁과 음모, 혼란과 갈등이 두드러지는 마당이다.[29)] 혼란과 갈등, 음모와 투쟁은 인간들 사이의 후천적 智愚之別·開塞之異·厚薄之差에서 비롯하는 것이다. 太虛 상태에서 본래적으로 같았던 同質의 氣가 응취의 경로를 통해 현상계의 구체적 만물로 태어나는 후천적 과정에서 발생되는 필연적 결과이다.

둘째는 현실적 이유였다. 장재는 이러한 民胞物與의 同類意識의 견지에서 본원적 同質性과 平等性을 언급하면서도 막상 인간 사회를 들여다 보았을 때 거기에 존재하는 현실적

28) "凡物莫不有是性, 由通蔽開塞, 所以有人物之別, 由蔽有厚薄, 故有智愚之別. 塞者牢不可開, 厚者可以開而開之也難, 薄者開之也易. 開則達于天道, 與聖人一." (『張子全書』「性理拾遺」卷十四)

29) 한형조, 『주희에서 정약용으로』, 82쪽.

차등성의 문제를 간과할 수 없었다. 즉 북송의 사회는 본체론적 차원에서의 만물 평등성 만으로는 해결되지 않는 신분제 사회의 부조리와 모순이 점차 강화되는 사회였다. 현상의 엄연한 신분계급의 차이와 그에 따른 토지 소유의 편차 등 차별성이 존재하고 있었다. 북송 사회가 당면했던 열악한 환경 속에서 백성들의 생활은 당연히 궁핍해 질 수밖에 없었으며, 그에 따라 그들은 생활상의 곤궁을 고스란히 감내해야만 되었다. 그로 인해 국가는 전체적으로 난국에 처하게 되고, 백성들이 국가의 질서를 깨뜨리고 사회적 불안을 야기시키는 악순환을 반복하게 되었다.30)

사실 현실 경영에 적극 참여한 북송 조정의 관리이자 학자로서의 장재는 新王朝가 지니고 있었던 국가 경영상의 난제를 자각하지 않을 수 없었으며, 또한 송대 대다수 신진 사대부 유학자들의 문제 의식과 실천 경향으로부터도 예외가 될 수 없었다. 오히려 현실에 기초한 명확한 유가적 정치이념을 지니고 그것의 실천에 적극 힘썼던 사상가였다. 그는 지주계급에 속하면서도 혁신파에 속한 사상가이다. 그는 어려서부터 사회 정치 문제에 대해 비상한 관심을 갖고 서하가 송나라의 변경을 강점하자 이에 관료 통치집단의 무사안일과 소극적 방침에 불만을 품고 일찌기 병법을 연마하기도 했으며, 관료지주 계급의 무제한적인 토지겸병을 반대하고 나라의 계획은 민생의 실제적인 문제 해결에 치중해야 한다고 주장하였다.

이와 같은 문제의식을 가졌던 장재는 본원적 평등성과 현상적 차등성의 조화를 氣一과 分殊의 有機的 구도에 의거해

30) 중국철학연구회 編著, 『중국의 사회 사상』, (형설출판사, 1993), 332쪽.

해결한다. 그것은 본체론적 차원의 평등성[氣一]과 현상론적 차원의 차등성[分殊] 중의 어느 한 쪽도 경시하지 않고 양자를 포괄하려는 전체적 조화로 나타난다. 이것은 본원적 측면에서의 民胞物與의 同類意識을 현실 사회에 구현시키려는 장재의 신념의 표출로 볼 수 있다. 즉 이것은 현실의 모든 사회적 관계가 어떻게 되어야만 하는가에 대한 그의 理想社會觀을 보여주는 것으로 생각된다.

장재가 추구하는 理想社會觀은 民胞物與의 同類意識에 근거한 民本社會의 실현으로 나타난다. 그러기 위해서는 德治를 우선하고 法治는 그 다음으로 본다. 즉 그는 民胞物與의 理想社會 실현을 위한 사회개혁의 중점을 德治에 의한 민본주의의 시행에 두고 있다.[31]

> "정치를 하는 데 있어 德으로서 하지 않을 경우 사람들이 잘 협조하지도 않을 뿐 아니라 수고롭기만 하다."[32]

> "정치를 할 때는 필히 자신이 몸소 먼저 그것을 부르짖으면서 그 수고로움을 아끼지 말고, 또한 거기에다 게으르지 않음도 더해야 한다."[33]

또한 장재는 利와 公의 구별을 중요하게 생각하여 그것을 小人과 君子에 대비시킨다. 君子나 小人 모두 利를 얻고자 하는 데 있어서는 동일하나, 추구하는 利의 성격은 서로 다르다는 것이다. 즉 小人은 私利 축적에 몰두하는 데 반하여 君子는 公利를 중시하는 점에서 서로 차이가 있다는 것이다.

---

31) 藤澤誠, 『中國의 思想家 下卷』, (동경대학 중국철학 연구실편, 1986), 480쪽.

32) "爲政不以德, 人不附且勞." (「正蒙·有司」)

33) "爲政必身倡之, 且不愛其勞, 又益之以不倦." (위와 같음)

> "소인은 자기를 사사로이 함으로써 다스려지지 못함에서 이익을 얻고, 군자는 사물을 공적으로 대함으로써 다스림에서 이익을 얻는다."34)

그는 세상의 모든 이익을 공적으로 처리하여 백성에게 공평하게 도움이 되면, 그것은 진정한 의미의 利라고 할 수 있다고 본다. 그러나 그 이익이 공명정대하게 처리되지 못하고 소수의 소인들에 의해 사사롭게 유용된다면 공동체에 폐해만을 가져올 뿐이라는 것이다. 잘 다스리고 못 다스리고는 利를 公的으로 처리하느냐, 私的으로 처리하느냐에 달려 있을 뿐이라는 것이다.

이처럼 그의 德治와 公利에 관한 생각에는 민본주의적 對民意識이 잘 나타나 있다. 그의 정치철학의 밑바탕에 드리워져 있는 민본주의적 대민의식은 바로 다음과 같은 몇 가지 爲民政治意識으로 구체화되어 드러난다.

첫째, 장재는 仁心에 기초해 聖人이 만든 法을 실천에 옮겨야 한다고 주장한다.

> "秦이 日令을 제정함에 반드시 선왕의 법을 근거로 해 조문을 만들었지만 실행에 옮기지는 못했다. '천승의 나라를 다스림에 일을 경건하게 하여 믿음을 사고, 쓰임새를 조절하며, 백성을 사랑하고, 백성을 때에 맞추어 부리라'했는데, 이것은 법의 차원을 넘어선다. 秦이 진실로 백성을 사랑하고 은혜롭게 여기는 마음을 가졌더라면 日令을 실행할 수 있었을 것이다. 한갓 법만을 실행하려고 하지 말고 모름지기 愛民의 마음을 가져야 한다. 그런 마음만 있고 법이 없으면, 즉 仁心과 仁聞만 있어도 선왕의 도를 실천할 수 없고 천하를 잘 다스릴 수도 없다."35)

---

34) "小人私己, 利於不治, 君子公物, 利於治." (위와 같음)

이 구절은 愛民할 수 있는 어진 마음[仁心]만 있고, 聖人의 成法이 없으면, 민본적 爲政을 펼칠 수 없고, 반대로 聖人의 成法만 있고, 愛民할 수 있는 어진 마음[仁心]이 없어도 역시 민본적 爲政을 행할 수 없음을 말한 것이다. 즉 仁心, 愛民精神, 成人의 成法이 모두 갖추어져야 德治에 입각한 유가적 민본주의를 제대로 실행할 수 있다고 파악한 것이다.

둘째, 장재는 민본적 위정의 핵심원칙으로 '人道及人'[인도가 백성에게 미치게 하라]을 제시한다.

> "仁道에는 근본이 있는 데 가까이 자기 자신을 비추어 다른 사람에게 미루어 미침이 그 방법이다. 널리 은혜를 베풀고 백성을 구제하여 그것을 천하로 넓혀가고 무궁하게 베풀고자 하면 반드시 성인의 재주를 지녀야 능히 그 도를 넓힐 수 있다."[36]

그는 유가의 전통적 仁政學說을 자신의 민본주의에 적극적으로 수용한다. 즉 仁德에 근본을 두는 정치는 모든 백성의 인심을 감화시킬 수 있으며, 人道로서 천하 백성들에게 널리 베풀고 그들로 하여금 人道를 개인 행동의 준칙으로 삼게 하면 천하의 국가와 백성의 삶은 화평해진다는 것이다.

셋째, 장재는 민본적 위정의 기본원칙으로 '足民'과 '均平'을 말한다.

---

35) "秦爲日令, 必取先王之法以成文字, 未必實行之. 道千乘之國, 敬事而信, 節用而愛人, 使民以時, 此皆法外之意. 秦苟有愛民爲惠之心方能行, 徒法不以行, 須實有其心也. 有其心而無其法, 則是雖有仁心仁聞, 不行先王之道, 不能爲政于天下." (『張子全書』「月令統」卷之八)

36) "仁道有本, 近譬諸身, 推以及人, 乃其方也. 必欲博施濟衆, 擴之天下, 施之無窮, 必有聖人之才, 能弘其道." (「正蒙·至當」)

"욕심은 부족함에서 생기니. 백성들은 도둑질을 한다. 무욕하게 하면 백성은 도둑질을 하지 않는다. …. 그러므로 위정자들이 백성들의 생활을 풍족하게 해주고 부족한 것을 메꾸어 준다면 지나친 욕심은 사라질 것이며, 도적도 없어질 것이다."[37)]

"가장 바람직한 治道는 均平이다."[38)]

장재는 이 같은 足民과 均平을 실현할 수 있는 구체적 제도로 정전제를 말한다. 井地를 통한 백성의 물질적 풍요로움과 차등적 均平의 문제를 해결하지 않고서는 민본적 爲政의 道가 제대로 실현될 수 없다고 보았다.

넷째, 장재의 爲政之道는 天下一家의 정치이념에 토대를 두고 있다. 그는 「西銘」에서 天地萬物을 하나의 봉건적 대가족으로 간주한다. 따라서 天地에 대하여 극진히 효도하고, 고령자를 존경하며, 孤弱한자에게 자애를 베풀고, 곤란자를 형제처럼 대할 것을 요구한다.

장재의 유가적 민본주의에 입각한 이 같은 對民的 爲民意識은 그의 變法사상에 포괄적으로 적용되어 나타난다. 그는 자신이 처해 있는 시기를 계급과 계급 간, 민족과 민족 간의 모순이 격렬해 지고 있는 시점으로 파악하고, 이 같은 사회적 모순을 해결할 수 있는 방도로 시대의 변화에 순응하는 길, 즉 "盡利之道"[39)]에 따라 變法을 추진할 수밖에 없다고 보았다. 북송이 건국된 이후 문신관료들은 북송이 채택한 중앙집

37) "欲生於不足, 則民盜, 能使無欲, 則民不爲盜. … 故爲政者在乎足民, 不見可欲, 而盜必息矣." (「正蒙·有司」)

38) "周道止是均平." (『張子全書』「周禮」 卷之四)

39) "盡利之道."『橫渠易說』「繫辭上」

권적 국가이념, 즉 대통일과 질서를 이룬 국가를 옹호한다. 그러나 중앙집권제 하에서 행정 효율성이 떨어지면서 국가체제의 위기에 봉착하게 된다[40]. 문신관료들은 이 같은 국가적 위기 현상을 두고 개혁 작업에 착수한다. 仁宗年間의 비교적 온건한 范仲淹(989~1052)의 개혁에 대해서는 모두 참여하였으나, 神宗年間의 급진적인 왕안석의 개혁안을 둘러싸고 신법당과 구법당의 두 집단으로 나뉘어져 대립하게 된다. 신법당은 국가위기의 근본 원인이 제도의 비효율성에 있다고 보고 제도 개혁을 단행하려 한다. 이에 비해 구법당은 제도가 문제가 아니라 그 제도를 운영하는 관료의 정신이 문제라고 보아 그 제도에 맞는 관리들의 이상적인 인격수양을 강조한다.[41] 이러한 논쟁의 소용돌이 속에서 장재는 낙양출신의 二程 형제와 더불어 도덕적 수양과 형이상학을 중시하면서 구법당의 이론정립에 몰두한다.

하지만 神宗年間의 왕안석 개혁안이 장재 개혁안과 출발점부터가 달랐던 것은 아니다. 두 사람 모두 자신의 정치철학의 기반을 전통 유가철학 특히 『周禮』의 정치이념에 두는 복고주의적 성향을 보인다. 북송의 국가적 위기를 타개하기 위해 神宗年間의 變法改革을 추진하는 데 있어 變法의 전형을 周代의 문물제도와 관료들의 도덕적 인격에서 구한다. 장재는 神宗年間의 왕안석의 개혁안에 대하여 적어도 원칙상에서는 同意의 입장을 보인다. 예를 들면 왕안석의 變法 중의 募役法에 대하여 다음과 같이 말했다.

---

40) 陳定宏, 『中國社會思想史』, 468쪽.

41) 손영식, 「북송신유학의 성립배경에 관하여」, (『인문논총』 3輯, 울산대학교, 1993), 8쪽.

> "世祿之家는 지금의 官戶와는 완전히 달랐다. 늙었거나 병들거나 가난하거나 賢하거나 能하거나 公事에 복무하는 자가 아니고서는 비록 世祿之家의 사람이라 하더라도 役을 결코 免할 수가 없었다."[42)]

이처럼 그는 募役法에 대하여 원칙적으로는 支持의 입장을 보인다. 나머지 市易法, 靑苗法, 保甲法에 관해서도 마찬가지로 동의를 표한다. 이민족의 침입, 중앙 집권하에서의 문신 관료들의 비능률과 부패, 필요 없는 관료와 군사수의 증가 등으로 인한 북송 왕조의 국가적 위기를 극복하는 데 있어 대대적 變法개혁을 단행하지 않으면 안 된다고 자각한 점에서는 대체로 의견이 서로 일치하고 있었던 셈이다.

그러나 장재는 變法改革을 해야 한다는 당위성의 일치로 인해 신법에 대하여 직접적 공격을 가하지 않고 중립적 태도를 취하기는 했으나, 그렇다고 하여 新法에 전적으로 동의를 표한 것은 아니었다. 그는 이러한 이유로 宋神宗과 왕안석의 두 차례에 걸친 관직천거를 병을 구실삼아 거절한다. 이후 그는 구법당에 속하는 개혁론자로서 왕안석의 신법적 개혁안에 대하여 비판을 개진함과 더불어 상이한 자신의 입장을 밝힌다.

첫째, 장재가 추구하는 變法改革의 이상은 왕안석과 본질적으로 달랐다. 왕안석은 공리주의적 관점에서 변법개혁을 단행하고자 하였다. 그의 최대 관심사는 재정, 국방, 경제, 및 기타 현실 문제 등의 經世的 분야였다. 이들 분야의 개혁을 공리주의적 시각에서 행하고자 하였다.[43)] 이에 장재는 神宗

---

42) "世祿之家幷不像今日之官戶, 只要不是老疾貧賢能服公事者, 雖世祿之家, 役必不免." (『張子全書』「周禮」卷之四)

年間의 왕안석의 개혁노선을 苟道라고 비판한다.[44] 그는 變法의 구체적 이상으로 정전제도와 봉건제도의 현실적 시행을 생각했다. 이를 통해 足民과 均平의 실현함과 동시에 북송의 국가적 위기를 타개하려 했었다.

그러나 왕안석은 정전과 봉건의 회복과 시행에 찬성하지 않았다. 그는 법을 통해서 중간에서 民을 착취하는 권세자의 겸병·수탈을 막고, 財物과 理材를 잘 관리하면 천하 백성의 삶을 풍족하게 할 수 있으며, 국가의 화평과 조화도 달성할 수 있다고 보았다. 즉 왕안석은 세계를 법에 의거해 통치되어야 하는 利害·功利의 場으로 보는 입장을 취하다 보니 정전과 봉건의 부활에 대해서 비판적 입장을 견지하게 되었다.

둘째, 장재는 변법개혁을 추진하되 왕안석처럼 공리주의적인 급진개혁[頓革]을 추진할 것이 아니라, 도덕적 인격수양을 통한 점진적 개혁[漸革]을 주장하였다. 그는 왕안석의 自上而下式[위로부터 아래로의 개혁]의 일방통행적 개혁에 반대했다. 왕안석은 功利的 法에 의거해 위로부터 아래로의 개혁을 단행하다보니 자연히 개혁의 범위가 대관료지주의 旣得利益에까지 미치게 되고, 급기야 그들의 강력한 반발에 부딪히게 된다. 장재는 왕안석의 급진적 개혁방식과는 달리 점진적 개혁을 주장하였다.

셋째, 장재는 變法을 단행하되 '善與人同'[다른 사람들과 더불어 같이 하는 것]의 정신에 입각해 추진해야 한다고 말한다. 북송시대의 사회현실은 그가 생각하는 爲政之道로부터 현격한 거리가 있다고 여겨졌다. 이에 그는 민본적 爲政之道

---

43) J.T.C. Liu(이범학 譯), 『왕안석과 개혁정책』, (지식산업사, 1991), 40쪽.

44) "爲政不法三代者, 終苟道也." (『宋史』「張載傳」)

가 실천되는 사회를 건설하기 위해서는 變法을 단행해야 한다고 보았다. 하지만 變法을 단행함에 있어 善與人同이라는 대원칙을 지켜야 한다고 보았다. 그는 『橫渠易說』에서 "움직여 반드시 義를 택하되, 사람들과 더불어 같이해야 한다"[45]라고 變法의 기조를 말한다. 일단 變法을 단행하되 여러 방면의 요구와 각종의 절차를 원만히 고려하여 점진적인 방법으로 행해야 함을 주장하는 것이다. 이 같은 未可遽行之[급하게 행하지 말고][46]와 不頓革之[갑자기 바꾸지 말고][47]의 원칙은 그의 제도적 변법을 단행하는 데 있어 근간이 된다.

그러면 장재는 이와 같은 變法改革의 원칙을 어떠한 제도의 시행을 통해서 실현하고자 했을까. 즉 본원적 평등성과 현상적 차등성이 잘 조화된 民胞物與의 民本社會를 구현하기 위해서 구체적으로 어떤 제도의 시행을 주장했을까. 그는 구체적으로 ① 井田制 ② 封建制 ③ 肉刑制의 회복을 제시한다.

첫째, 장재는 井田制의 시행을 주장했다. 그는 빈부의 불균형 문제를 사회적 위기의 심각한 원인으로 보았다. 그가 周代의 많은 문물제도 중에서 井田制의 復古를 특히 중요시 한 이유는 바로 토지 불균등이 초래한 빈부 불균등을 해결하는 데 있었다.[48] "빈부가 불균형하고 교육과 양육에 법도가 없으면 비록 잘 다스리고자 해도 그 모든 것들은 구차해질 뿐이다."[49] 그래서 이러한 빈부의 격차 해소를 위하여 구체적

---

45) "動必擇義, 善與人同." (『橫渠易說』「隨卦」)

46) "此未可遽行之." (『張子全書』「月令統」 卷之八)

47) "神而化之, 使民不知所以然, 運之無形以通其變, 不頓革之, 欲民宜之也." (『橫渠易說』「繫辭下」)

48) 張立文, 『宋明理學硏究』, (人民大學校 出版部, 1985), 191쪽.

49) "貧富不均, 敎養不法, 雖欲言治, 皆苟而已." (『張子全書』「行狀」 卷十五)

으로 제시하는 안이 '井田'의 시행이다.

> "천하를 다스리는 데 있어 井地로 말미암지 않으면, 끝내 공평함을 얻지 못한다. … 천하를 다스리는 방법은 반드시 이것으로부터 시작해야 한다. 오늘날 천하의 토지를 바둑판처럼 나누는 것은 사람들이 생각하는 養民의 근본이다.[50]

그는 북송의 국가적 위기 해소의 결정적 단서를 均平을 통한 利民과 足民에서 찾는다. 농민이 당시 국가재정의 수입과 지출의 7할 내지 8할을 담당하고 있는 상황에서 井田制를 통하여 농민의 납세, 납공, 부역 등의 대폭적 경감을 단행하지 않고서는 均平을 통한 足民의 민본적 爲政을 시행할 수 없었다. 그래서 夏·殷·周 三代의 法을 회복하는 데 있어 가장 우선적으로 井田을 시행할 것을 주장한다. 당시 농민들의 최대 염원은 균평한 토지분배에 의한 빈부평등을 이루어낼 수 있는 제도의 시행이었다. 井田制의 부활을 통해 일부 과다하게 토지를 소유한 지주로부터 토지를 환수해 농민들에게 나누어 줌으로써 均平과 足民을 이루려 했던 것이다.

장재가 이처럼 井田制를 주장한 본질적 의도는 周代의 사회제도를 그대로 복고하자는 것은 아니다. 그는 당시 대지주 관료들의 토지 겸병에 따라 빈부 불균형의 문제가 심각한 사회문제로 대두되자 그것을 해결할 수 있는 제도적 방안으로 정전제를 제시하였다. 일단 먼저 토지를 모두 거둬들여 국유화한 다음 백성들에게 토지를 균등히 배분하여 그들로 하여금 경작케 한다. 그에 따라 백성들의 생산 의욕도 고취시킬

---

50) "治天下不由井地, 終無由得平, … 治天下之術必自此始. 今以天下之土棊畫分布, 人一方養民之本也." (『張子全書』「周禮」卷之四)

수 있고, 또한 국가의 재정 수입도 증가시킬 수 있게 됨으로써 동시에 국가 사회적 문제를 해결하려 하였다.

장재의 정전제 실시 주장에 대해서 張立文은 다음과 같은 평가를 내린다.[51] 그의 정전제 주장은 그가 지향하는 이상사회의 성격을 드러내 보여주는 것으로 그의 진정한 목적은 토지의 균평한 분배를 고려한 것이지 결코 영주경제의 복권을 위한 이론을 제시하려는 것이 아니다. 그가 주장하는 정전제의 실제내용은 토지의 점유방식을 바꾸는 것이지 봉건적 토지 점유 제도 자체를 바꾸는 것이 아니다. 다만 봉건 토지 제도하에서 토지 점유의 불균등이 초래한 계급간의 모순을 해결하려는 차원에서 봉건지주들의 과다한 토지 점유율의 조정을 시도한 것에 불과하다. 바로 이러한 점이 그가 주장하는 정전제의 한계점이기도 하다.

둘째, 장재는 封建制의 실시를 주장하였다. 그는 봉건제를 정전제 발전의 필연적 결과로 파악한다. "井田이 결국 封建制로 歸着됨은 정해진 일이다."[52] 그는 정전제 시행이 봉건제 회복의 선행조건이 되며, 봉건제의 시행으로 정전제는 더욱 공고하게 된다고 본다. 정전제의 시행을 통해 계단식 영지 분봉제도가 어느 정도 정착되고 나면, 자연적으로 영주중심의 봉건주의 경제체제로 넘어가게 된다고 보고 봉건제 復古의 필요성을 주장한다.

> "봉건제를 필요로 하는 이유로 天下의 일을 간략하게 나누게 되면 정미하게 다스릴 수 있으나 간략하게 나누지 아니하면 정미하게 할 수 없다. 그러므로 성인은 반드시 天

---

51) 張立文, 『宋明理學硏究』, 189쪽.

52) "井田卒歸於封建, 乃定." (『張子全書』「周禮」 卷之四)

下를 사람들에게 나누어주는 데, 일마다 다스려지지 않은 적이 없다."[53]

북송조정은 중앙집권제 하에서, 불필요한 官員의 증가와 쓸데없는 지출 등으로 행정효율의 부패현상이 일어나게 되면서 그 비용이 고스란히 농민들에게 떠맡겨지게 되었다. 관료지주의 과다한 토지점유와 그로 인한 부의 불균등 등으로 계급과 계급간의 모순이 격화되고 있는 시점에서 농민에 대한 이 같은 부담의 전이는 북송왕조의 국가적 위기현상을 더욱 심화시키는 결과를 초래하게 되었다. 따라서 天下의 일을 한 곳으로 집중시키기보다는 나누어 통치하는 것이 북송의 중앙집권관료체제가 야기한 국가적 위기를 해결할 수 있는 첩경으로 본 것이다. 이런 이유로 그는 중앙집권적 군주제 하에서의 分封制를 시행할 것을 주장한다. 말하자면 중앙집권적 골격은 그대로 유지하되 分封制를 통해 과도한 중앙집권체제가 가져온 폐해를 극복하여 농민에 대한 부담을 덜어주는 것이 민포물여의 민본주의적 爲政의 자세라고 본 것이다.

셋째, 장재는 肉刑制의 부활과 시행을 제시한다. 肉刑이라는 형벌은 사람의 四肢나 살, 피부, 근육 등을 절단하고 찢는 형벌이다. 이 형벌은 원래 노예주가 노예를 통제할 때 썼던 극히 잔혹한 형벌로 夏나라 시대에 시작된 것이다. 그러나 역사발전, 사회진보 특히 노예제의 붕괴와 봉건제의 수립에 따라 육형제는 거의 사라졌다. 그러나 북송시대에 들어 死刑의 무분별한 집행이 자행되자 장재는 이에 반대하여 육형제의 復古를 주장한다.

---

53) "所以必要封建者, 天下事之分得簡則治之精, 不簡則不精. 故聖人必以天下分之於人則事無不治者." (위와 같음)

> "肉刑은 死刑과 같은 효과를 낼 수 있다. 지금 큰 형벌을 받아야 할 죄인 중에 舊主에 傷害를 가한자는 사형에 처하고, 군인으로서 도주한 사람도 사형에 처한다. 이제 이 같은 사형제는 발을 끊는 육형제로 대신해도 같은 효과를 발할 수 있다. 저 죄인들은 다행스럽게도 사형을 면할 수 있으며, 사람들은 육형을 받은 자들을 보고 감히 죄를 범하지 않게 된다. 지금 어떤 망령된 사람이 왕왕 죽음을 가볍게 여길 경우 발을 자르게 하면 반드시 두려워하게 될 것이다. 이것 역시 仁術이라 할 수 있다."[54]

장재는 사형이 뚜렷한 기준도 없이 빈번하게 행하여지는 현실을 보고, 진정 백성을 위하는 민본적 위정이 어떠한 것인지를 생각하게 된다. 토지의 불균등, 과다한 세금, 빈부의 불균형, 이민족의 침입, 중앙집권으로 인한 행정의 비효율 등 일반 백성의 생활에 폐해만을 가져오는 요인들이 산적해 있는 현실을 직시하면서 사형을 무분별하게 집행하는 것이 과연 利民인가를 생각하게 된다. 그 답은 사형보다는 육형이 낫다는 쪽으로 기울게 된다. 사형과 같은 효과를 발휘할 수 있다면 육형을 시행하는 것이 훨씬 낫다고 생각한 것이다. 이에 周代의 肉刑制의 복고가 利民의 仁術이라고 본 것이다.

이처럼 장재는 '民胞物與'의 민본적 인륜공동체를 구호만으로 외친 것이 아니라 위의 3가지 구체적 제도의 시행을 통해서 실현하고자 하였다. 그러면 정전, 봉건, 육형 삼자는 어떠한 관계를 맺고 있을까. 장재는 삼자의 긴밀한 관계를 역설한다.

---

54) "肉刑有可用於死刑. 今大僻之罪, 且如傷舊主者死, 軍人犯逃走亦死, 今且以此比刖足, 彼亦自幸得免死, 人觀之更不敢犯. 今之妄人, 往往輕視其死, 使之刖足, 亦必懼矣, 此亦仁術." (『張子全書』「周禮」卷之四)

> "정전은 실시하고 봉건을 시행하지 않는 것은 양육은 하면서 교육을 시키지 않는 것과 같다. 봉건을 시행하고 정전을 실시하지 않는 것은 교육은 시키면서 양육을 하지지 않는 것과 같다. 封建·井田은 시행하면서 肉刑을 시행하지 않는 것은 교육과 양육에는 신경을 쓰면서 부리지 않는 것과 같다. 그런데 이 세 가지는 급하게 시행해서는 안 된다."[55]

북송대에 접어들면서 대외적으로 이민족의 침입이 잦아지는 가운데 국내적으로는 관료지주계급의 토지 사유제를 통한 농민에 대한 착취가 장기간에 걸쳐 恣行됨으로써 농민과 관료지주 계급사이에 첨예한 갈등과 충돌현상이 일어나게 되었다. 농민과 지주계급간의 긴장과 충돌은 봉건국가의 유지기반을 토대로부터 흔들어 놓게 된다. 왜냐하면 중앙집권적 봉건국가는 농민으로부터의 재정수입, 부역노동, 그리고 병역의무를 기반으로 하여 유지·기능하는 집단인데, 농민들이 중앙집권적 봉건왕조에 대한 이 같은 의무를 제대로 이행하지 않음으로 해서, 봉건왕조체제는 위로부터 動搖하게 되고, 그에 따라 자연히 그 하위집단인 一家一姓도 무너지게 되었기 때문이다. 따라서 북송왕조의 이같은 심각한 국가사회적 문제를 目睹한 장재는 盡利之道에 따라 變法을 통한 사회개혁을 생각하게 된다. 그는 變法을 통해 북송의 국가적 위기를 해결할 수 있는 바람직한 전형을 周代의 문물제도에서 찾아야 한다고 보고, 정치 제도로 封建制를, 경제 제도로 井田制를, 사회 제도로 宗法制를, 형벌 제도로 肉刑制의 復古[56]를 주장한

---

55) "井田而不封建猶能養而不能教. 封建而不井田猶能教而不能養. 封建井田而不肉刑猶能教 養而不能使, 此未可遽行之." (『張子全書』「性理拾遺」卷十四)

것이다. 周代社會에로의 復古는 이 같은 문물제도의 一體的 시행에 의해 달성될 수 있으며, 이러한 復古的 시행을 통해 북송사회의 당면문제를 해결할 수 있다고 보았다.

그런데 장재가 이와 같이 變法改革을 주장했던 궁극적 목적은 본원적 평등성과 현상적 차별성의 조화를 통해 민본사회를 건설하고자 하는 데 있었던 것으로 보인다. 장재에게 있어서 民心은 특별한 의미를 지닌다. "하늘에는 마음이 없으니 마음은 모두 인간의 마음일 뿐이다. 한 개인의 사사로운 생각은 진실로 완벽하다고 하기에는 부족하고 여러 사람의 마음에 이르러 한결 같으면 의리라 할 수 있으니, 이것이 곧 하늘의 뜻이다. 그러므로 '하늘이 말한다'라고 하는 것은 백성의 뜻이 모두 그러하다는 말이다."[57] 이 구절에서 장재는 유학자로서의 민본 의식을 확연히 드러낸다. 특히 그런 가운데서도 이런 민본의식을 봉건 사회론과 관련시킬 때 다음과 같은 중요한 사실이 부각된다. 즉 봉건 사회론이 인간 관계의 사회계급적 신분 관계에 중점을 두는 차별성을 강조한다면 민본의식은 氣로 합일된 모든 인간의 평등성을 강조하기에 지배계급의 전횡을 막을 수 있는 보호막 역할을 한다는 점이다.

그는 氣一分殊論的 宇宙 本體論 입각해 본체론적 수준에서의 평등성과 현상론적 수준에서의 차등성 가운데 어느 쪽도 경시할 수가 없었던 것으로 보인다. 이 점은 理先氣後를 주장해 理의 본체세계를 氣의 현상세계보다 우위에 둘려는 程朱學의 입장과 다른 점이다. 요컨대 한편으로 宇宙 本體로부터

56) 陳定宏, 『中國社會思想史』, 468쪽.

57) "天無心, 心都在人心. 一人私見固不足盡, 至于衆人之心同一則却是義理, 總之則却是天, 故曰天曰帝者, 皆民之情然也." (『張子全書』「詩書」 卷之四)

품수한 氣의 通·蔽·開·塞의 정도에 따라 人物의 구별이 존재하게 되고, 智愚의 차이 존재하게 된다는 점을 인정할 수밖에 없으면서도, 또 다른 한편으로는 모든 인간은 氣一로 연결되어 있다는 同類意識의 평등성 측면을 포기할 수가 없었다. 그는 氣一分殊論的 자연 철학을 인간의 사회 현상에 적용시켜, 인간의 후천적 신분의 차등성[分殊]과 선천적 本體의 평등성[氣一]의 양쪽을 제한적 수준에서 조화시키려 했던 것이다.

장재는 이러한 과제를 해결할 수 있는 제도적 방안으로 앞에서 살폈던 봉건제, 정전제, 육형제 그리고 다음에서 논할 종법제의 시행을 말한다. 이러한 그의 노력은 宇宙 本體論에 의거해 封建制와 井田制 그리고 宗法制의 합리성을 논증하려는 것으로 나타난다.[58] 井田制, 封建制, 宗法制의 실시의 주장으로 대표되는 장재의 사회 개혁론은 바로 이러한 평등성과 차별성의 관계에서 차별성에 비중이 기울어진 북송 문벌귀족 중심의 중앙 집권 체제의 폐단에 대한 비판 의식의 發露로 볼 수 있다. 물론 이 세 가지 제도가 張立文,[59] 程宜山,[60] 張岱年 등의 유물론적 경향의 학자들이 주장하는 것처럼 봉건 윤리의 기초 위에서 관료대지주 계급의 통치를 강화시키는 측면을 가지고 있다. 하지만 장재가 계급과 시대의 제약을 받고 있는 가운데에서도 그러한 제도의 시행을 통해 본원적 평등성과 현실적 차등성의 문제를 우주 본체론과의 연계 속에서 조망한 점은 상당히 개혁적인 성향으로 평가할 수 있을 것이다. 이러한 점은 다음의 학자들의 주장에 의해서 충분히 지지된다. 陳正炎은 장재의 정전제의 핵심은 均平을 이

58) 陳定宏, 『中國社會思想史』, 461쪽.

59) 張立文, 『宋明理學硏究』, 194쪽.

60) 程宜山, 『張載哲學的系統分析』, (學林出版社, 1989), 102쪽.

루는 데 있으며 均은 均田을 뜻하는 것으로 구체적으로는 一戶가 100무의 토지를 균등히 보유함을 말하고, 平은 곧 평등의 의미로서 사람과 사람간의 평등한 관계를 말하는 것이다. 농민들이 각자 100무의 田을 보유하면, 그들의 경제적 기반은 완전히 평등해짐으로 인간관계 면에서도 서로 평등하게 대할 수 있는 조건을 구비하게 된다는 것이다.[61] 曺德本은 장재가 井田을 주장한 것은 주대 사회를 회복하자는 것이 아니며 당시 관료 지주들의 토지 겸병에 따른 빈부 불균형의 해결을 통해 사회적 인간관계의 차등성과 동등성의 문제를 해결하고자 한 것으로 파악한다.[62] 또한 陳正炎은 종법제의 경우 國君과 宰相의 자리가 宗法에 의하여 그 宗子가 세습되는 것이긴 하지만, 백성과 형제처럼 친하고 특수한 존재가 아니기 때문에 백성에게 초경제적인 강제를 하지 않는다는 것이다. 이러한 점은 宗法이 불평등과 억압의 측면만을 지니고 있는 것이 아니라 인도주의 정신을 동시에 함유하고 있다고 주장하는 楊適의 견해에 의해서도 뒷받침된다.[63] 그리고 陳正炎은 봉건제의 실시 목적은 역사의 수레를 거꾸로 돌려 영주경제로 돌아가자는 것이 아니라 생산 자료인 토지 공유제를 토대로 하여 공평하고 합리적인 사회를 실현하는데 있다고 말한다.[64]

요컨대 북송은 건국 초기를 지나면서 권력이 너무 중앙으로 집중되자 행정의 비효율성, 중앙관료의 부패, 귀족들의 토지 과다한 겸병 등 사회의 각 영역에서 심각한 문제를 노정

---

61) 陳正炎(이성규 譯), 『중국의 유토피아 사상』, 297쪽.
62) 曺德本(김덕균 譯), 『중국 봉건사회의 정치사상』, (동녘, 1990), 111쪽.
63) 楊適(노승현 譯), 『동서인간론의 충돌』, (백의, 1997), 66쪽.
64) 陳正炎, 『중국의 유토피아사상』, 289쪽.

시키게 되고, 이러한 노정의 결과는 백성들의 삶에 직·간접으로 심대한 부정적 영향을 끼쳐 생활을 도탄에 빠뜨린다. 이러한 국가 경영은 장재 자신의 氣一分殊論的 자연관에 입각한 정치관에 비추어 볼 때 바람직한 방향이 아니었다. 爲政者들이 氣一的 평등성의 측면인 民本과 足民의 문제를 너무 등한시했다고 느꼈다. 그의 사회 개혁론은 이러한 氣一的 평등성에 입각해 分殊的 차등성을 시정하려는 의도에서 출발하고 있다. 왜냐하면 장재는 氣중심적 본체론자로서 추상적인 사변적 理의 세계에 대한 관념적인 논쟁보다도 氣의 세계에서 발생하는 현실 문제의 해결이 무엇보다 중요했기 때문이다. 당시의 혼란된 사회 질서와 기강을 바로잡아 국가의 사회적 통합력 혹은 응집력을 회복시켜야 했다. 백성들로 하여금 불가나 도가의 사상적 영향권으로부터 벗어나게 함으로써 현실적 인문세계에 관한 정체성과 가치성을 인식하도록 했다. 불가나 도가와는 달리 현실의 모든 것에 대한 긍정적 의식을 형성시키고 현실의 추상화, 사변화, 관념화의 폐단으로부터 탈피하여 질서, 윤리, 도덕, 인륜 그리고 이에 기반한 현실적 정체성을 형성시키기 위해 '太虛卽氣'論의 입장을 취할 수 밖에 없었다. 그는 이를 통해 본원적 평등성과 현상적 차등성을 조화시킬 수 있는 길을 모색하고 현실적 모순과 악순환을 해결하고자 했던 것이다.

3. 宗法과 禮制 중시의 인륜 공동체

지금까지 장재가 인륜정신의 구현이라는 실천적 과제에 대하여 어떠한 견해를 지녔는가 하는 점을 개인적 修己의 차원과 사회적 治人의 차원으로 나누어 고찰하였다. 이제 그가 궁극적으로 희구했던 공동체는 어떠한 성격의 국가였을까 하는 점을 살펴보지 않을 수 없다. 왜냐하면 장재에게 있어 개인적 修己의 문제는 사회적 治人의 차원을 거쳐 兩者를 포괄하는 국가적 차원으로 확대되는 일관적 유기성을 지니기 때문이다. 그런데 장재가 궁극적으로 바랬던 국가는 자연적 친애의 인륜[天道]과 현실적 차별의 인륜[人道]이 조화된 도덕 공동체였다. 楊適은 宗法이 현실적 차별의 인륜과 자연적 친애의 인륜을 조화시킬 수 있는 이유로 종법 인륜의 이중적 성격을 지적한다.[65] 즉 자연적이면서도 인위적이고, 삼엄한 계급적 성격을 보이면서도 단결과 화목을 강조하며, 인간을 존비상하의 명분에 근거하여 대립시킴과 동시에 친애의 감정에 따라 결합시킨다는 것이다. 그리고 이러한 성격의 종법 인륜은 중국의 오랜 역사 속에서 사회제도와 백성들의 가치관에 스며들었기에 서주에서 청나라 말기까지의 사회는 종법제 사회라고 단언한다. 그러므로 중국 인륜·도덕의 역사에서 종법 인륜이 점하는 이러한 비중에 비춰볼 때 장재가 宗子之法과 禮制의 시행을 통해 도가의 탈사회적 인륜과 불가의 탈세속적 인륜의 폐해를 극복하고 유가적 인륜 공동체를 건설하려 했음을 확인할 수 있을 것이다.

그러면 우선 장재 宗子之法의 기원인 周代 宗法制에 대해서 살펴보기로 하자. 중국 문화의 흐름 속에서 周代가 대단히 큰 비중을 차지하는 것은 당시에 정비되고 확립된 여러 가지 제도와 文物들이 후대에 많은 영향을 끼쳤기 때문이다. 宗法制 역시 周代에 확고하게 성립된 제도로서 그 사회를

65) 楊適, 『동서인간론의 충돌』, 66쪽.

특징 지우는 가장 중요한 제도 중의 하나이다. 또한 그것은 후대에 전해졌을 뿐만 아니라 주변 국가에까지 전파되어 근세에 이르기까지 비교적 충실하게 지켜짐으로써 중국은 물론 동양 전통 사회를 특징 지우는 제도의 하나로서 인식되어지고 있다.66)

宗法 제도의 기원에 대해서는 학자들마다 각자 의견이 조금씩 다르다. 몇 명의 학자들의 견해를 고찰해 보면 다음과 같다. 李震의 『三代宗法社會的起源與發展』에서는 "대체로 요·순·우 시대에 생겨나서 商代 사람들에 의해 계승되고 周나라 초기에 극성했다가 東周 시기에 쇠퇴하였다"67)라고 말하고, 李宗侗의 『中國 古代 社會史』에서는 "大小宗 제도가 반드시 周代에 시작된 것이라 볼 수 없다. 아마도 그보다 훨씬 이전에 이루어진 것 같다"68)라고 하며, 丁山의 『宗法 考源』에서는 "종법 제도의 시작은 周나라가 아니고 殷나라 초기 혹은 그 이전이었을 것이다"69)라고 말한다. 이상의 학자들의 견해를 종합해 볼 때 종법 제도가 사회의 확고한 체계로서의 지위를 확보하지는 못했지만 그 기원 면에서 이야기하면 周나라 이전부터 실시되고 있었음을 알 수 있다. 이러한 점에 대하여, 金庠基는 『中國 古代史綱』에서 "殷대의 씨족적인 兄亡弟及의 相續制가 은말에 이르러 부자 계승의 제도로 가족 제

66) 문지성, 「周代 宗法 制度의 시행 범위에 관한 연구」, (『인문 과학 논문집』, 통권17호, 대전대학교 인문과학연구소), 45쪽.

67) 李震, 『三代宗法社會的起源與發展』, (中國歷史學會史學集刊 第八期), 89쪽 : "大抵始興於堯舜 禹時代, 商人繼之, 而盛於周初, 衰於東周."

68) 李宗侗, 『中國古代社會史』, (中華文化出版事業委員會), 104쪽 : "大宗小宗制度, 不必始自周代, 似應興自遠古."

69) 丁山, 『宗法考源』, (中央硏究院歷史言語硏究所集刊 第四冊), 211쪽 : "宗法起源不始宗周, 當在有 殷之際, 或其前也".

도의 변천이 진행되는 무렵, 농업의 선진족인 주족의 진출로 말미암아 가족 제도로 크게 발전되어 소위 종법 사회가 나타나게 되었다"[70]고 말한다.

周代 이전부터 형성되기 시작해 周代의 封建制度 확립과 더불어 확고한 체계를 형성했던 宗法 制度는 春秋 시대 이후 封建 制度가 점차적으로 무너져 世爵·世祿制가 폐지되고 秦漢 이후로 郡縣 制度가 확립되자 그 立脚處를 상실하여 한낱 古制로 전락하고 만다.[71] 그러나 송대에 들어오면 그 동안의 상황과는 달리 朱子學의 성립과 더불어 종법 제도는 새롭게 사회의 중핵으로 부상한다. 송대의 세계관, 인간관, 인륜관의 확립에 중요한 因子로 영향을 미치게 된다. 당말 안록산의 난을 필두로 시작된 혼란은 吐蕃·遼·西夏·金 등과 같은 이민족의 침입으로 더욱 거세어지다가, 종국에는 金나라의 침략으로 1127년에 수도 卞京을 함락당하는 靖康의 變을 당하여 北宋을 포기하고 양자강 이남의 臨安을 수도로 하여 다시 南宋을 세우는 치욕적인 일을 당한다. 이러한 일련의 굴욕적 사건들은 당시 정치 담당자로서 등장한 사대부 계층의 민족 의식을 각성시킨다. 한족 지식층을 대표하는 사대부 계급은 자신들의 국가와 민족이 왜 오랑캐족의 침략을 받을 수밖에 없었는가에 대해서 다시금 역사, 철학적 반성을 한다. 그들은 자신들을 에워싸고 있는 세계와 宇宙 그리고 자연 및 인간에 대하여 새로운 해석을 가하지 않고서는 안되겠다는 강한 사명 의식에 젖는다. 그 영향으로 그들은 중국의 전통 유학을 새롭게 해석하여 정립한 신유학을 토대로 세계와 인간을 다

70) 金庠基, 『中國古代史綱』, (普文閣, 1973), 53쪽.
71) 김두헌, 『한국 가족 제도 연구』, (서울대학교 출판부, 1980), 87쪽.

양한 시각에서 파악하고자 한다.

사실 수당 시대를 거치면서 대다수의 백성들이 道家와 佛家에 경도되다 보니 의식 자체가 상당히 자연주의화 내지 탈세간화의 경향을 많이 보였다. 이에 따라 자연적으로 현실의 문제에 대해서는 둔감해 지고 오랑캐의 침입에 속수무책일 수밖에 없었다. 사대부들은 이러한 현실적 상황에 직면하자,세속과 현실을 중시하는 인문주의 사상인 유학에 관심을 가질 수밖에 없었다. 따라서 그들은 중국의 전통 유학에 관심을 돌리게 되고, 그것의 재해석을 통하여 新儒學을 정립한다. 사상이 현실과 유리된 것이 아니라면 신유학 역시 현실의 맥락으로부터 떨어질 수 없을 것이다. 즉 신유학은 현실의 절박한 요구로 인하여 생겨나게 된 것이다. 그 현실의 요구는 북송이 직면한 문제를 풀어 나아가는 데 적합한 우주관과 세계관, 그리고 자연관 및 인간관의 확립이었다. 사대부들은 탈세간적이고 자연주의적인 道家와 佛家를 대신해 현실적이며 역사적인 당면 과제의 해결에 유용한 사상체계의 확립을 간구하였다.

따라서 장재를 비롯한 송대의 사대부 출신 新儒學者들은 이러한 현실 요구 앞에 人性, 天理, 理氣을 따지고, 삼강오륜의 의리와 명분을 이야기하면서, 고대 유학의 正統을 받들어 발전적으로 해석한다. 따라서 정통을 계승하려고 하면 유학에서 이상으로 여기는 周代의 宗法 제도를 재해석하여 천명하지 않을 수 없었다. 그에 따라서 宗法 제도는 사대부 신유학자들에 의해 새롭게 해석되어 받아들여지고, 그들의 宇宙와 自然과 人間에 대한 해석에 절대적 영향을 미친다.

유학자들에게 있어 周代의 문물과 제도는 항상 이념적 전형의 구실을 한다. 周代는 ①封建制 ②宗法制 ③井田制에 의

하여 유지·발전되었던 사회다. 대체적으로 중국 정치 사상의 특징을 지적할 때 宗法 사상에 바탕을 둔 封建 제도를 많이 이야기한다. 전면에 드러나 국가를 직접 운영하는 실체는 봉건 제도였고, 이 봉건 제도를 밑바탕에서 실질적으로 뒷받침해 준 것은 종법 제도라는 것이다. 역사적으로 볼 때 봉건 제도는 周代에 와서 확립되었으므로 주대 사람들은 가족 승계 제도인 宗法思想을 정치의 영역으로 확대시켜 천하를 하나로 가족화 한 셈이다. 고대 씨족 사회에서 盟長的 위치에 머물렀던 王은 周代 封建체제 확립과 宗法 사상의 정치화에 따라 그 지위가 자연히 국가와 가정의 大宗으로 격상된다. 말하자면 가족과 종족간의 위계 질서였던 宗法制度가 봉건 제도와 결부되어 국가 사회 조직의 운영 원리를 뒷받침하는 토대가 된다. 따라서 周代 중국 사회에서 종법 제도와 봉건 제도는 정치적, 윤리적 표리 관계에 놓이게 된다.

따라서 周代를 모범적 전형으로 삼고 있는 장재에게 있어 주대 사회 제도의 부활, 특히 그 중에서도 종법제의 재시행의 주장은 당연한 것이었다. 그러면 장재가 종법제의 회복을 통해 이루고자 했던 목표는 무엇이었을까. 물론 그것은 종법 제도를 근간으로 삼아 현실에 몸을 담고 살아가는 유가적 인륜 공동체의 건설이었다. 道家는 物化를 주장함으로써 현실적 인륜 세계는 방치 상태에 놓이게 된다. 불교는 해탈을 통해 열반을 몸소 체험하고자 한다. 해탈을 바라는 동기는 원초적으로 세간의 일체 현상을 무상한 것으로 보게 만든다. 무상하기 때문에 고통스럽고 그 가운데에서도 가장 큰 것은 生死의 문제이다. 그 解脫은 생사 문제를 마음에 두고 이루어지고 있는 것이다. 이런 무상 세계관은 유가의 현실 중심적 세계관과는 상당히 상반되는 가치관이다.[72]

이에 비해 유학은 인간끼리의 이상적인 삶을 현실 공간에서 실현하고자 하는 인생관과 세계관의 대체계이다. 그것은 生死, 生滅, 成壞 등을 주로 문제삼는 佛家는 달리, 生生, 生成, 始終을 중시한다. 즉 죽음 자체에 치중하는 것이 아니라, 죽을 때 무엇을 이루었느냐, 또는 사는 동안 무엇을 추구했느냐를 문제 삼는다. 그런데 이러한 유가적 삶의 가치는 宗法의 테두리 내에서 추구되고, 실현될 수 있는 것이었다.

장재 역시 유가적 인륜·도덕을 최상의 가치로 여겼으며, 그러한 가치를 현실적 제도 속에서 구현시키고자 하였다. 이런 장재에게 있어 周代의 宗法制은 유가적 인륜를 실현하는 데에 적합한 사회적 제도의 이상적 전형으로 보였다. 宗法的 사회는 현세 중심의 유학적 삶의 공간이요, 인륜·도덕 구현의 실제적 무대로 파악되었던 것이다. 그는 구체적 사실과 실증으로 이루어지는 세계를 관념적 이상과 추상에 의해서 영위되는 佛家的 세계에만 맡길 수 없다고 자각한 것이다. 이런 연유로 그는 宗法의 복고와 현실적 시행을 강력히 주장한다. 이에 장재는 宗法과 譜牒의 필요성을 다음과 같이 주장한다.

> "천하의 人心을 통섭하며 종족을 거두고 풍속을 돈독히 하여 사람으로 하여금 근본을 잊지 않도록 하기 위해서는 모름지기 譜系世族을 명백히 하고 宗子法을 세워야 한다. 宗法이 서지 않으면 사람들이 계통의 유래를 세울 수 없다. 옛 사람들 중에는 계통의 유래를 알지 못하는 자가 거의 없었다. 宗子法은 폐지되었지만 후세에 보첩을 숭상하여 오히려 그 유풍이 남아 있는 데, 보첩 또한 폐지한다면 사람들은 계통의 유래처를 알지 못하게 될 것이다. 백년된 가문의 골육에도 계통이 없어져서 비록 매우 가까운 친척

72) 유인희, 『주자 철학과 중국 철학』, (범학사, 1984), 78쪽.

이라도 恩情 또한 엷어질 것이다."[73]

위에서 알 수 있는 바와 같이 장재는 북송 사회가 도덕적으로 무질서하게 된 많은 원인들 가운데서 그 대표적 하나로 宗法의 붕괴를 들고 있다. 인륜질서의 근간이었던 가족과 종족의 계통이 무너짐으로써 사회 전체의 도덕 기풍이 문란하게 되었다는 것이다. 그러므로 천하의 민심을 수습하고, 무너진 풍속을 바로 잡기 위해서 우선 시급한 과제가 宗法의 회복이었던 것이다. 宗法의 회복에 의해 가정과 사회의 계통적 질서가 바로 잡히면, 그에 따라 국가의 기강도 반듯하게 서게 되고, 또한 국가 공동체 전체의 도덕적 해이와 풍속의 타락도 치유될 수 있다고 본 것이다.

장재 학문의 중요한 과제 중 하나는 유학에 입각한 도덕적 인간학의 수립이었다. 유학의 인간관에서 현실을 떠난 인간이란 있을 수 없다. 유학 자체가 철저한 현실 중심주의 철학이고 현실에서 살아가는 인간의 삶에 대한 철학적 해석 체계이기 때문에 현실 범주를 벗어난 인간은 유학 자체 내에서는 있을 수 없다. 여기서 말하는 현실의 범주는 바로 종법 사회 체제를 의미하며, 장재의 사상에서 모든 인간은 종법 사회 제도를 근간으로 해서 삶을 영위하는 존재로 파악되었다. 세계는 하나의 총체성의 것으로 이러한 총체성의 세계 속에서 대자적 구성물인 제도와 즉자적 존재인 인간은 불가분의 관계를 맺을 수밖에 없기 때문에 유가적 인간관은 종법 사회 제

73) "管攝天下人心, 收宗族, 厚風俗, 使人不忘本, 須是明譜系世族, 與立宗子法. 宗法不立則人不立統系來處. 古人亦鮮有不知來處者. 宗子法廢, 後世尙譜牒, 猶有遺風, 譜牒又廢, 人家不知來處, 百年之家骨肉無統. 雖至親恩亦薄." (『張子全書』「宗法」卷之四)

도와 필연적 상호 규정의 관계 속에 놓일 수밖에 없다.

그는 이러한 周代 宗法制度가 가져올 수 있는 긍정적 효과에 주목하고 이 제도의 부활을 주장한 것이다. 그는 宗法 制度를 현실 지향적인 인문주의적 특성을 잘 구현하고 있는 제도로 보았다. 따라서 前代가 남긴 불가와 도가의 탈세간적 경향·물화 중심적 자연주의 경향의 폐해를 걷어 낼 수 있는 실질적 제도로 파악한 것이다. 그는 바로 이 宗法 제도의 부활을 통해 '太虛卽氣'論에서 상정하고 있었던 현실 지향적인 유가적 인간 삶의 모습을 구체적 제도 속에서 드러내 보이려 하였다. 그가 생각한 인간은 바로 宗法 체계 내에서의 인간을 지향하고 있었으며, 현실의 인륜 관계를 제도화 한 宗法 制度 체계 내에서 삶을 영위하는 인간을 상정하고 있었다. 장재에게 있어 세계는 엄연히 인문적 공간으로 존재하며 거기에서 일어나는 모든 좋고 나쁜 일은 무조건 부정될 것이 아니라 肯定과 止揚을 통해 삶 공간의 필수 불가결한 구성 요소로 간주되어야 했던 것이다. 이러한 당면 과제를 해결하기 위한 방도로서 禮制와 宗法의 현실적 존재 가치를 강조한다.

우선 장재의 宗子之法에 대한 견해를 살펴보면 다음과 같다.

> "宗子의 法이 서지 않으면 조정에는 世臣이 없어질 것이다. 또한 公卿이 하루 아침에 빈천한 가정에서 우뚝 솟아 나와 公相에 이를 것이다. 宗法이 서지 않으면 죽은 이후에는 마침내 가족들이 흩어져 그 집안이 이어지지 못할 것이다. 宗法이 서면 사람마다 각기 계통의 유래를 알게 되어 조정에는 크게 이익이 있을 것이다. 혹자는 조정에 무슨 이익이 있겠는가라고 물을 것이지만, 公卿은 제 각기 그 집안을 보존할 것이요, 忠義인들 어찌 서지 않겠는가. 忠義가 이미 서게 되면 조정의 근본 또한 어찌 단단해 지

> 지 않겠는가. 오늘날 갑작스럽게 부귀를 얻은 사람은 단지 삼사십년의 계획에 그친다. 한 구역에 집을 지어 소유 하다가 그가 죽으면 여러 자식들이 각기 분열되고 얼마 되지 않아 완전히 흩어져 마침내 집안이 없어진다. 이와 같이 되면 집안도 보존할 수 없는데 어떻게 국가를 보존할 수 있겠는가."[74]

위에서와 같이 장재는 宗子之法을 왕조시대 중심으로서의 계통과 질서를 확립하고 유지하는 데 있어 근간으로 삼고 있음을 알 수 있다. 宗으로서의 嫡子의식을 견고히 하는 宗法의 근본 원리에 따라 구성원간에 유기적 일체 관계를 맺으면서 궁극적으로는 전체적 조화를 지향한다. 그러므로 宗法의 계통이 서지 않으면 이러한 조화는 무너지게 되며, 그에 따라 국가와 사회의 공동체의 운영도 어려움에 처하게 된다. 왜냐하면 국가 경영의 제도적 토대인 宗子之法이 현실적으로 제 기능을 다하지 못함으로 해서 그 하위에 있는 공동체 구성원간의 유기적 관계 역시 모두 붕괴되기 때문이다.

또한 장재는 宗法 공동체의 삶에 있어 유가적 禮制의 실천을 중요시하여 유가의 고대 예의제도 회복을 적극적으로 주장하였다. 이에 그는 자신의 言行 動止를 예의 규범에 부합되도록 힘썼으며 제자에게는 長幼에 대한 예절을 가르쳤고 출가하지 않은 딸까지도 제사에 참여시켜 일상의 예의 규범을 익히게 하는 데 힘썼다.[75] 특히 그 중에서도 喪葬家祭의 古禮

---

74) "宗子之法不立則朝廷無世臣, 且如公卿一日崛起於貧賤之中, 以至公相, 宗法不立, 旣死遂族散其家不傳. 宗法若立則人人各知來處, 朝廷大有所益, 或問朝廷何所益, 公卿各保其家, 忠義豈有不立, 忠義旣立, 朝廷之本, 豈有不固. 今驟得富貴者, 止能爲三四十年之計. 造宅一區, 及其所有, 旣死則衆子分裂, 未幾蕩盡則家遂不存, 如此則家且不能保, 又安能保國家." (위와 같음)

를 회복하는데 진력을 기울였다. 이러한 점은 다음과 같은 그의 行狀에서 확인할 수 있다.

> "근세의 喪祭禮에 법도가 없다. 喪에는 오로지 삼년을 다해야 하고, 일년 喪 이하에는 일찍이 상복의 변화가 없었는 데, 선조에 제사지내는 의례는 하나같이 流俗의 차서를 따라서, 상차림에도 근엄함이 없다. 그런데 선생이 일년 또는 그 미만의 喪을 계속 당함에 그 상복을 비로소 차려입었는 데 輕重을 禮와 같이 하였다. 집안의 祭에서 四時의 薦을 행함에 반드시 정성과 청결함을 극진히 다하였다. 이에 전해들은 자들은 처음에 혹 의심하기도 하고 비웃기도 하였으나 마침내는 믿고 따라서 한결같이 옛 것에 변해 따르는 자가 매우 많았으니, 이는 모두 선생이 주창한 것이다."[76]

이처럼 장재는 당시 쇠퇴했던 喪祭의 家祀를 정립하는 데 있어서 중심적 역할을 다했던 것으로 보인다. 나아가 그는 일상적인 생활 속에서도 사람들에게 감화를 주고 있었으니, 몸소 關中 지역의 풍속과 예제의 日新을 위해 몸소 직접 실천의 모범을 보였던 것이다.[77] 橫渠鎭은 關中 지방에서도 험난한 지역에 속했으며 또한 그의 가정 역시 부유한 편이 못되어 척박한 전토 수백이랑으로 겨우 생계를 이어가는 편이었

75) "非其義也, 不敢以一毫及之, 其家童子必灑掃應對, 給侍長者女子之未嫁者, 必使親祭祀, 納酒漿皆所以養孫弟, 就成德." (『張子全書』「行狀」卷十五)

76) "近世喪祭無法, 喪惟致降三年, 自期以下, 未始有衰麻之變, 祭先之禮, 一用流俗節序, 燕褻不嚴. 先生繼遭期功之喪, 始治喪服, 輕重如禮. 家祭始行四時之薦, 必盡誠潔, 聞者始或疑笑, 終乃信而從之, 一變從古者甚衆, 皆先生倡之." (위와 같음)

77) "其治家接物, 大要正己以感人, 人未之信反躬自治, 不以語人, 雖未諭, 安行而無悔, 故識與不識聞風而畏." (위와 같음)

지만 종법 공동체에서의 유가적 예제의 구현을 끝내 포기하지 않고 실천에 힘썼다. 熙寧 9년 呂大防은 장재를 조정에 추천하여 불러들이려 했을 때 그에겐 신병이 있었다. 하지만 그는 '내가 병을 핑계삼아 이 번 길을 사양하지 않는 것은 어진 임금을 만날 수 있으리라는 기대 때문이다'고 하여 병든 몸을 이끌고 서울을 찾아가 知太常禮院을 제수받았다. 禮院에 재직시 어떤 사람이 관혼상제의 禮의 실행을 건의하자 조정에서 이를 실행토록 禮管에 조칙을 내렸다. 이 때 禮管들이 고금의 풍속이 다르다는 이유로 이의 실행을 거부하였으나 장재만은 실행될 수 있다는 확신을 가지고 반대자를 향하여 유생이요 박사로서 마땅한 처사가 아니라고 꾸짖었다.[78]

장재는 이처럼 종법 공동체가 지향해야할 바람직한 삶의 이상적 상태를 유가적 古禮의 회복과 실천에서 찾았다. 당시 세태에 관한 그의 자세는 불가와 도가의 탈세속적 가치관이나 물화적 도덕관 혹은 풍속이 유가의 그것에 끼쳤던 영향에 대한 비판의식의 발로로 봐도 무방하다. 당시 유교는 하나의 체계적 학문으로서 無聲·無臭·無方·無體의 본체를 말하면서도 현상의 仁義를 앞세우고 經世를 강조하고 있었으나, 불교와 도교는 생사문제에만 집중하여 發心하고 출가하여 오로지 세상 떠나는 것을 강조하거나 長生不死에만 경도되어 헛된 의례와 미신에 빠져들었다. 장재에게 있어 당시 지배층으로부터 일반 백성에 이르기까지 만연해 있던 불가와 도가의 부정적 세태는 공동체의 바람직한 삶을 위협하는 심각한 문제로 비쳤다. 따라서 그에게 있어 유가적 삶의 중핵인 宗法 공

78) "公卿聞風慕之, 然未有深先生者, 以所欲言嘗試于人, 多未之信, 會有言者, 欲講行冠婚喪祭之禮, 詔下禮官, 禮官安習故常以古今異俗爲說. 先生獨以爲可行, 且謂稱不可非儒生博士所宜, 衆莫能奪. (위와 같음)

동체와 禮制에 따르는 삶의 회복은 필수적이었다.

장재는 宗法과 禮制에 따르는 공동체적 삶은 봉건제라는 정치제도의 뒷받침 없이는 불가능하다고 보고 이에 封建制의 필요성을 역설한다. 宗法 制度와 封建 制度는 상호 표리적 관계에 있다는 것이다. 어느 한 쪽만으로는 제기능을 다할 수 없으며 성립 기반마저 무너지고 만다. 그는 이에 周禮를 전형으로 삼아 경제 제도로 정전제를, 정치 제도로 봉건제를, 사회 제도로 宗法制를 주창해 三者를 不可分의 一體 관계로 만든다. 즉 그는 三者 不可分의 一體 관계를 통해 정치의 윤리화를 시도한다.[79] 그는 인류 사회 전체를 하나의 宗法的 家族으로 보았으며, 이러한 政治의 倫理化를 통해서 봉건 제도의 합리성과 필요의 정당성을 도출해내려 한다. 이 점에 대하여 장재는 다음과 같이 주장한다.

> "성인은 법을 세우는 데 있어 반드시 후세의 자손을 생각한 나머지 주공에게 중추를 담당케 하였다. 비록 그는 천하의 政事를 관장했지만, 다스리는 데에 있어서는 세밀하게 하였다. 후세의 사람이 어찌 이같이 행할 수 있겠는가. 또한 천하를 통치하는 자가 어떻게 천하의 모든 일을 몸소 다할 수 있겠는가. 지금 봉건제로 바꾸고 어질지 못한 자를 추방한다고 하여 무슨 해가 있겠는가. 어찌 천하의 勢를 가지고서 일백 리의 국가도 바르게 하지 못하여 제후들이 서로 결탁해서 천하를 어지럽게 하도록 하는가. 조정이 스스로 잘 다스리지 못한 데에서 기인한 것이 아니라면 어떻게 이처럼 될 수 있겠는가. 그럼에도 후세의 사람들이 秦代에 봉건제를 시행하지 않은 것을 잘한 처사라 말하는 데, 이것은 성인의 뜻을 깊이 알지 못한 것이다."[80]

---

79) 陳定宏,『中國 社會 思想史』, 468쪽.

80) "聖人立法, 必計後世子孫, 使周公當軸, 雖攬天下之政, 治之必精, 後世安得如此, 且爲天下者奚爲紛紛必親天下之事. 今便封建, 不肖者復逐之有何

위에서 장재는 宗法에 바탕을 둔 사회체제를 원활하게 운영하기 위해서는 봉건제가 꼭 필요한 것으로 보고 있다. 왕이 천하의 정사를 집행하되 세밀하게 해야되지만, 그에게 주어진 일이 많기 때문에 혼자 힘으로는 꼼꼼하게 챙기지 못한다는 것이다. 즉 군주 중심의 중앙집권적 체제하에서는 국가 통치의 일의 범위가 너무 넓기 때문에 군주 개인의 힘만으로는 다 처리하지 못한다는 것이다. 따라서 진정한 의미의 爲民의 정치를 시행하기가 어렵다고 본 것이다. 북송이 당면한 현실적 문제, 즉 제후들이 서로 결탁해서 천하의 혼란과 무질서를 조장할 수 있는 것도 바로 여기서 비롯되었다고 생각했다. 따라서 그는 宗法을 근간으로 하는 민본사회의 건설을 위해서는 분봉제가 필요하다고 주장한다. 분봉제를 시행하게 되면 왕과 봉건 영주 간의 유기적 관계를 통해 國事를 훨씬 효율적으로 관리할 수 있게 되고, 이를 토대로 이상적 민본정치의 실현 가능성도 제고시킬 수 있다고 본 것이다.

장재는 宗法 공동체에서의 禮制에 따른 이 같은 이상적 삶의 모습을 「西銘」에서 아래와 같이 사실적으로 서술하고 있다. 장재는 天人一物의 구도와 天地人 三位一體의 이념적 토대 위에서 宗法 인륜 공동체의 정당성과 타당성을 역설한다. 이 점에 대하여 그는 다음과 같이 언급한다.

> "乾을 아버지라 부르고, 坤을 어머니라 부른다. 나 이 조그만 몸이 그 가운데 처해 있도다. 그러므로 天地 사이에 가득 차 있는 것은 나의 형체가 되었고, 天地를 이끄는 것은 나의 本性이 되었다. 백성은 나의 동포요, 만물은 나의

害. 豈有以天下之勢, 不能正一百里之國, 使諸侯得以交結以亂天下, 自非朝廷大不能治, 安得如此, 而後世乃謂秦不封建爲得策, 此不知聖人之意." (『張子全書』「周禮」卷之四)

동료이다. 천자는 나의 부모의 宗子요, 大臣은 종자의 家相이다. 나이 많은 이를 높이는 것은 천지가 낳은 어른을 어른으로 대접하는 것이요, 외롭고 약한 이를 불쌍히 여기는 것은 그 어린이를 어린이로 대하는 것이다. 성인은 천지와 덕을 합한 사람이요, 현인은 빼어난 사람이다. 천하의 파리하고 병든 사람, 고아와 자식없는 노인, 홀아비와 과부는 모두 다 내 형제 가운데 어려움을 당하여 호소할 데 없는 자이다."[81]

이 발언은 기본적으로 엄밀한 차별성 속에서 宗을 중심으로 이루어지는 天·地·人간의 질서와 조화를 잘 보여주고 있다. 그는 기본적으로 차별성을 하나의 질서로 보고 宗法的 질서를 天理라고 말한다. "天子가 나라를 건국하는 것은 天理이며, 諸侯가 宗을 세우는 것 역시 天理다."[82] 宗法의 체계는 하나의 河流의 主流나 나무의 몸통과 같아서 나머지 모든 傍系의 支流나 가지들은 주류나 몸통을 근간으로 하는 엄밀한 질서관계 속에서 인륜 도덕을 실현하는 것이 최선의 삶이라고 본 것이다. 퇴계는 「西銘考證講義」에서 宗法的 질서관계를 다음과 같이 도표로 설명하고 있다.

---

81) "乾稱父, 坤稱母, 予玆藐焉, 乃混然中處, 故天地之塞, 吾其體, 天地之帥, 吾其性. 民吾同胞, 物吾與也, 大君者吾父母宗子, 其大臣, 宗子之家相也, 存高年, 所以長其長, 慈孤弱, 所以幼其幼. 聖其合德, 賢其秀也. 凡天下疲癃殘疾惸獨鰥寡, 皆吾兄弟之顚連, 而無告者也." (『張子全書』「西銘」卷之一)

82) "天子建國, 諸侯建宗, 亦天理也." (『張子全書』「宗法」卷之四)

제후(諸侯)	제후(諸侯)	대대로 제후가 된다(世世爲諸侯)				
	별자(別子)	대종계별(大宗繼別)	백세불천(百世不遷)			
		고조(高祖)				고조를 계승하는 작은 종손[繼高祖小宗]
			증조(曾祖)			증조를 계승하는 작은 종손[繼曾祖小宗]
				조(祖)		조(祖)를 계승하는 작은 종손[繼祖小宗]
					이(禰)	아버지를 계승하는 작은 종가[繼禰小宗]
						자신은 오종(五宗)을 섬긴다. 대종이 없으면 사종(四宗)을 섬긴다[身事五宗無大宗則事四宗]

이러한 宗法的 질서 관계를 무시하고 자연주의화와 탈세간화를 주창하는 인간관과 세계관 그리고 가치관으로는 북송 왕조가 당면한 수많은 현실적 과제를 해결할 수 없다고 생각한 것이다. 그의 氣 중심적 宇宙 本體論에 의하면 현상의 사회에서 일어나는 모든 일과 사건은 氣의 작용에 의해서 형성된 것이다. 즉 장재가 말하는 하늘은 자연을 가리키며, 인간은 이러한 자연계의 일부분이고 天과 人은 合一관계를 이루어 氣로 통일되어 있다고 본다. 따라서 인간의 氣는 하늘의 氣에서 기원하고, 인간의 道는 하늘의 道에서 기원하며, 인간

의 理致는 하늘의 理致에서 기원하게 된다. 따라서 하늘의 이치에 따라 질서 지워진 宗法의 질서는 인간이 따라야 할 당위적 인륜 규범이라는 것이다.

「西銘」에서의 장재의 이 같은 논급에 대하여 주희는 다음과 같이 설명한다.

> "대개 乾으로서 父를 삼고 坤으로서 母를 삼는 것은 생명을 가진 종류로서 그렇지 않은 것이 없다. 이것이 소위 理一이다. 그러나 사람과 만물이 태어남에 혈맥의 족속들은 각각 그 어버이를 어버이로하고 그 자식을 자식으로 하는 것이니 그 分이 어찌 다르지 않겠느냐. 一統이면서 萬殊이니 비록 天下 國家가 一家이고, 中國 사람들이 一人이어도 兼愛의 폐단에 흐르지 않는 것이요, 萬殊이면서 一貫이니 비록 친소의 情이 다르고 귀천의 등급이 다르더라도 나만 위하는 私에 梏梏되지 않는다. 이것이 「西銘」의 큰 뜻이다."[83]

주희는 위의 구절에서 理一分殊의 논리를 주장하고 있다. 그런데 理一分殊의 구조를 분석해 볼 경우, 위[天]에서 아래로 보면 理一로부터 分殊로 分化하는 과정이고, 아래에서 위[大宗·小宗]로 보면 分殊로부터 理一로 收斂되는 분열과 통합의 유기적 일체 관계를 이루고 있음을 알 수 있다. 이점에 대하여 봉건 제도와 관련해 주목해야 하는 점은 理一分殊의 有機的 宗法 關係가 평등한 有機的 一體 關係가 아니라 엄밀히 말해 질서 지워진 관계라는 것이다. 여기에는 유가적 계급 내지 계급 차별관이 투영되어 있다. 같은 선조를 근본으로 하여

83) "蓋以乾爲父坤爲母, 有生之類無物不然所謂理一也, 而人物之生血脈之屬, 各親其親各子其子, 則其分亦安得而不殊哉, 一統而萬殊, 則雖天下一家中國一人, 而不流於兼愛之蔽, 萬殊而一貫則雖親疎異情貴賤異等, 而不梏於爲我之私, 此西銘之大旨也." (『張子全書』「西銘」 朱子注 卷之一)

태어났다 하더라도 근간이 되는 宗子가 있고, 지엽에 해당되는 衆子가 있어서 각각의 역할에 제한을 두어 등급에 따라 할 수 있는 일과 할 수 없는 일에 대한 분명한 한계를 설정해 놓았다. 유학에서 이러한 인위적 한계 설정은 그 자체 내에서는 묵가나 도가와는 달리 너무나 자연스런 구조로, 宗法制度는 이러한 구조의 이론적 토대가 된다고 볼 수 있겠다. 가족간의 윤리 질서 관계의 표상인 宗法 制度가 국가의 정치 제도인 封建 制度와 연결됨으로써 유가 철학은 정치 윤리적 성격을 강하게 띠게 된다.

그러면 장재가 宗法과 禮制에 기반한 인륜공동체의 구현을 통해 이루고자 했던 목적은 무엇일까. 그 목적은 유기체적 우주의 이치가 인간 공동체의 인륜질서로 실현된 국가 공동체를 건설하는 것이었다. 이를 위해 장재는 종법적인 공동체적 삶의 정당성을 우주질서 위에다 근거지운다. 즉 그는 우주적 질서를 사회 공동체에서의 仁의 도덕적 이념으로 확보하고, 그리고 그 仁의 이념을 禮로서 구현하고자 한다. 그는 사랑을 베푸는 데 있어서 어버이로부터 시작해야 한다는 유가적인 仁의 실천을 이야기한다. 이 점에 대하여 그는

> "夷子(墨子)가 사랑에는 차등이 없다고 한 것은 틀린 것이다. 베품에 있어서는 어버이로부터 출발한다고 했으니 사랑을 베푸는 데 있어서도 본래 어버이로부터 시작해야만 한다. 맹자의 설은 사랑에 차등이 없다고 한 것을 반박한 것이다"84)

---

84) "夷子謂愛無差等, 非也. 謂施由親始, 卽是愛固由親始矣. 孟子之說, 闢其無差等也." (『張載集』「張子語錄·語錄上」)

라고 하여 묵자를 비판한다. 이것은 그가 仁의 실천에 있어 묵가처럼 무차별적인 사랑을 주장하지는 않았음을 반증하는 것이다. 장재의 기일원적 우주론에 의거할 경우 인간을 포함한 만물은 太虛一氣의 산물인 동시에 太虛의 본질을 똑 같이 품부한 존재이다. 따라서 본원적으로 볼 때 만물은 모두 평등하고 동등한 존재이다. 바로 이러한 점 때문에 장재는 民胞物與와 民吾同胞에 근거한 兼愛를 말하기도 했다. 그러나 장재의 兼愛는 묵가적 의미에서의 兼愛는 아니었다. 그는 송명의 신유학들과 마찬가지로 유가 고유의 差等的 愛의 원칙을 포기하지 않았다. 그는 종법제의 주장의 타당성을 바로 여기에 두었다. 그는 仁의 이념을 종법 공동체 속에서 禮의 절차를 통해 구현되어야 할 것으로 보았던 것이다. 앞에서 논의했던 것처럼 禮는 현실의 신분질서, 혈연적 친소 등에 근거한 도덕적 규범을 의미하는 것이다. 장재는 바로 이러한 성격의 禮에 의거해 仁을 실천해야 한다고 주장한다. 이것은 장재가 현실 속의 혈연관계와 신분질서에 기초한 도덕규범을 넘어서는 보편적 사랑의 실천을 주장한 것은 아니었음을 보여주는 것이다.85)

요컨대 장재가 궁극적으로 꿈꾸었던 세계는 본체론적 평등성과 현상적 차등성이 잘 조화된 太和의 인륜 공동체 였다. 그는 이러한 이념을 종법제, 봉건제, 정전제, 육형제 등 구체적 제도의 시행을 통해 이루수 있다고 생각했다. 그리고 위에서 논했던 것처럼 그는 그러한 이상을 「西銘」에서 사실적으로 그렸다.

85) 박경환, 「張載의 氣論的 天人合一思想 研究」, 151쪽.

제7장

장재 인륜사상의 도덕교육적 의의

본 7장에서는 장재의 인륜사상을 현재의 시점에서 그 존재가치를 평가할 때 어떤 현대 윤리교육적 의의를 가질 수 있을까 하는 점을 살펴볼 순서이다. 물론 그의 인륜사상이 당시의 현실적 맥락 속에서 맹아·형성·발전된 것이기 때문에 현대적 시각에서 그 의의를 논하는 데에는 많은 제약이 있을 수 밖에 없다. 그러나 그러한 제약으로 인해 장재 인륜사상으로부터 현대적 존재의미를 모색해내려는 작업을 전적으로 포기할 수는 없는 것이다. 그 이유는 시간적 공간적 한계를 넘어서 通時空間的으로 활용만한 인륜도덕의 보편적 혹은 항상적 측면이 존재하기 때문이다. 예를 들면 인간성의 至善性에 대한 믿음은 동서고금의 시공간적 차이에 따라 그 실천의 형태가 약간씩 다른 양상으로 나타나지만, 결코 경솔하게 다루어지지 않았다는 점이다. 또한 비록 국가의 형태와 주권의 소재가 군주국가와 민주국가, 그리고 임금과 국민으로 변화되었지만 인륜사상의 형태론 중시적 측면을 탈피하여 내용적 영역을 주목한다면 과거가 과거로 끝나는 것이 아니라 지금에

도 유익한 인륜도덕사상으로 남을 수 있을 것이다. 따라서 그러한 인륜사상의 보편적 측면, 즉 시공간적 차이에 의하여 좌우될 수 없는 특성이 현대 윤리교육에 어떠한 의의를 지닐 수 있는가 하는 점을 평가적 관점에서 살펴보고자 한다.

1. 유학적 도덕관과 한국 도덕교육론의 비판적 검토

유학적 덕목이 현대 한국인의 가치관 형성과 가치판단에 있어 중요한 역할을 하고 있음에도 불구하고 윤리·도덕 교과를 통한 학생들의 도덕교육에서 그에 합당한 효과를 내지 못하고 있는 이유는 무엇일까? 사실 전통도덕 중에서도 한국인의 가치관 형성에 가장 지대한 영향을 미친 것은 유교사상이며 또한 현재에도 지속적으로 영향을 미치고 있다. 김태길은 "한국의 전통적 도덕관념은 유교사상의 지배적 영향을 받고 형성되었다. 불교의 영향도 있었고 한국 고유의 가치관도 영향을 미쳤으나 대체로 말하면 유교의 사상을 줄거리로 삼고 다른 요소들이 이에 가미됨으로써 한국적인 도덕관념의 전통이 세워졌다고 보아서 틀림없을 것이다"[1]라고 주장한다. 그리고 이러한 유교적 도덕관은 도덕·윤리과 교육과정에 유학적 도덕교육론으로 수용된다. 이러한 점에서 유학적 가치 덕목과 도덕교육론은 서양의 도덕교육론에 비해 한층 더 현실적실성을 지닐 수 있을 것이다. 왜냐하면 학생들이 현실 생활 속에서 선악시비판단에 따라 행동을 함에 있어 도덕·윤리 교과서를 통해 배운 서양 시민윤리보다는 전통적 가치로부터

---

1) 김태길, 『새로운 가치관의 지향』, 민중서관, 1975, p. 126.

보다 직접적인 영향을 받기 때문이다. 비록 서양의 현대 도덕교육론이 유학적 도덕교육론에 비해 이론적 엄밀성, 논리성 면에서 비교 우위를 점한다할지라도 현실 적실성의 면에서는 학생들의 실제 가치판단과 어느 정도 괴리가 있음이 사실이다. 이렇게 볼 때 유학적 도덕교육론은 당위적으로는 아직도 효용 가치가 충분히 있다고 본다. 하지만 실제적으로는 현대 서양 도덕교육론에 비해 하향 평가되고 있는데 그 이유는 무엇일까? 그것은 아마도 유학적 도덕교육론이 전통적 접근 방식에 집착한데서 비롯된 것은 아닐까 한다.

현재 한국 도덕교육론은 전통도덕에 바탕을 둔 도덕교육론과 서양 시민윤리에 바탕을 둔 도덕교육론이 내용의 중핵을 이루고 있다. 그것은 제7차 교육과정의 목표에서도 분명히 나타난다. "①한국인으로서 바람직한 삶을 살아가는데 필요한 도덕규범과 예절을 익히고 ②일상생활 속에서 부딪히는 도덕적 문제를 바람직하고 합리적으로 해결할 수 있는 판단능력을 기르게 한다"[2)] 그런데 학생들은 이 두 가지 도덕교육론의 이론적 토대의 상이함으로 인해 상당한 혼란을 겪고 있는 것 같다. 그 결과 학생들은 혼선을 겪은 것도 사실이다. 기성세대에 비해 현재의 학생들은 서구의 개인주의적 도덕관의 영향을 많이 받고 있다. 그러므로 학생들의 가치의식 중에는 기성세대의 德중심적 시비선악관으로는 쉽게 판단할 수 없는 행위들이 많다. 기성세대의 내용 중심의 덕목론적 시각에서 볼 때 비행으로 보이는 많은 행위들이 현세대의 개인주의적 가치관의 견지에서는 충분히 이해되고 또한 사회적으로

2) 정세구 외, 『제7차 초 · 중 · 고등학교 도덕과 교육과정 개정의 기본 방향』, 1997, p. 39.

도 적법한 행위로 판단되는 것들이 많다. 이처럼 전통적 도덕관의 지배적 영향하에 있는 기성세대의 덕 중심적 도덕관과 개인주의적 가치관의 영향하에 있는 현세대의 원리 중심의 형식주의적 도덕관이 충돌을 일으킬 때 학생들은 상당한 도덕적 갈등을 겪는 경우를 가정, 학교, 사회 등에서 쉽게 발견할 수 있다. 그것은 덕목 중심적 도덕교육론과 원리 중심적 도덕교육론의 맹목적 통합에서 비롯되는 것이 아닌가 한다. 전통도덕은 주로 유교 윤리설에 바탕을 둔 도덕관이며, 서양의 시민 윤리는 칸트의 형식주의적 윤리설에 바탕을 둔 도덕관이다. 이에 유학적 도덕교육론은 덕을 내면화시키는 방향으로 나가게 되었으며, 서양 현대 도덕교육론은 형식과 원리 중심의 도덕성 발달이론에 치중하게 되었다. 그리고 현대 한국의 도덕교육론은 서양 현대 도덕교육론을 받아들여 전통적 유학도덕 교육론과 더불어 양대 축으로 삼는다. 그런데 양자의 이러한 무비판적 통합은 윤리·도덕교과를 통한 교육의 효율성 저하의 한 원인으로 작용했을 것으로 보인다.

목영해는 이러한 갈등과 효율성 저하를 치유할 수도 있고, 또한 한국적 상황에도 맞는 통합적 도덕교육론의 방향으로 유학적 도덕교육론과 서양 현대 도덕교육론의 통합을 말한다. "도덕교육론으로서의 완전성과 도덕교육활동의 좀 더 적절한 이론적 모체가 되기 위해서는 도덕적 행위 중심의 유학적 도덕교육론과 도덕적 지식 중심의 신주지주의적 도덕교육론을 통합하는 것이 바람직할 것이다."[3] 물론 필자도 원칙적으로는 그의 의견에 동의한다. 하지만 그에 앞서 유학적 도덕

3) 목영해, "퇴계와 칸트 도덕관의 교육론적 탐구", 부산대학교 박사학위논문, 1994, p. 85.

교육론을 무조건 덕과 행위 중심의 교육론으로만 볼 것이 아니라 원리와 형식의 관점에서 해석될 소지는 없는가 하는 점을 고찰할 필요가 있다고 본다. 그렇게 함으로써 유학적 도덕교육론을 덕 중심적 교육론으로만 보아 온 데서 비롯된 한계점이 무엇인가를 파악할 수 있게 될 것이며, 또한 윤리·도덕과 교과교육에서 유학적 도덕교육론의 위상과 효용성을 제고할 수 있을 것으로 생각된다.

현대 한국 도덕교육론은 칸트의 도덕관에 기반을 둔 Kohlberg의 인지주의적 도덕성 발달이론에 주로 근거하고 있다. 그는 인지 발달론에서 인간의 도덕성이 보편적 과정을 거쳐 단계적으로 발달한다는 전제하에, 도덕교육을 통해 이 발달을 자극시켜야 한다고 주장한다. 즉 도덕교육을 도덕적 상황에 처한 학습자가 관련된 윤리기준이나 도덕규범을 성찰하여 정확한 판단을 내릴 수 있는 도덕적 사고 및 판단능력을 길러주는 일로 본다. 이러한 도덕교육론은 제5차 교육과정 때부터 윤리·도덕과 교육과정을 편성하는데 도덕 철학적 기축이 되어왔으며, 도덕윤리 교육관계 논문의 이론적 토대로서 인정되고 있다. 현행 중등학교 도덕교과서에는 바로 이러한 관점에서 교육과정을 구성했다고 밝힌다. "도덕은 우리가 선하고 악한 것, 바르고 그른 것을 판단하는 기준을 제시해주며, 이와 관련되는 상황에서 우리들의 생각이나 행동을 결정하는 기준이 된다. 따라서 도덕은 우리가 올바른 인간관계를 맺는 기준이 되며 사회질서를 유지하는 규범이 되기도 한다."[4)]

---

4) 교육부, 『중학교 도덕과 교육과정 해설서』, 대한교과서 주식회사, 1994, p. 6.

이들이 비판의 대표적 표적으로 삼는 것은 내용 중심의 덕목론적 도덕교육론이다. 제6차 중학교 도덕과 교육과정 해설서에서는 도덕교육과정 개편의 당위성을 해설하면서 유학적 도덕교육론을 포함한 기존의 덕목 중심적 도덕교육론을 비판하고, 그 대안으로 칸트의 도덕관을 계승한 신주지주의 도덕교육론을 제시한다. "① 덕목의 수용이나 권위의 존중에 역점을 두었던 종래의 도덕과 교육을 가급적 지양하고 ② 가치갈등 사태를 제시하여 학생들이 스스로 가치판단과 가치결정의 경험을 가지게 하는 탐구교육의 방향으로 방향전환을 모색하게 되었다. … 도덕적 문제를 바람직하게 합리적으로 해결할 수 있는 도덕적 판단능력과 가치선택 능력을 키우기 위한 새로운 접근법이 필요하게 된 것이다."[5] 이 인용문의 ①은 유학적 도덕교육론을 위시한 전통적 덕목중심의 도덕 교육론에 대한 비판이며 ②는 그 대안으로 제시한 원리와 형식중심의 신주지주의적 도덕교육론을 말한다.

그러면 과연 그들이 비판하는 것처럼 유학적 도덕교육론은 내용 중심의 덕목론적 도덕교육론으로 폄하되어야만 할까. 그렇지만은 않은 것 같다. 유학적 도덕교육론을 기존의 덕목론적 시각 일변도로 보는 관점을 벗어나 하나의 시각, 관점, 방식으로 볼 필요성이 있다. 이홍우는 유학적 도덕교육론의 원리론적 해석의 예를 덕목론적 해석의 비판과 동시에 제시한다. "충효를 가르칠 때 우리는 어떤 방법으로 가르치고 있는가? … 우리는 마치 사실을 가르치듯이 충효에 관하여 학생들에게 일러주는 것이 곧 충효를 가르치는 것이라고 생각하게 된다. 우리는 충효라는 것이 국가 생활 또는 부모나 이

5) 위의 책, p. 25

웃과의 공동 생활에 관계되는 사실을 보는 관점, 또는 원리를 나타낸다는 사실을 잊어버리고 충효를 마치 하나의 사실로 취급하여 가르치는 경향이 있다. 우리는 학생들로 하여금 자기 자신의 눈으로 그 사실을 보도록 해주는 것이 아니라, 이미 그런 사실을 가지고 있는 어른의 수준에서 그 어른이 보는 바를 학생들에게 일러주고, 학생들도 그러한 관점에 따라 사실을 볼 수 있으리라고 쉽게 짐작하는 경향이 있다."[6] 이러한 이홍우의 지적에 목영해 역시 동의한다. "이홍우의 위의 지적과 같이 충·효·예 등의 유학적 덕목을 중심으로 이루어지고 있는 기존의 도덕과 수업의 대부분은 충·효·예 등의 덕목을 '지구는 둥글다' '3·1운동은 1919년에 발생하였다'라는 것과 동일한 차원의 사실로 가르친다. 따라서, 이와 같은 도덕과 수업을 받은 학습자는 유학적 덕목을 인간 외부에 객관적으로 존재하는 행위의 목표점으로 받아들이게 됨으로써, 도덕과 수업은 도덕교육이 아닌 德目의 敎示의 것으로 전락하여 버린다."[7] 유학적 도덕교육론의 주요 덕목으로 등장하는 충, 효, 신 등 대부분의 개념들을 학생들이 받아들여 실천해야 할 선험적·선천적 덕목으로 볼 것이 아니라, 하나의 관점 내지 원리로 받아들이게 하는 도덕교육으로 전환되어야 한다.

현대사회에 들어와 유학적 도덕교육론이 제대로 평가를 받지 못한 중요한 이유 중의 하나는 바로 전통사회의 덕목론적 해석을 피교육자에게 그대로 하나의 절대법칙으로 부과했기 때문이다. 유학적 도덕교육론이 하나의 도덕교육방법론으로 정착되기 위해서는 다양성, 자율성, 민주성, 개방성을 특징으

---

6) 이홍우, 『지식의 구조와 교과』, 교육과학사, 1978, p. 206.

7) 목영해, 위의 논문, p. 82.

로 하는 현대사회에 걸맞게 재해석되어야 한다. 그것은 바로 지금까지 절대적 덕목으로 취급되었던 유학적 덕목들을 하나의 원리로 보게 하는 것이다. 즉, 그것을 원리론적 관점에서 하나의 바라보는 방식, 관점으로 파악한다면 보다 융통성과 현실 적실성이 있는 유학적 도덕 교육론으로 자리매김할 수 있을 것이다. 예를 들면, 충과 효를 덕목론적 관점에서만 해석한다면 현실 적실성과 융통성의 면에서 비적실성과 고착성에 빠지고 말 것이다. 그러나 하나의 관점 내지 방식으로 해석하는 원리론적 입장을 취한다면 우리 사회에 더욱 유용한 도덕교육론으로 자리 잡을 수 있을 것이다. 忠을 덕목론적 입장에서 본다면, 화랑 관창이나 이순신 장군 등을 예로 제시하면서 국가에 위기 상황이 닥치면 국가를 위해 목숨을 바칠 수 있는 사람이 되어야 한다는 명령하달 식으로 교육을 시킨 것이 사실이다. 그러나 원리론적 관점에서 본다면, 忠은 '국가 공동체의 구성원으로서 국가의 위기 상황에 어떻게 처신하는 것이 바람직한 방향인가' 정도에서 끝나게 된다. 전자는 선험적 절대적인 것으로 반드시 실천에 옮기거나 본 받아야 할 불변의 진리인 것처럼 교화시키는 것이고, 후자는 국가에 대해서 어떠한 태도를 취하는 것이 바람직한가에 대한 도덕적 판단 과정을 거치게 하는 하나의 원리의 역할밖에 하지 않는다. 외부로부터 절대 침범할 수 없는 절대적 명령으로 부과되지 않는다. 기존의 전통적 도덕교육론 그 중에서도 유학적 도덕교육론을 내용 중심의 덕목주의적 도덕교육론으로만 볼 것이 아니라 거기에 담겨 있는 원리적 성격을 찾아내려는 노력이 필요하다고 본다. 특히 신유학은 선진유학에 비해 원리적 성격이 강하다. 따라서 신유학의 도덕철학을 기존의 德目 가방이나 묶음의 관점에서 무반성적으로 볼 것이 아니라,

현대 서양도덕교육론의 논쟁점의 관점에서 분석적으로 고찰한다면 얼마든지 원리론적 관점[도덕성 발달과정의 관점, 도덕적 판별능력 배양]에서 해석할 수 있다고 본다. 이러한 점은 신유학의 도덕철학이 지닌 주지주의적 요소에서 기인하기도 한다.

그 동안에 유학을 전공하는 학자들 사이에 유학의 도덕철학을 현대 도덕 교육론적으로 조명하는데 있어 학문적으로 많은 한계를 노출시킨 것도 사실이다. 그 이유 중의 대표적인 것은 내용과 형식 중에서 내용의 측면에 너무 치우친 德目論的 연구를 지향한 결과가 아닌가 한다. 최병태는 도덕교육의 관점에서 볼 때 덕의 윤리학이 우리의 도덕생활에 대한 더 온당한 접근이고 도덕교육에 더 많은 시사점을 제공한다고 주장한다. 서양 근대 윤리학의 도덕 언어들은 수입된 것이고, 따라서 우리의 도덕생활의 전통에서 자연스럽게 형성된 것이 아니기 때문에 우리의 전통도덕의 관점에서 볼 때는 공허하다는 것이다. 도덕, 의무, 도덕적으로 옳고 그름 등의 말은 우리의 일상 생활에서는 잘 쓰이지 않는 말들이고 쓰이는 경우에도 구체적 내용이 없는 공허한 경우가 많다는 것이다. 대신에 우리 조상들이 사용해 왔던 도덕언어들인 誠, 敬, 仁, 禮, 孝 등의 개념이 훨씬 현실 적실성을 가진다고 주장한다.[8] 물론 이러한 덕 중심적 접근도 필요하다. 하지만 기존 유학적 도덕교육론의 내용 중심의 덕목론적 연구 일변도의 경향에 비판을 가하면서, 유학의 도덕철학을 원리와 형식의 관점에서 연구해 보는 것은 의미 있는 일이라 생각된다.

---

8) 최병태, 『덕과 규범』, 교육과학사, 1996, p. 18.

2. 人性回復을 위한 心論의 도덕교육적 고찰

인간의 삶이 가지고 있는 신비하고도 고귀한 현상의 하나는 인간은 강력한 삶에의 의지를 가지고 있으되 그저 목숨만을 유지하고 연장하려고만 하는 것이 아니라 물질적 가치이건 정신적 가치이건 무언가 가치를 추구하는 가치지향성을 가지고 있다는 사실이다.[9] 그런데 이러한 가치지향의 과정에서 한국사회는 너무 물질적 가치지향의 방향으로 나아갔다. 이러한 물질적 가치 일변도의 지향은 많은 사회적 문제를 야기시켰으며 그 중에서 가장 심각한 것은 정신적, 도덕적, 윤리적 가치의 경시라는 점이다. 김갑철은 이러한 현상의 대표적인 것들로서 향락주의, 편법주의, 적당주의, 한탕주의, 황금만능주의, 가치관의 전도현상, 기존 권위에 대한 급진적 도전, 인간존엄성의 경시 등을 들고 있다.[10] 한국사회의 도덕교육을 전공하는 학자는 물론이고 대부분의 사람들은 학생들의 인성교육 내지 도덕교육의 필요성을 인정한다. 김태길은 도덕성의 회복과 제고를 위해서는 사람들로 하여금 도덕적으로 행위하도록 만드는 새로운 힘의 준비가 필요하다고 역설한다.[11] 이러한 문제 해결을 위해 학자들은 다양한 각도에서 해결책을 제시한다. 황경식은 민주시민의식 제고를 위한 교육프로그램의 강화를 통해,[12] 이초식은 도덕성 회복을 위한 논

---

9) 고범서, 『사회윤리학』, (나남, 1993), p. 173.

10) 김갑철, 「도덕성 회복과 윤리교육의 과제」, (『91 전국대학 국민윤리담당교수 학술대회보』, 한국 국민윤리학회, 1991), p. 12.

11) 김태길, 『한국윤리의 재정립』, 철학과 현실사, 1996, p. 309.

12) 황경식, 『개방사회의 사회윤리』, 철학과 현실사, 1997, p. 483.

리교육의 방법을 통해,[13] 정세구는 인격교육과 덕교육의 회복을 통해,[14] 정인재는 전통적 인륜가치의 회복을 통해 청소년들의 인성회복을 모색한다.[15]

여러 가지의 이러한 방향 모색들 중에서 이 글의 지향점은 정인재의 생각 범주에 넣을 수 있을 것 같다. 전통적 가치는 오랜 역사가 흐르는 동안에 수많은 사람들의 삶을 통해서 걸러진 역사적 침전물로서 어느 사회나 전통적 가치를 가지게 마련이다. 이러한 전통적 가치는 역사의 흐름에 따라 도전 받기도 하고 변화되기도 하며 끊임없이 재발견되기도 한다. 서구화된 현대의 우리 사회에서 우리의 전통가치는 때로는 더 이상 불필요한 것으로 경원시되기도 하고, 방황하는 현대 한국인의 되찾아야 할 뿌리로 재인식되기도 한다. 그러면 현대 한국인들의 전통적 가치에 지대한 영향을 미친 유교적 가치에 대해서는 어떤 생각을 지니고 있을까. 그 답은 피상적인 생각과는 다른 의외의 긍정적 답을 보이고 있다. 현대 한국인의 79%가 우리 전통사회에서 오랫동안 미덕으로 여겨 온 효, 경로, 우애, 입신 등과 같은 유교적 미덕이 현대사회에서도 절실히 필요하다고 응답했다.[16] 이러한 경험적 자료에 비추어 볼 때 전통적 가치의 교육을 통한 인성회복은 당위적으로 요구된다 하겠다.

전통적 가치를 학생들에게 교육시킴에 있어 心의 성격 규

---

13) 이초식, 「도덕성 회복을 위한 논리교육」, 『한국사회의 도덕적 위기극복을 위한 철학적 처방』, 한국정신문화연구원, 1993, p. 83.

14) 정세구, 『인격교육과 덕교육』, 배영사, 1996, p. 3.

15) 정인재, 「도덕성 회복을 위한 동양철학의 한 시론」, 『한국사회의 도덕적 위기극복을 위한 철학적 처방』, p. 135.

16) 김안중외, 『한국인의 윤리의식 연구』, (한국정신문화연구원, 1992), p. 74.

정은 중요하다. 왜냐하면 心은 도덕적 가치의 인지와 판단, 그리고 실천에 있어 중핵을 담당하기 때문이다. 하지만 현대 도덕 교육론에서 心은 그다지 중요한 문제로 논의되지 않고 있는 것같다. 비록 학생들의 비행과 그에 따른 도덕성 향상의 문제를 논할 때 心性敎育이라는 말은 하지만, 心 자체에 대한 이론적·실천적 규명에는 집중하지 않는 것 같다. 心論이란 인간의 영혼, 사고, 생각, 사유 즉 心과 직·간접으로 관련된 영역을 연구대상으로 하는 학문이다. 도식적으로 말하면 唯心論的 관점에서 인간을 탐구하고자 하는 노력이라 볼 수 있다. 즉 인간의 마음을 종합적이고도 분석적으로, 그리고 전체적이면서도 세밀하게 연구하고자 하는 인간의 지적 관심의 표출이다. 인간의 삶에서 표출되는 다양한 心的 현상들이 인간 문화의 바탕을 이루고 있기 때문에 마음에 대한 연구는 당연히 학문적 관심의 대상이 되지 않을 수 없었다.

서양에서 Platon과 Aristoteles의 시대 이후로 지금까지 心的 현상을 규명하는 수많은 학설들이 등장했지만, 사실 心의 본질과 공능에 대한 세밀한 연구가 이루어지지 않았다. 心的 작용의 주체와 心的 상태, 그리고 心的 과정에 대한 본격적인 해명이 시작된 것은 20세기 중반 이후 '마음의 과학'이라 불리는 인지과학(認知科學)이 태동한 이후의 일이다.[17] 하지만 신유학에서 心論은 중요한 비중을 차지하며 이에 따라 心에 관한 논의는 상당히 활발하게 이루어졌다. 이러한 신유학의 心論의 형성에서 장재의 心論은 중요한 획을 긋는다고 볼 수 있다. 왜냐하면 순자의 心論과 맹자의 心論을 종합해 이후의

17) 공용현, 「정보처리기계로서의 인간의 마음」, 『현대의 새로운 패러다임과 인문학』, 백의, 1994, p. 110.

신유학 心論의 토대를 제공하기 때문이다. 즉 그는 순자의 지각적 心의 특질과 맹자의 도덕적 心의 특질을 하나로 묶어 心의 고유한 특성으로 확정했기 때문이다.[18] 특히 장재의 心에 관한 이러한 견해를 도덕교육과 관계지을 경우 상당히 의미 있는 분석과 고찰이라 하지 않을 수 없다. 왜냐하면 장재는 心을 이지적 앎의 원천으로 보았을 뿐만 아니라, 동시에 도덕적 행위 원천으로도 파악했기 때문이다. 즉 心과 도덕성의 유기적 관점에서 볼 때 心은 사실에 관한 이지적 앎에 근거해 선악시비의 판단과 그에 따른 실천을 총괄하기 때문이다. 인간 心의 활동은 존재와 당위의 갈등과 조화에 대한 끊임없는 분석과 판단 그리고 결단과 실천에의 지향으로 채워져 있다고 본 것이다. 윤리학과 도덕철학이 이러한 것에 대한 종합적 해석체계라고 할 수 있다면 도덕 교육은 그러한 해석체계를 피교육자에게 가르치는 학문활동의 노력이라 할 수 있다.[19] 즉 도덕철학이 선악시비의 인식과 판단 그리고 실천에 대한 인지적, 이론적 설명에 초점을 맞추고, 도덕교육이 피교육자에게 행하는 교육활동의 전체라 할 경우 장재는 이 모든 것들이 心을 중추로 해서 이루어진다고 본 것이다.

그러면 장재의 心論이 도덕성 함양을 위한 도덕교육과는 어떤 관계가 있을까. 그것은 도덕성의 성격을 어떻게 보느냐

---

18) "合性與知覺, 有心之名." (「正蒙·太和」)

19) 박병기는 윤리학과 도덕교육학의 차이점을 "윤리학이 궁극적으로는 실천의 문제에 관심을 가지면서도 우선적으로는 도덕 개념의 명료화에서 시작해서 궁극적인 도덕규범의 탐색을 주로 이론적인 차원에서 행하는 반면에, 도덕교육학은 이미 우리에게 주어져 있는 관습적 도덕과 함께 비판적이고 반성적인 도덕을 직접 가르쳐야 한다는 실천적인 부담을 갖고 있다는 점에서 구별된다"고 말한다. 『국민윤리연구 제37호』, 1997, p. 153.

의 문제와 직접적으로 관계된다. 이 점은 다음의 두 가지 준거에 의해 살펴보는 것이 바람직할 것 같다. ①존재와 당위, 사실과 가치의 관계를 일원적 입장에서 볼 것인가 이원적 입장에서 볼 것인가, ②당위와 가치가 인간만의 것으로 국한시켜 보는 가치상대론 혹은 가치 주관론의 입장에서 볼것인가 아니면 외재적 가치실재론 혹은 절대론의 입장에서 볼 것인가하는 점이다. 여기에 대해 장재는 존재와 당위, 사실과 가치, 자연과 인간을 하나의 일관적·유기적 과정으로 파악하는 일원론적 관점을 견지하며,[20] 도덕적 가치의 내원을 외재적 本體에 두는 가치 객관주의 혹은 가치 절대론의 입장을 취한다고 볼 수 있다.[21] 왜냐하면 장재에게 있어 도덕성의 본원인 天地之性이 두 가지 조건을 충족시키기 때문이다. 그런데 天地之性의 앎은 인간의 이지적, 이성적 사려의 인식론적 노력만으로는 한계가 있으며, 동시에 도덕적 수양을 통한 덕성의 함양이 요구되는 것이었다. 이로부터 장재는 도덕성의 시원인 天地之性을 자각할 수 있느냐의 문제는 전적으로 도덕적 행위주체의 理智的 인식 능력과 德性的 수양 공부의 합작에 달려있는 것으로 파악하고 있음을 알 수 있다. 여기서 心의 성격을 어떻게 볼 것인가 하는 문제가 제기되는데, 장재는 心의 성격을 바로 이 도덕성의 내적 특질과 부합되게 규정한다. 즉 그의 心은 理智的 認知心임과 동시에 修養的 德性心의 양면적 성격을 동시에 지닌다.

장재는 인간을 정신적 존재로 보고 정신의 중심에 心을 배

---

20) "陰陽天道, 象之成也. 剛柔地道, 法之效也. 仁義人道, 性之立也." (『橫渠易說』「說卦」)

21) "虛者仁之原, 忠恕者與仁俱生, 禮義者仁之用." (『張子全書』「語錄抄」卷十二)

치하며 인간의 삶의 모든 선악시비의 판단과 그것의 실천 여부를 心에로 귀결시킨다. 그는 인간의 본질을 心이라 보면서 心의 공능을 존재에 관한 사실 인식의 측면, 당위에 관한 가치 판단의 측면, 도덕적 수양의 측면으로 대별하고 결국에는 사실에 관한 인식과 당위에 관한 선악시비 판단에 근거해 修己의 내면적 수양을 총괄하는 것으로 파악했다. 즉 그에게 있어 心은 현대 유물론적 관점에서 보는 단순한 생리적 心이 아니라 사실판단에 근거해 도덕판단을 행하는 중추기관이며, 객관적 도덕성의 담지처이면서 동시에 선악시비의 판단과 도덕적 실천을 전체적으로 관리하는 기능을 담당한다. 이 점은 그에게 있어 도덕성으로서의 天地之性의 인식과 실천은 행위주체의 理智的 앎의 능력과 德性的 도야의 태도와 맞닿아 있음을 보여주는 것으로 이 사항은 心論과 직결된다. 이렇게 볼 때 장재의 心論은 도덕교육에서 피교육자의 理智的 능력의 제고를 통해 도덕성을 함양시키고 이를 통해 도덕적 실천에 이르게 하려는 도덕교육의 고유한 목표를 성취하는 데 이론적 시사점을 제공한다.

장재의 心論의 이러한 성격은 현대 도덕교육론의 심성교육에 어떤 기여를 할 수 있을까. 그의 心論은 도덕교육에 있어 피교육자로 하여금 도덕적 반성의 기회를 갖게 하는 데 이론적 시사점을 제공한다. 그에 의하면 도덕적 행위냐 비도덕적 행위냐 하는 것은 행위를 하는 주체의 마음(心)이 선의 상태를 지향하느냐 아니면 악의 상태를 지향하느냐에 따라 결정된다. 이에 행위주체는 행위의 매 순간마다 善惡是非에 대한 선택적 결단을 내려야 한다. 도덕적 행위를 영위하기 위해서는 행위의 외적 적합성 및 일관성만을 추구하는 행위의 습관화를 추구할 것이 아니라, 도덕적 행위를 이루어가는 행위주체를 순수한 善의 상태로 유지하는 일에 더 많은 노력을 기울려야 한다. 따라서 도덕교육은 학습자로 하여금 내면적으로 善한 상태를 유지할 수 있도록 도와주는 것이어야 한다. 이러한 점에서 장재의 心論의 虛心과 大心의 수양 공부는 내면적 심성을 善의 상태로 유지할 수 있도록 도와주는 도덕교육 방법 정립의 중요한 단서가 될 수 있다. 장재에게 있어 虛心과 大心은 내면적 심성을 선한 상태의 것으로 유지하기 위한 자각적 노력이며, 모든 행위에 있어서 항상 자신을 살피고 경계하고 감독하는 경건한 생활자세이다.[22] 따라서 虛心과 大心의 맥락에서 볼 때 도덕교육은 학생들로 하여금 언제 어디서나 德性에 기초한 행위를 할 수 있도록 자성적 생활태도를 갖게 하는 교육의 일환으로 볼 수 있다. 그런데 도덕적 행위와 도덕적 삶을 이끌 덕성적 인성의 도야는 사실적 지식을 통한 인지적 사고능력의 제고만으로는 부족하다. 도덕적 덕성 능력의 도야는 사물의 궁극적 존재가치에 대한 탐구를 통하여 이루어진다. 이에 장재는 大心과 虛心을 통한 盡心을 주장하며 이러한 도덕교육의 중추가 바로 心이다. 도덕성과 心에 대한 장재의 견해를 도덕교육에 적용할 경우 도덕교육의 초점은 도덕성의 이론적 해명이나 설명으로 끝나는 것이 아니라 실천에로 어떻게 연결시키느냐에 맞추어지며, 心은 이러한 과정을 전부 통합하는 중추적 역할을 담당한다. 도덕교육을 통해서 이지

22) 虛心은 敬의 자세를 일컫는다. 김성태는 "敬이란 사물의 實理를 추구함에 있어 전적으로 집중하는 마음가짐인데 이러한 상태는 私欲을 버리고 몸과 마음을 가지런히 정돈시켜 긴장하게 될 때 생긴다. 또한 이러한 태세는 확고한 자기입장을 세우고 도덕적 문제에 열중할 수 있는 안정된 상태이기도 하다"고 말한다. 『敬과 注意』, 고려대학교 출판부, 1982, p. 9.

적 능력이 도야될 때 도덕성을 자각할 수 있으며, 이를 근거로 도덕적 문제 상황 속에서 당위적 행위에 대한 정확한 판단이 가능하게 되고, 더 나아가 자기의 가치판단에 대한 확고한 믿음을 가지고 실천에 옮길 수 있게 된다 . 이러한 점에서 볼 때 장재의 心의 본질과 공능에 대한 확정적 의미 부여는 도덕교육에 커다란 의미를 지닌다고 볼 수 있다.

3. 形式主義 도덕교육과 天地之性의 原理的 해석

여기서는 장재 심성론을 현대 도덕교육론의 중요 논쟁점의 하나인 형식과 내용이라는 준거에 의거해 분석할 경우 어떻게 해석될 수 있는가를 고찰하고자 한다.

첫째, 현대 도덕교육론의 논쟁점의 하나인 내용과 형식은 무엇을 말하는지 개념부터 살펴보는 것이 바람직한 순서일 것 같다. Barry Chazan은 도덕교육론자 사이에 내용과 형식을 둘러싼 논쟁은 '道德性'을 어떻게 볼 것이냐의 문제에서 비롯한다고 말한다.[23] 즉 '道德性'이 궁극적으로 하나의 구체적인 내용이나 규범적 입장인지 아니면 어떤 절차상의 특징들에 의하여 규정되는 과정이나 수속인지에 대하여 의문을 제기하고 있다. 전자의 접근은 도덕성을 상세하고 구체적인 규범으로 전환될 수 있는 하나의 이데올로기나 규범적인 철학을 의미한다고 보는 반면에 후자의 접근은 도덕성을 구체적인 결과를 예정하거나 강요함이 없이 하나의 도덕적인 문

23) Chazan, 이구재, 강민석 역, 『현대 도덕교육 방법론』, 법문사, 1996, p. 209.

제에 어떻게 접근해야 하는가를 설명해주는 절차적인 특징으로 본다. 전자는 오우크쇼트와 같은 실천을 강조하는 보수주의자들의 견해이고, 후자는 도덕성을 보편적 원리로 보려는 콜버그를 비롯한 인지발달론을 주장하는 합리론자들이다.

둘째, 도덕성을 원리로 해석하는 대표적 학자는 Kohlberg인데 그의 견해를 天地之性의 개념에 적용하면 어떻게 해석될 수 있는가를 살펴 볼 것이다. Kohlberg는 원리로서의 도덕성에 대해 "도덕원리들은 선택에 대한 보편적이며 일반적인 근거를 함축하고 있다. 원리는 그러한 선택의 이유나 결정 규칙에 대한 보편성을 함축하고 있다. 선택의 근거는 그것이 모든 사람들이 사용하기에 바람직한 것이라는데 있다. 한 걸음 더 나아가 그것은 일반적이어야만 하며, 모든 타당한 결정들을 지시해 주어야만 하는 것이다. 그렇지 않다면, 그것은 모순이나 갈등을 초래할 것이다"[24]라고 말한다. 여기서 그는 원리로서의 도덕성이 지녀야 할 대표적 특성으로 보편성, 일반성, 그리고 그에 근거한 타당성을 들고 있다.

그러면 그의 이러한 견해를 장재의 심성론에 적용시켜 보면 어떻게 해석될 수 있을까. 장재 심성론을 현대 도덕교육론적 관점에서 해석할 경우 그 중심 개념의 하나인 天地之性은 콜버그가 말하는 원리로서의 道德性이 지녀야 할 본래적 특성인 보편성과 일반성, 그리고 타당성을 잘 함축하고 있는 것으로 볼 수 있다. 왜냐하면 장재는 자연의 내재적 본질을 인간의 본질로 끌어들여 存在와 當爲를 일체화시킴으로써 자연의 항구성과 보편성, 그리고 절대성을 인간적인 도덕적 본질

---

24) Kohlberg, 이동훈, 이기문 역 『도덕교육철학』, 대한예수교장로회 총회교육부, 1985, p. 357.

[德]로 대상화·전형화시키기 때문이다. 장재 도덕철학에서 도덕의 內源은 생명(生) 개념에 있다. 그는 인간의 生命을 도덕으로 본 것이다. 도덕은 생명의 또 다른 표현이다. 인간의 생명의 본질적 의의를 가치의 추구, 선의 추구로 본 것이다. 인간을 제외한 다른 동물과 식물은 사실적·자연적·존재적 생명이 끝나면 죽지만 인간은 도덕적·가치적 생명이 끝나면 사실적 생명은 비록 살아 있다하더라도 죽은 것으로 본다. 이러한 생명(生) 개념을 존재와 당위의 一如的 관점에서 형이상학화한 것이 '太虛卽氣' 論에 토대한 도덕철학이다. 즉, 장재에게 있어 우주본체인 太虛는 生命을 본질로 하는 유기체이자, 存在와 當爲의 공동적 본원이다. 본체의 본질인 生命은 개별적 생명체의 본원적·공동적 본질인 보편적 의미의 생명으로서 가능태·잠재태의 형태로 존재한다. 장재는 그것을 太虛라고 불렀다. 太虛는 존재론적으로는 元亨利貞을, 당위론적으로는 仁義禮智를 내재적 공능 내지 德으로서 함유하고 있기에 끊임없이 살아 움직인다. 太虛는 太和의 양식으로 神化의 공능을 발현하여 현상에 구체적 개별적 생명체를 형상화해내며, 인간은 구체적인 개별적 생명체로의 탄생과 동시에 내재적 도덕성을 품부받는다. 존재론적으로는 육체를 부여받고, 당위론적으로는 도덕성를 품부받아 도덕인격과 도덕공동체를 이루고자 한다. 장재는 生命의 元亨利貞의 유기체적 통합질서 속에서 인간이 실현해야할 보편적 규범인 仁義禮智가 살아 숨쉬고 있음을 확인했다. 장재에게 있어 우주본체는 선험적으로 주어진 규범을 함유한 비가시적 실체이다. 선험적·선천적 보편 규범은 바로 仁義禮智의 四德을 말한다. 인간을 포함한 생명체로 태어난 만물은 仁義禮智를 본래적 性으로 품부받았다. 장재는 그 四德을 통할하는 용어로 天地之性을 말한

다. 장재는 이전의 유가철학의 주요 개념이었던 仁義禮智를 天地之性의 내적 특성로 확정한 것이다. 이러한 장재의 생각을 이론화한 개념이 바로 天地之性이다. 天地之性은 道德性이 인간에서 근원하는 것이 아니라, 自然에서 근원함을 보여주기 위한 개념이며, 또한 도덕성의 합리적 정당성 역시 自然의 원리에 두고 있음을 시준하는 용어이다. 따라서, 인간은 자연의 원리에 터전하여 도덕판단과 추론을 전개하기에 보편성과 절대성, 그리고 타당성을 지닐 수밖에 없게 된다. 이처럼 장재가 인간의 도덕성을 자연으로부터 추론하는 이유는 자연의 질서가 일정하고 보편적이며 합목적이듯 이에 근거한 인간의 도덕성 역시 절대성과 보편성, 그리고 타당성을 지닐 수밖에 없음을 보여주고자 하는데 있었다.

셋째, L. Kohlberg는 도덕적 원리와 도덕적 규칙을 구별하는데 이러한 구별이 장재의 天地之性에 적용되면 어떻게 파악될 수 있는가를 고찰하고자 한다.

Kohlberg는 원리와 규칙을 구별하여 "도덕적 원리는 정당한 대안들 중에서 어떤 것을 선택하는 규칙이나 방법이다. 반면에 규칙은 '그것을 하지 말아라, 또는 그것을 해라'라고 말한다. 즉 규칙은 행위를 지시한다. 원리는 우리들에게 합법성이나 정당성의 정도에 있어서 차이를 보이고 있는 두 개의 대안들 가운데서 하나를 선택하는 방법을 가르쳐 주는 어떤 규칙이다. 반면에 규칙은 우리는 도둑질해서는 안 된다. 우리는 우리의 가족에 속해 있는 다른 사람들의 생명을 보존시켜야 한다고 말해 주고 있으나, 우리가 하나를 선택해야만 할 경우 어느 것을 선택해야 할지를 알려 주지는 않는다. … 그러므로 원리는 하나의 선택을 지시해 주는 것이어야 할뿐만 아니라, 그러한 선택에 대한 이유를 제시해 주는 것이어야만 한다"[25]라고 말한다.

Kohlberg의 원리와 규칙에 관한 견해가 이렇다면 그것을 장재의 天地之性의 개념에 적용시켜보면 어떻게 해석될 수 있을까. 그의 天地之性은 개별적 행동의 규칙으로서보다는 善惡是非 판단을 내려야 하는 모든 도덕적 사태에 대하여 도덕적 정당성을 제공함과 동시에 지침의 기능을 할 수 있는 최정점의 원리로 해석될 수도 있다. 왜냐하면 도덕철학에 있어 바람직한 원리란 공정하고 정당하며 편향되지 않는 방법으로 사람들 간의 관계를 정립해 주며, 그에 따른 보편적 도덕 결정은 사람들이 서로 상반되는 요구 속에서 최정점의 원리에 의거해 어느 한쪽으로도 기울지 않는 선택을 했음을 의미하는데 天地之性은 그러한 기능을 충분히 할 수 있기 때문이다. 즉 장재의 天地之性은 사람들의 도덕 결정을 공정하고 정당하며 편향되지 않도록 하는데 있어 최정점에 있는 궁극적 판단근거로서의 기능을 충분히 수행할 수 있는 원리로 해석할 수도 있다는 것이다. 이를테면 모든 개별적 도덕적 사태에 직면하여 하나의 이념적 전형이 되는 절대적인 보편적 원리로 볼 수도 있을 것 같다.[26] 물론 天地之性을 德目論的 연구의 견지에서만 본다면 이렇게 해석할 수는 없을 것이다. 하지만 天地之性을 L. Kohlberg의 正義[27]와 같이 하나의 최정점

25) Kohlberg, 앞의 책, p. 357.

26) 물론 기존의 유학적 도덕교육론의 덕목론적 관점을 견지할 경우 天地之性을 하나의 도덕적 판단의 보편적 원리로 해석하는 것이 문제 있을 수도 있다. 그러나 도덕교육론의 원리의 견지에서 분석적으로 파악하고자 할 경우 그러한 해석도 충분히 가능하다고 본다. 天地之性이 도덕성의 전형성과 보편성을 의미한다고 보면 모든 도덕판단에서 충분히 궁극적 지렛대의 추가 될 수 있다고 본다.

27) 콜버그는 도덕의 원리를 선택의 보편적 양식으로 본다. 모든 사람들이

의 원리로 볼 경우 그러한 해석은 충분히 가능하며 또한 정당성과 타당성을 지닐 수도 있다고 본다.

그러면 天地之性이 어떠한 성격의 것이기에 도덕적 문제 사태를 공정하고 정당하게 해결할 수 있는 보편적·일반적 원리의 역할을 할 수 있을까. 이 점은 장재 도덕철학의 존재와 당위의 一如的 선악관과 밀접한 관련이 있다. 이미 바로 위에서 고찰한대로 그의 도덕철학에서 존재와 당위는 일체적인 관계에 있다. 이에 따른 선악관은 자연의 흐름[道]인 존재의 至純한 과정을 인간의 당위적 至善의 과정으로 대상화하여 인간 쪽으로 끌어들인 것이다. 서구의 근대 이후 선악관에서 선과 악은 서로 직접적인 내적 관련이 없는 상대적·적대적 개념으로만 파악되었지만, 그가 말하는 선악관은 하나의 연속적 과정에 놓여있는 일관된 개념이다. 흑백의 적대적, 모순적 관계가 아니라 자연의 과정의 至純性(The Way of Nature)과 그것의 인간 등가가치적 해석 개념인 至善性이 中庸과 中和의 상태를 유지하지 못하고 한쪽으로 치우치는 過不及의 상태로 빠진 것이 惡이다. 따라서 다시 中庸의 상태를 회복하면 善을 되찾게 되고 따라서 惡은 설 자리를 상실한다. 여기서 장재는 中庸의 절대적 善의 상태를 天地之性이라 명명하

모든 사태에서 선택하길 바라는 선택의 규칙으로 본다. 원리를 일차적 규칙이기보다는 규칙을 만들고 평가하는 초규칙으로 본다. 도덕원리는 행동의 규칙으로서보다는 선택을 위한 일반적인 안내자로 작용한다. 도덕의 원리는 도덕적 선택을 위한 사고과정에서 참고하거나 행동을 정당화하는 이유로 작용한다. 그러한 도덕적 원리로서 '정의'를 말한다. 그는 정의를 유일하게 참된 도덕원리로 제일의 도덕원리라고 주장한다. 정의는 도덕의 원리 중의 원리로 본다. 그는 도덕적 사태에서 권리의 주장이 상호 대립할 때 이를 도덕적으로 해결해 주는 원리를 정의로 본다. 남궁달화, 1996, p. 177.

고 中庸을 상실하고 상대적 악의 경향으로 기우는 것을 氣質之性이라 부른다. 이러한 天地之性과 氣質之性의 性論을 德目論的 견지에서 본다면, 至善의 天地之性은 무조건 실천되어야 할 절대적·당위적 도덕법칙으로 부과될 것이고, 선악혼재의 氣質之性은 性善的 존재로서의 인간이 행하여서는 안되는 부정적인 것으로 해석되고 말 것이다. 물론 天地之性이 행동과 실천을 위한 덕목적 의미로만 파악되어서는 안되지만 사실 도덕성을 실천 혹은 행위로 파악하는 덕목론적 전통의 영향이 지배적이었던 우리 사회에서 대부분의 사람들은 도덕을 그렇게 이해해 왔다. 하나의 관점 내지 시각으로 보는 견해는 전무했다고 할 수도 있다. 절대적 도덕률로 주어진 것이기에 하나의 관점과 시각의 측면에서의 비판적·반성적 사고의 여지도 없이 당위로 받아들여 실천과 행동으로 옮기기만 하면 되는 것이었다.

하지만 天地之性이라는 道德性을 原理와 形式의 관점에서 해석하면 그것은 실천되어야 할 절대적 德目이 아니라, 도덕문제에 어떻게 직면해야 하는가, 혹은 도덕적 사태를 좀 더 바람직한 방향으로 끌고 가기 위해서 어떻게 하는 것이 좋은가에 대한 판단 원리로 볼 수 있다. 또는 도덕적으로 난처한 상황에서 보다 올바른 선택을 할 수 있도록 하는 도덕적 추론과 판단의 중핵적 원리로 해석할 수도 있다. 이러한 해석을 도덕교육과 연관지을 경우 모든 피교육자는 天地之性을 품부해 태어났기에 그러한 판단 능력을 선천적으로 부여받았다는 말이며, 나머지는 그러한 기능을 잘 발현할 수 있도록 교육만 시키면 학생은 성숙한 도덕적 인격을 형성할 수 있게 될 것이다. 그리고 그러한 원리에 의거 좀더 공정하고 차분하게 도덕적 추론과 판단을 하기 위하여 虛心, 大心, 窮理, 敬의 수양이 필요한 것이다. 따라서 천지지성을 이렇게 혹은 그렇게 실천하라는 구체적 덕목이 아니라 마음으로 성찰하라는 관점과 방식의 표현으로 이해할 수도 있을 것이다.

더 나아가 이러한 원리론적 해석은 天地之性의 구체적 내용인 仁義禮智에도 그대로 적용될 수 있다. 이것은 인간의 도덕성의 영역을 크게 仁義禮智의 네 개권으로 나누어 파악한 것이다. 天地之性이 過不及이 아닌 中庸의 상태를 의미하는 것처럼 구체적 덕인 仁義禮智 역시 실제적 문제상황에 직면하여 過不及이 없는 中庸의 상태를 지향한다. 그런데 이러한 仁義禮智를 덕목론적 관점에서 해석할 경우 인간 사이에 지켜야 하는 절대불변의 도덕적 덕목으로만 파악될 뿐이다. 하지만 원리론적 관점에서 보면 인간 공동체에서 수많은 도덕적 문제사태에 접했을 때 상호간에 過不及이 없는 中庸의 상태를 찾아 갈 수 있도록 개연성만을 제시한 원리에 불과하다. 이러한 원리론적 해석을 도덕교육에 직접 적용한다면, 학생들에게 仁義禮智의 네 개의 대강의 뜻만 이야기해주고 나머지는 학생들에게 맡겨 구체적 도덕 상황 속에서 過不及의 상태가 없는 도덕적 판단과 추론을 할 수 있도록 하자는 것이다. 구체적으로 仁의 경우에 仁은 따뜻함, 어짐, 사랑을 의미한다. 덕목론적 방식에 따라 도덕 교육을 시킨다면 무조건 주입식으로 교화시켜 행동으로 실천하라는 식의 방법을 쓸 것이다. 전통사회에서는 그것이 가능했지만, 현대의 개방사회에서 그런 방식은 효과가 의문시 된다. 오히려 구체적 도덕문제사태를 제시하고 어떻게 하는 것이 어진 도덕적 판단인지 도덕적 행위인지를 스스로 판가름하게 하여 실천에 옮길 수 있도록 자율적 추론과 판단에 맡기는 것이 훨씬 교육적 효과를 낼 것이다. 나머지 義禮智의 경우도 마찬가지다. 덕목론적 도덕교육의 관점에서 볼 것이 아니라 원리론적 관점에서 본다면, 지금까지와는 다른 각도에서 해석될 여지를 충분히 가지고 있다고 본다. 이처럼 장재 도덕철학을 교육론의 견지에서 해석할 경우 天地之性은 도덕적 문제 상황에 직면한 피교육자로 하여금 도덕적 문제 사태를 공정하고 바람직한 방향으로 해결하게 하는데 있어 내재적 원리의 역할을 한다고 볼 수 있다.

그러면 피교육자는 인간으로서의 탄생과 동시에 선험적인 도덕원리로 부여받은 天地之性에 의거 도덕적 추론과 판단을 행하는데 이러한 절차와 과정은 어떤 외재적 기제에 따라 작동되는 것일까. 그것은 다름 아닌 '心統性情'의 心의 統轄 기능에 의해서이다. 장재는 유학적 심성론의 전통에 따라 인간의 도덕판단과 결정을 心과 性과 情의 문제와 직결시켜 보고 있다. 도덕적 문제사태의 해결은 이들의 관계를 어떻게 설정하느냐에 달려 있다고 보면서 그 관계를 결정하는 全權을 心의 統의 자율능력에 맡긴다.[28] 이것은 도덕판단의 장소와 주체를 心으로 본 것으로 그에 따라 心은 자율적 統의 기능과 지각공능을 한껏 발휘하여 도덕적 추론과 판단 그리고 행동의 전반을 통섭·조절한다. 현대 도덕 교육에서 지향하는 도덕적 문제의 바람직한 해결의 수속이 장재에 있어서는 統의 과정과 절차를 통해 이루어지는 것이다. 피교육자들은 統의 절차를 거치면서 過不及이 없는 보다 성숙한 인격 형성을 이루게 된다.

---

28) 장재의 心統性情論은 도덕적 판단과정 전체를 총괄하는 형식적 중추의 역할을 한다. 퇴계의 심통성정도는 그것을 입체적으로 보여주는 하나의 전형이라 할 수 있다.

4. 認知的 도덕성과 情意的 도덕성의 조화적 도덕교육

도덕윤리 교과의 교육 목적이 知情意가 조화롭게 합인된 전인적 인격의 형성을 목적으로 한다면, 知의 도덕적 추론만 잘 하고 실천이 따르지 않는 학생만을 길러내는 것도 문제가 있으며, 情의 도덕적 정감만 풍부하고 냉철한 이지적 추론과 판단력이 모자라는 학생만을 양산하는 것도 심각한 난제이다. 따라서 知의 냉철한 도덕적 판단력과 情의 따뜻하고 善한 정서가 원만하게 조화된 건실한 학생을 교육하는 것이 도덕교육의 과제라고 본다. 이와 같은 취지에서 여기서는 장재의 인성론이 도덕적 행동의 동기로서 도덕적 감정교육에 있어 어떤 시사점을 보여줄 수 있는가 하는 점을 살펴보고자 한다. 도덕·윤리교육의 목적이 학생들의 도덕성 발달에 있다면, 도덕성의 내재적 특질에 대한 개념 분석을 명확히 할 필요가 있다. 보통 지금까지의 도덕이론은 도덕성을 認知的 도덕성과 情意的 도덕성으로 구분하면서 전자에 치중해 왔다. 특히 콜버그를 중심으로 한 인지 발달론자들은 학생들의 정의적 도덕성은 인지능력의 성장과 더불어 자연스럽게 형성된다고 보았다. 그리하여 이성적 가치판단이나 합리성을 도덕적 행위의 독립변수로 보고 정의적 도덕성을 종속변수로 간주함으로써 후자를 상대적으로 과소 평가하고 있다.[29] 하지만 도덕교육의 성과는 단순히 인지적 영역의 확대로만 달성될 수 있

---

29) 이인제, 「도덕교육의 내용으로서 도덕적 감정교육」, 『도덕윤리과교육』 제6호, 1995, p. 306.

는 것이 아니라 감정이나 정서의 함양을 더욱 강조해야 한다. 왜냐하면 합리적인 판단이란 행동으로 옮겨지지 않으면 무의미한 것이고 행동으로 옮겨지기 위해서는 행위촉발의 근거인 마음이나 의지가 있어야 하기 때문이다.[30] 도덕교육에서 최근의 연구들은 감정의 도덕적 역할을 인정하고 감정은 인지적인 요소를 지니고 있으며 또한 이성 못지 않게 인간의 도덕적 삶에서 중요하다는 것에 동의하고 있다. 오우클리는 감정의 합리성과 도덕성의 차이를 인정하고 감정이 도덕생활에서 중요한 역할을 한다고 보고, 아리스토텔레스의 전통 속에서 도덕적 가치를 이해하고자 한다. 도덕교육은 단순한 사변적 진술 차원의 것만이 아닌 행위적 차원의 것으로 진전되기 위해서는 감정능력의 도야를 그 내용으로 포함하여야 한다. 도덕·윤리 교육의 궁극적 지향점을 피교육자의 도덕성 함양에 둔다면 도덕성이라는 것이 구체적으로 어떠한 내적 특질을 지니는 가에 대한 검토가 있어야 할 것으로 보인다.

이러한 점에 비추어 볼 때, 장재는 도덕성의 認知的 특성과 情意的 특성이 어떠한 관계를 맺고 있는 가에 대한 의미 있는 견해를 제시한다. 이에 앞서 유학의 도덕성이 어떠한 내재적 특성을 지니는지에 관한 蒙培元의 견해를 참고할 필요가 있을 것 같다. 그는 "儒家는 절대로 情感的인 욕구를 부정하지 않을 뿐만 아니라 그 심성학은 정감적인 욕구와 정감적인 평가에서 출발한 것이다. 중국철학의 심성론, 특히 유가의 심성론은 주로 정감과 의지를 토대로 하는 도덕이성주의 또는 실천이성철학인 것이다. 중국철학이 만들려는 인격은 도덕형

30) 최문기, 「도덕·윤리 교육의 효율화 조건과 실제적 적용」, 『도덕국민윤리과교육』, 제4호, 1993, p. 209.

이지 이지형이 아니며 실천형이지 관념형은 아닌 것이다. 유가는 정감적인 경험을 매우 중시하여 그 심성학은 정감적인 경험으로부터 나온 것이다. 그러나 그들은 또 성과 정을 구별하였는데, 이는 감성에서 이성으로의 초월을 의미하고 있다. 仁은 道德情感으로부터 나온 것이다. 그것은 곧 情感經驗의 승화이다. 이것은 시사하는 바가 크다. 인성은 경험에서 나와 경험을 초월하고, 정감에서 나와 정감을 초월하는 도덕이성이지 순수 사변적인 인지이성은 아니다"[31]라고 주장한다. 장재의 천지지성의 도덕성은 유학적 도덕성의 이러한 측면을 반영한 개념이라 볼 수 있다.

그러면 天地之性으로 명명된 도덕성이 어떠한 속성을 지니기에 情意的 측면과 認知的 측면을 포괄하는 것으로 볼 수 있을까. 그것은 天地之性의 내재적 특질에 대한 분석에서 찾을 수 있다. 그는 天地之性을 형이상학화시키고, 그리고 이전의 유학에 분산적으로 흩어져 있던 仁義禮智를 天地之性의 내적 특성으로 확정한다. 그는 "사람이 天에서 품부받은 것이 바로 性이다"[32] "인의예지는 사람이 따르고 실천해야 할 道로서 소위 性을 말한다"[33]라고 주장한다. 이렇게 함으로써 그는 先秦 유학에서 인간의 도덕적 정서에 불과했던 仁義禮智를 선험적이고 절대적이며 보편적 성격의 것으로 만든다.

그러면 형이상학적 도덕성으로서의 天地之性은 현상에서는 구체적으로 어떻게 구현될까. "仁이란 남을 사랑하는 것이다."[34] "仁道에는 근본이 있으니 가까이는 자신에게 비유해

31) 蒙培元(이상선 譯), 『中國의 心性論』, 법인문화사, 1996, p. 28.

32) "人受於天則爲性." (『張子全書』「語錄抄」 卷十二)

33) "仁義禮智, 人之道也, 亦可謂性." (위와 같음)

34) "仁者愛人." (「正蒙·有德」)

서, 그것을 미루어 남에게 미쳐가는 것이 곧 그것의 방향이다."[35] "자기를 사랑하는 마음으로 남을 사랑하면 仁을 다하게 될 것이다. 이른바 자기에게 베풀어서 원하지 않는 것은 역시 남에게도 베풀지 말라는 것이다."[36] "義는 仁이 움직인 것이다. 義에만 빠진 사람은 仁을 상하게 할 수 있다. 仁은 본체의 항상 됨이니 仁에만 지나친 사람은 義를 해칠 수 있다."[37] "공경하고 눌러 절제하며 물러나 사양함으로써 禮를 밝힘은 仁의 지극함이요 愛道의 극치이다."[38] "禮는 곧으면 맑아지고, 구부러지면 흐려지고, 조화되면 이로워지고, 즐기면 편안해진다."[39] "大德이 돈독하게 化한다는 것은 仁과 智가 하나로 합치되어 두텁게 化한다는 말이다."[40] 仁은 남을 사랑하고 아끼는 따뜻함을 뜻하며, 義는 이러한 仁의 선한 정서가 중용을 잃지 않고 전체적으로 잘 펴져 나갈 수 있도록 균형을 잡아주는 역할을 하는 것이며,[41] 禮는 仁과 義의 비가식적 가치를 관습과 의례 등의 구체화를 통해 질서를 잡아나감을 의미하고,[42] 智는 仁과 義와 禮의 현실적 실천에 있어 시비를 판별해주는 냉철한 이지적 이성을 뜻한다고 볼 수 있겠다. 이처럼 인간의 도덕성의 내원인 天地之性은 仁의 발현

35) "仁道有本, 近譬諸身, 推以及人, 乃其方也." (「正蒙·至當」)
36) "能使不仁者仁, 仁之施厚矣. 故聖人竝答仁智以擧直錯諸枉." (「正蒙·中正」)
37) "義仁之動也, 流於義者, 於仁或傷. 仁體之常也, 過於仁者, 於義或害." (『正蒙·至當』)
38) "恭敬, 樽節, 退讓以明禮, 仁之至也, 愛道之極也." (위와 같음)
39) "禮, 直斯淸, 撓斯昏, 和斯利, 樂斯安." (위와 같음)
40) "大德敦化, 仁智合一, 厚且化也." (위와 같음)
41) "動靜不失其時, 義之極也." (위와 같음)
42) "禮, 嘉天下之會." (『正蒙·大易』)

에서 시작되어 義와 禮의 구체적 실천의 중간 과정을 거쳐 智의 분별과 판별에 이르는 완결적 정합성을 보여준다. 즉 仁은 四德 가운데 최상위의 덕으로 나머지 義禮智를 포괄하며[43] 義禮智는 仁의 도덕성이 過不及의 상태에 이르지 않고 時宜맞게 발현될 수 있도록 함과 동시에 선악시비의 판단과 실천에 잘못이 있을 경우 바로 잡아주는 역할을 한다. 요컨대 天地之性의 도덕성은 仁을 중핵으로 하며 그 仁은 義禮智의 매개를 거쳐 惻隱의 본질을 외화시키는 유기적 관계를 맺고 있다고 볼 수 있다. 그런데 그의 언급으로부터 알 수 있는 점은 인간의 도덕성이 認知的 속성만이 아니라 情感的 속성을 동시에 포함하고 있다는 것이다. 도덕성을 이성적 인지적 성격의 것으로만 보고 있지 않다는 점이다. 오히려 도덕성의 내원을 정의적 정감성에 두고 있으며, 이러한 점은 형이상학적 도덕성의 본원인 仁에 관한 언급으로부터 바로 알 수 있다. 仁을 不忍之心의 사랑 즉 惻隱之心[44]으로 보고 파악하는 데서 명시적으로 드러난다. 주자는 이러한 仁에 대하여 "천지간에 있어서는 한없이 생명을 탄생시키는 마음이며 사람에게 있어서는 따뜻하게 남을 사랑하고 物을 이롭게 하는 마음으로 四德을 포괄하고 사단을 관통하는 것이다"[45]라고 말한다.

---

43) 四德 가운데서 최상위의 포괄적 德은 역시 仁이다. 장재에게 있어 仁 개념은 존재론적으로나 가치론적으로 가장 토대가 되는 형이상학적 기초개념이면서 포괄적인 개념이다. 토대개념이기 때문에 다른 개념들이 仁에 의하여 규정될 수는 있으나, 다른 개념에 의하여 仁이 규정될 수는 없다. 仁은 가장 포괄적인 개념이기 때문에 다른 개념들을 포괄할 수는 있으나 다른 개념에 포괄될 수는 없다.

44) "惻隱, 仁也." (「正蒙·有德」)

45) "此心何心也, 在天地則坱然生物之心, 在人則溫然愛人利物之心, 包四德而貫四端者也." (『朱文公文集』 卷六十七)

도덕성의 이러한 情意的 측면에 대하여 蒙培元은 人性은 情感에서 나와 情感을 초월하는 道德理性이며, 순수사변적인 認知理性은 아니라고 주장한다. 임능빈은 "四端을 인간의 도덕적 행동의 기본이 되는 정서적인 요소이자 동기적인 요소라고"[46] 말한다. 한덕웅은 성리학의 四端을 情緖的인 것으로 해석하고 사단 정서의 함양을 강조하는 情緖敎育論을 주장한다.[47]

이제 장재가 말하는 天地之性의 도덕성이 어떠한 성격의 것인지를 알 수 있을 것이다. 그가 말하는 天地之性의 도덕성은 현대 도덕교육론의 논쟁점인 情意的 도덕성만을 지칭하는 것도 아니고 理智的 도덕성만을 가리키는 것도 아니다. 장재에게 있어 그것은 理智와 情感의 본래적 융화를 보여주는 개념이다. 따라서 장재의 도덕철학은 현대 도덕교육론에서 말하는 情感과 理智의 분리와 조화의 문제 해결에 시사점을 줄 수 있는 개념적 요소를 담지하고 있다고 볼 수 있다. 유학의 도덕 교육론은 이지적 영역과 정의적 영역이 조화롭게 융화된 피교육자를 길러내는 데 그 목표를 둔다. 장재의 도덕교육의 목표도 역시 동일하다. 그는 理智와 情感의 융화체인 天地之性을 회복시키고 함양하는데 도덕교육의 궁극적 목적을 둔다. 장재의 仁義禮智의 도덕성은 칸트적 의미의 이성적 성격의 것으로만 볼 수도 없으며 전형적인 감성의 영역에 속한다고 말할 수도 없다. 이것은 도덕성의 認知와 情意의 본래적 융화적 특성에서 비롯되는 것으로 본 것이다. 도덕교육은 바로 이러한 感에 혼을 불어넣을 수 있는 방향으로 나아가야

46) 임능빈, 『동양사상과 심리학』, 성원사, p. 135.

47) 한덕웅, 『퇴계심리학』, 성균관대학교 출판부, 1994, p. 134.

한다고 본다. 비록 이성적 의미의 차가운 냉철함과 감정의 격동은 못 느낄지라도, 이지성에 바탕을 둔 정감성, 혹은 정감성에 바탕을 둔 이지성이 조화롭게 형성될 수 있도록 교육하는 것이 바람직한 방향이라 본다. 도덕교육론은 기존의 사회규율을 준수하는 학생을 길러내는 데 목적을 둘 것이 아니라, 각자의 도덕적 본질로서의 天地之性을 주관적 각성을 통해 깨달아 사회로 외화시켜나갈 수 있는 인간을 길러내는 방향으로 나아가야 한다고 본다.

한국인들의 상식적인 도덕관념의 견지에서 볼 때 仁義禮智는 서양적 의미의 理性의 영역에 속하는 것으로만 볼 수도 없으며, 또한 感性의 영역에 속하는 것으로만 볼 수도 없다. 이것은 한국인 고유의 도덕감에서 비롯하는 것이 아닐까한다. 즉 한국인은 도덕성이라는 개념에 대하여 이성의 냉철함과 감성의 따뜻함을 동시에 생각하는 것 같다. 유학은 인간의 도덕적 믿음을 행동으로 실천함에 있어 그 동기를 知情意의 합일에서 찾았다. 즉 理智的 知의 판단과 추론에 근거한 도덕적 신념이 情과 意의 감성적 정감의 도움 없이는 온전히 실천과 행동으로 구현되기는 어렵다고 본 것이다. 이처럼 한국인들이 도덕성이라는 것에 대하여 감성적 情感性과 이성적 理智性의 융화적 관념을 형성하게 하는 데 있어 지대한 영향을 미친 것은 유학의 四端七情의 개념이다. 四端은 이지와 정감의 융화성이 至善의 형태로 존재하고 있음을 보여주는 것이며, 七情은 이러한 융화성이 현상적으로 드러난 상태를 의미한다. 이처럼 도덕성을 情感과 理智의 융화성으로 보는 시각은 현대 도덕교육론에서 理智와 情意를 이분법적으로 파악을 지양하고 통합의 관점에서 보려는 시도에 의미 있는 시사점을 던져준다. 사실 도덕교육에 있어 감성적 정감성과 이성적 이지성을 분리시켜 이성적 이지성의 함양에 초점을 맞춘 도덕교육론은 교육의 내실 면에서 그 효과가 의문스러운 것이 실제 학교 현장의 도덕·윤리 교과교육에서 경험적으로 확인할 수 있다. 학생들의 인격을 이원적 분리의 관점에서 파악해 감성을 억제시키고 이성적인 도덕판단력만을 향상시키려는 노력은 분열된 자아를 가진 학생들을 양산할 뿐이다. 이성적으로 시비선악의 판단을 잘하는 학생을 길러낼 수 있을지는 모르지만 도덕적 신념을 현실적으로 실천에 옮기는 학생을 키워내기는 어렵게 될 것이다. 따라서 도덕교육을 시키되 감성과 이성의 통합의 관점에서 행하는 것이 중요하며, 또한 도덕교육의 대상이 서구의 학생들이 아니라 유학적 도덕가치의 영향으로부터 벗어날 수 없는 한국의 학생임을 생각할 경우 이러한 점은 더욱 고려될 필요가 있다고 본다.

5. 공동체 윤리와 主·客合一의 가치추구를 통한 공동체의식 함양

공동체 의식의 함양과 가치의 문제는 직접적 관계에 있다. 가치의 상대성과 주관성을 주장하는 이들은 공동체보다는 개인의 자율성을 중시하는 반면에 가치의 절대성과 객관성에 비중을 두는 사람들은 공동체의 전통과 유대를 더 중히 여긴다. 따라서 여기서는 우선, 가치주관주의와 가치객관주의 흐름이 개인의 자율성과 공동체 의식의 제고 문제와 어떠한 관계가 있으며, 다음으로 장재의 主·客合一의 가치추구가 공동체 의식의 함양에 시사하는 바가 무엇인지를 살피고자 한다.

고전 윤리학의 기본 신념에 관한 회의와 그에 따른 붕괴의 근본적 동인은 역시 현대인의 가치판단에 있어 절대적 영향력을 행사하고 있는 개인주의, 자유주의, 합리주의, 과학주의에 기반한 현대 도덕관이며 이러한 현대인의 도덕관은 윤리적 회의론 내지 가치상대론과 기본적 맥락에서 맞닿아 있다. 고전 윤리설은 그 윤리적 원리의 타당성의 근거를 어디에 두건 그런 원리의 존재 및 그 인식가능성을 굳게 믿어 의심치 않았다는 점에서 모두 윤리인식긍정론에 속하며 따라서 윤리학은 '당위의 학'으로서 훌륭한 학문임을 자임할 수 있었다.[48] 하지만 시대가 중세에서 근대와 현대로 넘어오면서 규범윤리학의 절대성에 관한 믿음은 붕괴되고 그 자리를 윤리학적 회의주의와 가치론적 상대주의가 점하게 된다. 물론 당위 내지 가치를 묻는 규범학으로서의 윤리학에 대한 회의는 이미 고대 희랍의 소피스트 시대에도 있었고 그 후에도 있었다.[49] 그러나 현대에 들어서면서 급기야는 윤리학으로서의 가능성조차 부정하는 윤리인식부정론이 나오기까지 하였다. 이처럼 현대에 이르러 윤리학적 회의주의 내지 윤리인식부정

---

48) 김태길, 『윤리학』, 박영사, 1984, p. 30.

49) 물론 윤리적 회의론이 현대에 이르러 갑자기 나타난 것은 아니다. 이미 고대 희랍의 소피스트들의 상대론 가운데는 회의론의 색채가 농후한 것이 있었으며, Pyrrhon 일파의 사색에 이르러 전형적인 회의론의 출현을 보았다. 그러나 고대 희랍에서 고개를 든 상대론 내지 회의론은 중세기로 불리우는 여러세기 동안 거의 망각되다시피 하였다. 절대자를 신봉하는 그리스도교의 경건한 분위기에 압도를 당했던 것이다. 하지만 르네상스의 전환을 거쳐 17세기에 이르자 윤리적 상대주의 내지 회의론의 새로운 온상이 또다시 마련되기 시작하였다. 흄의 是認說, 꽁트의 실증주의 그리고 다윈의 진화론 등은 그 자체가 분명한 형태의 회의론은 아니었으나, 바탕에 그 방향으로 발전할 싹을 숨긴 사상들이었다.

론이 현저히 대두되게 된 데에는 여러 가지 원인이 있지만 크게 다음의 몇 가지로 대별해 볼 수 있다. 첫째, 거듭된 전쟁으로 인한 혼란과 정치 경제적 불안정 등의 현대사회의 불확실성이 윤리학적 회의를 부채질했다. 둘째, 심리학, 사회학, 민속학, 인류학, 생물학적 진화론 등의 새로운 인간과학의 발달이 직·간접으로 윤리학적 상대론 내지 회의론에 영향을 미쳤다. 셋째, 논리적 실증주의와 언어분석학파의 대두가 그것을 자극하고 이론적으로 뒷받침했다고 하겠다.[50] 논리실증주의자들은 검증가능성의 원리라는 척도에 의거 도덕적 언사를 분석함으로써 윤리학 자체에 타격을 가한다. 논리실증주의자들은 윤리학이 학문연구의 대상이 되기 위해서는 驗證의 가능성을 가져야 하나 도덕판단에는 험증의 가능성이 없기 때문에 학문적 연구의 대상이 될 수 없다고 주장한다. R.Carnap은 의미를 가진 명제들만이 학문연구의 대상이 될 수 있다는 점에서 볼 때 윤리학은 학문으로서의 존재가치를 상실했다고 주장한다.[51] A.J.Ayer는 모든 윤리적 용어를 윤리와 무관한 용어로 환원하는 메타윤리학적 작업을 자신의 과제로 삼았다.[52] 논리실증주의자들에 비해 언어분석학자들은 규범의 학

---

50) 소광희外, 『철학의 제문제』, 지학사, 1976, p. 374.

51) R.Carnap, 『Philosophy and Logical Syntax』, (London Kegan Paul, 1935), p. 36.

52) A.J. Ayer, Language, Truth and Logic, 2d ed. (New York : Dover, 1946), p. 104.
에이어에 의하면 전통적인 윤리설들은 다음과 같은 네 가지 범주로 분류된다. 1)윤리적 용어에 대한 定義를 표명하는 명제, 2)도덕 경험과 그 현상 및 원인을 기술하는 명제, 3)의무나 덕을 고취시키는 훈계를 담은 명제, 4)실제의 윤리적 판단을 담은 명제로 분류한다. 그는 이 네 부류 가운데 1)만이 진정으로 도덕철학을 구성한다고 주장한다.

으로서의 윤리학의 가능성을 타진하면서 그 방법으로 도덕적 판단의 진위를 가릴 수 있는 평가의 기준확립을 도덕언어의 분석에서 찾는다. G.E.Moore는 윤리학의 세가지 과제를 제시하면서 윤리학의 학적 가능성을 모색한다.[53] ①善(good)이란 무엇을 의미하는가, ②어떤 사물이 그 자체로 善한 것인가, ③세상에 존재하는 것들을 가능한 限 최선의 것으로 만들기 위하여 어떠한 수단을 쓸 것인가. G.E.Moore를 비롯한 이러한 분석윤리학적 논의는 기존의 규범윤리학의 도덕적 언어 사용의 애매함과 모호함을 제거하는데 긍정적으로 기능하기도 했지만, 그보다는 모든 규범론적 논의를 무의미한 것이거나 상대적인 것으로 규정함으로써 윤리학의 학문적 기반이 급격히 약화되는 결과를 낳고 만다. 논리실증주의와 분석철학의 지배에 기초한 윤리학적 회의주의 또는 도덕적 회의주의는 윤리적 가치 논의의 무의미함을 강조하면서 기존의 도덕적 진리를 부정하고자 했다. 도덕적 회의주의자들은 도덕성에 대해 언급하는 모든 것을 쓸모 없는 것이라고 비판하면서 도덕을 거부하고 도덕에 관해 전혀 관심을 가지지 않았다.[54] 어째든 규범윤리학의 존립근거를 부정하는 논리실증주의자들은 물론이고 윤리적 언어의 분석을 통해 고전윤리학의 존재의미를 타진했던 언어분석철학자들의 학문적 노력은 도덕적 가치는 알려질 수 없다는 가치회의주의로, 혹은 더 나아가 도덕원리들은 존재하지 않는다는 가치허무주의로 귀착하게 되었다.[55]

53) G.E.Moore, 『Principia Ethica』, (Cambridge University Press, 1956), p. 37.
54) J.L.맥키(진교훈 譯), 『윤리학 - 옳고 그름의 탐구』, 서광사, 1990, p. 18.
55) W.S.사아키안(황경식 外譯), 『윤리학의 이론과 역사』, 박영사, 1986, p. 361.

그러나 그 동안 경험, 진화, 과학, 쾌락, 합리, 감성, 검증, 분석 등으로 대표되는 윤리적 회의론과 가치 상대론에 비해 상대적으로 홀대를 받아왔던 이성, 양심, 도덕, 윤리 등의 개념에 의해 지지되는 가치객관주의가 다시 윤리학이나 도덕철학을 연구하는 학자들의 관심사로 부각되고 있다. 현대 서양의 윤리학사는 도덕적 가치의 객관적 실재성과 불변성에 기반한 객관주의적 가치체계가 대세를 이루었다기보다는 상대성과 가변성에 기반한 가치주관주의가 주류를 이루었다.[56] 이러한 가치주관주의의 우세는 도덕적인 삶의 본질에 대한 반성과 올바른 가치에 대한 통찰력을 상실케하여 사회 공동체를 도덕적 진공 상태로까지 몰아 넣었다. 따라서 가치 주관주의와 가치 상대주의가 야기시킨 가치부정의 현상을 목도한 학자들은 가치의 본질과 바람직한 방향에 대해서 주목하지 않을 수 없게 되었다. 그 결과 가치 객관주의의 의미와 역할의 중요성에 주목하게 되었으며, 또한 가치객관주의의 대표적 부류인 규범윤리학과 전통적 가치에 대한 생각도 달라지게 되었다.

가치상대론과 윤리적 회의주의의 연장선상에 있는 자유주의자들은 도덕생활과 정치생활에서 개인의 권리 보호를 최고의 가치로 삼고 공동체도 이 범주에서 벗어나지 않는 한도내

56) D. Carr는 현대인의 가치판단에 부정적 영향을 미치고 있는 도덕적 회의주의의 두가지 형태를 제시한다. 하나는 가치주관주의로서 이것은 객관적인 도덕적 진리가 없기 때문에 내가 스스로 도덕적 문제 사태에 처하여 모든 것을 판단해야 한다고 주장한다. 또 다른 하나는 가치상대주의 로서 이것은 절대적이거나 보편적으로 타당한 도덕적 원칙이나 진리란 존재하지 않기에 공동체 구성원들에게 정언명법처럼 부과되는 사회적 도덕관행을 없애도 문제는 없다고 주장한다. (『Educating the Virtue』 London : Routledge, 1991) p. 8 - 9.

에서 인정하고자 한다. 자유주의적 윤리관의 근본적인 약점은 공동체의 응집력이 상대적으로 느슨하다는 점이다. 개인의 자유와 동의가 거의 절대적으로 존중되는 상황에서 상대방과 결별할 수 있는 가능성이 상존한다. 지속적 인간관계의 가장 대표적이라 할 수 있는 가족 제도조차도 인위적인 것에 불과하기 때문에 서로의 이익에 더 이상 부합되지 않을 때는 헤어지는 것이 모두에게 이익이다.[57] 하지만 이들의 관점에 대해서는 서구권내에서도 비판의 목소리가 높다. Alasdair. MacIntyre는 개인주의와 자유주의 관점에서 윤리·도덕적 문제들에 접근하다보면 개인의 개별성만이 부각되고 그 개별성의 강조는 도덕적 무질서로 연결되고 만다고 주장하면서, 윤리학에서의 역사성과 사회성의 중요성을 강조한다. 윤리가 내포하고 있는 전통에 대한 고려와 역사적 전개에 대해서 관심을 가질 때 현대의 도덕적 무질서가 극복될 수 있다고 주장한다. 즉 Alasdair. MacIntyre는 계몽주의의 프로젝트는 실패로 끝났다는 말로 근대윤리학을 비판하면서 역시 아리스토텔레스의 德윤리학에로 돌아갈 것을 외친다.[58] R.Taylor는 근대 윤리학을 공헌한 것이라고 비판하면서 고대윤리학의 부활을 주장한다. 고대 윤리학에서는 도덕적으로 옳고 그름의 문제를 따지지 않고 德의 문제를 가지고 윤리학을 논의했다는 것이다.[59] G.E.M. Anscombe은 '도덕적 책임'이나 '도덕적 의무'의 개념 위에 세워진 근대윤리학을 비판하면서 아리스토텔레스가 德의 개념에 토대해 윤리학의 체계를 세웠듯이 우

57) 『전통과 현대』, p. 146.

58) Alasdair. MacIntyre, 『After Virtue』, p. 55.

59) Richard Taylor, 『Ethics, Faith and Reason』, (Englewood Cliffs, N.J. : Prentice Hall, 1985), p. 4.

리는 德에 대해 단지 논의하기만 함으로써 의미 있는 윤리학을 발전시켜 나갈 수 있다고 주장한다.[60] Edmund L.Pincoffs는 근대도덕철학을 '문제풀이식 윤리학'(quandary ethics)이라 비판하고 고대 德의 윤리학(virtue ethics)의 부활을 제창한다.[61] 자유론적 개인주의자들이 개인의 권리를 최대한 보장할 수 있는 보편적 원리의 구성에 주된 관심을 갖는 반면에 공동체론자들은 공동체와 전통에 기초를 둔 덕목에 주된 관심을 기울인다.[62] 이에 반해 동양이 관심을 기울이는 대상은 자유주의가 지향하는 고립적 개인이 아니라 자신과 타자 사이에서 유기적인 관계를 구축하고자 하는 관계적 존재의 人間이라는 점에서 공동체론자들과 비슷한 견해를 지닌다고 볼 수 있겠다.

그러면 이러한 현대 서양 윤리설의 경향과 관련하여 볼 경우 장재의 신유학적 인륜추구의 태도는 어떻게 평가될 수 있을까. 우선 장재의 인륜사상은 서양 윤리학적 범주에 견주어 보면 객관적 가치추구의 경향을 띤다고 볼 수 있다. 價値客觀主義는 價値가 客觀 또는 객관의 일정한 성질이나 관계로서 그것은 주관과 관계없이 객관적으로 이미 결정되어 있다고 보는 입장이다. 그에 반해 價値主觀主義는 價値가 전적으로 주관에 의해 창조된다고 보아 가치의 근거를 평가하는 주관에서 찾으려고 하는 관점이다.[63] 이러한 가치 분류의 견해에

60) G.E.M. Anscombe, 『Modern Moral Philosophy』, (Philosophy, Vol.33, 1958), p. 5.

61) Edmund L.Pincoffs, 『Quandaries and Virtues』, (University Press of Kansas, 1986), p. 4.

62) 박병기, 「사회윤리에 있어서 책임의 주체에 관한 연구」 서울대학교 박사논문, 1994, p. 90.

비추어 볼 때 장재의 가치추구 태도는 가치의 근원이 본체에서 內源하는 가치객관주의에 속한다고 볼 수 있다.

이미 앞서 고찰했듯이 장재에게 있어 윤리성과 도덕성은 인간의 절대적 善性에 관한 믿음을 근간으로 삼으며, 인간의 절대적 善性에 대한 믿음은 윤리성과 도덕성의 내원을 인간 내부에 두는 가치주관주의에 토대한 것이 아니라 인간 외부의 天道에 두는 가치객관주의에 기초하고 있다. 장재가 이러한 가치의 객관성을 어떻게 입론하고 있는가 하는 점은 그의 善에 대한 개념 정의와 善이 어떠한 논리에 의거 본체와 현상에 걸쳐 객관적으로 실재하는가를 살펴봄으로써 더욱 잘 알 수 있다.

> "한번 음하고 한번 양하는 것을 道라 한다. 그것을 계속 이어 체득하여 멈춤이 없는 것을 善이라 한다. 善이란 이러한 상태를 계속 이어나가는 것을 말한다. 이루어 결실을 맺으면 性을 보았다고 말하며, 이것을 聖이라 이른다."[64]

> "잇고 이어 멈춤이 없음을 善이라 말한다. 이루어 결실을 맺은 것을 性이라 한다. … 힘쓰고 힘써 멈춤이 없는 것을 善이라 한다. 이루어 잘 보존하고 보존하는 것을 性이라 한다."[65]

위 구절의 '一陰一陽是道也 能繼繼體此而不已者 善也'와 아래 구절의 '成就者 性也'라는 문장은 인륜가치의 궁극적 근거 개념인 善이 어떠한 구조를 통해서 본체와 현상에 걸쳐

---

63) 소광희外, 『철학의 제문제』, 지학사, 1978, p. 307.

64) "一陰一陽是道也. 能繼繼體此而不已者善也. 善之猶言能繼此者也. 其成就之者則必俟見性, 是之謂聖." (『橫渠易說』「繫辭上」)

65) "言繼繼不已者善也, 其成就者性也. … 勉勉而不息可謂善, 成而存存在乎性." (위와 같음)

객관적으로 실재하며, 또한 人과 物에 내재되는가를 잘 보여준다. '一陰一陽是道'라는 글귀는 현상적 인간의 절대적 性善의 근거와 內源에 관한 장재 형이상학의 대표적 표현이다. 본체적 수준의 一陰一陽의 움직임인 道는 현상의 도덕적 당위성의 근원적 원리로서 무형, 무색, 무취의 가능성 혹은 잠재태로 존재하는 객관적 가치의 궁극적 근거이다. 이러한 '一陰一陽是道'의 의미를 음양의 상호작용을 바탕으로 하여 일음일양으로 迭運하는 道의 자기전개에 의한 생명의 창조라고 이해할 수 있다면, 이 문장은 어디까지나 세계의 변화라는 객관적 사실에 대한 진술, 즉 사실판단에 불과하다. 이 객관적 사실에서 어떻게 '能繼繼體此而不已者善也'라고 하는 善의 가치가 도출될 수 있는 것일까. 이 명제에 의한다면, 대명사 此가 지칭하는 것이 道라고 할 때에, 道의 善으로의 전환은 오직 繼라는 용어로 표현된 기능에 의하여 이루어진다. 따라서 사실과 가치 사이를 가로막는 심연을 뛰어 넘는 방법은 繼에 의하여 모색될 수밖에 없다. '能繼繼體此而不已者善也'의 '繼'의 역할은 '一陰一陽是道也'의 道의 차원과 '成就者性也'의 性차원을 중간에서 연결하는 매개자로 볼 수 있다. 一陰一陽하는 道의 본질이 조금의 장애나 걸림이 없이 가시적 현상계에로 고스란히 그대로 이어지는 것[繼]이 바로 善이다. 그 절대적 善이 조금의 가감도 없이 그대로 구체적 생명체에 품부되어 개개의 존재자들에 내재화된 것이 '成就者性也'의 性이다. '能繼繼體此而不已者善也'의 繼의 역할은 하늘이 부여하고 인간이 부여받는 매개적 중간자의 단계를 의미한다고 할 수 있다. 道는 본체로부터 현상에로 下貫과 동시에 만물 속에 '생명'이라는 형태로 자신의 구체적 모습을 드러내며, 동시에 '절대적 善性'이라는 양태로 자리한다. 즉 장재에게 있어 道는 乾道와 坤道를 통합하는 天道로서 현상 만물의 감각 기관에 감지되지는 않지만 항상 流行이라는 형태로 운동한다. 流行은 비가치관련적 용어로는 元亨利貞의 모습으로, 가치관련적 용어로는 仁義禮智의 모습으로 현시되며 그것은 天地之性으로 명명된다.

그런데 장재에게 있어 天地之性이라는 客觀的 價値는 단지 대상적 도덕성으로서 主觀과 무관하게 존재하는 것이 아니라 도덕적 주체와 직접적인 관계에 있다. 왜냐하면 陰陽未分의 太虛本體로부터 陰陽旣分의 현상적 만물 태어남과 동시에 客觀的 價値[天地之性]는절대적 善性으로 인간의 心에 품부되며, 나아가 그것은 반드시 자각되고 실천되어야 할 절대적 당위성으로 현시되기 때문이다. 즉 그는 價値가 현상적으로는 절대적 당위성이라는 객관적 존재의 양태를 띠지만, 본질적으로는 주관과 有機的 一體關係에 있는 것으로 보았다. 天地之性은 현상과 본체에 걸쳐 일관된 세계의 공동적 본성 또는 보편적 본질이기 때문에 인간 역시 이러한 공동적 본질을 선천적으로 具有할 수밖에 없다. 유학적 性善論의 전통에 서 있는 장재에게 있어 主觀과 무관한 가치란 있을 수 없으며, 인간을 인간답게 해주는 것이 바로 心에 下貫된 객관적 가치로서의 天地之性, 즉 구체적으로는 仁義禮智의 至善的 가치였다.

장재는 바로 이 天地之性의 회복을 외치며 그것을 가치관련 문제를 판단하는 지렛대로 삼았다. 이것은 다음과 같은 사실을 의미한다. 선악시비의 도덕적 판단과 실천에 있어 인간의 주관적 이성에 의존한 것이 아니라, 주관에 내재된 객관적 天道에 근거했음을 뜻한다. 天道는 선한 덕의 가치를 내함하고 있기에 우주질서는 도덕 가치가 충분한 이상적인 가치의 영역으로 이해될 수 있었다. 완전무결한 천도의 운행 속에서 인문 세계를 이루어야 하는 인간은 바로 이와 같은 天道를 그들 사유의 척도로 삼고 있다.66) 바로 이로부터 장재의 天人合一에 의거한 主·客合一의 본질주의적 가치추구의 태도를 읽어낼 수 있다. 그는 이러한 主·客合一의 天地之性의 회복과 함양을 위해 심성의 수양이 요구되었으며, 그 구체적 방법으로 후천적 氣質의 변화와 德性之知의 확충을 주장한다.

그러면 장재의 이러한 主·客합일의 가치 추구의 태도는 현대 사회의 도덕가치문제 해결과 공동체 의식의 함양에 어떠한 기여를 할 수 있을까. 앞서 살핀대로 현대 서양윤리학자들이나 도덕철학자들의 관심의 초점은 도덕성과 윤리성을 인간만의 것으로 국한시킨 데서 빚어진 상대주의 윤리설과 가치주관주의의 극복에 맞추고 있다. 즉 현대인의 도덕의식 내지 윤리관의 근저가 되고 있는 현대 윤리학의 대표적 특성은 윤리·도덕 등의 當爲의 영역과 사실적 존재의 영역을 이원화시켜 서로 무관한 것으로 만든 다음 當爲를 인간만의 문제로 제한하는 데 있다. 그러나 이러한 이원화와 제한은 가치상대주의와 가치주관주의를 야기시키게 되었으며, 현대 윤리·도덕을 연구하는 학자들은 이 문제를 극복하기 위해 가치객관주의에 주목하게 되었다. 그들은 전통적 가치의 재해석을 통한 객관적 가치의 회복을 공통적으로 지향하고 있다. 현대 사회의 도덕성과 윤리성 붕괴를 해결할 수 있는 방도로서 전통적 가치에 대한 재평가를 통해 도덕의 절대성과 객관성에 대한 믿음과 신뢰를 회복시키고자 하는 것이다. 이러한 점에 비

66) 중국철학회 지음, 『현대의 위기 : 동양철학의 모색』, 예문서원, 1997, p. 261.

추어 볼 때 존재와 당위의 一如觀에 토대한 장재의 主客合一의 가치추구 자세는 가치부재의 극복에 바람직한 시사점을 제시해준다. 왜냐하면 가치를 주관과 객관으로 이원화시켜 보는 것이 아니라 연속적 일관성 속에서 일원화시켜 보려는 그의 主·客合一의 본질주의적 가치추구의 태도는 현대사회의 가치부재의 난제를 해결하는 데 의미있는 視準點이 될 수 있을 것으로 생각되기 때문이다.

다음으로 살펴보고자 하는 것은 장재 인륜사상의 공동체 의식의 함양 측면에서의 기여이다. 장재의 인륜사상은 인간의 상호 간주관적인 관계에 의거하는 人倫을 중핵으로 삼아 성립된 도덕사상이다. 그는 도덕성의 개인적 측면과 사회적 측면을 절연의 시각에서 보는 것이 아니라 연속성과 유기성의 관점에서 파악한다. 그는 人倫으로 도덕의 개인성 측면과 사회성 측면을 통합시킨다고 볼 수 있다. 위에서 고찰한대로 '繼'의 개념장치는 인간 도덕성의 내원을 天道, 즉 형이상학적 본체에 두려는 그의 도덕철학의 목표를 무리없이 수행한다. 그러나 장재의 궁극적 지향점은 인간의 도덕성의 내원이 天道에 있음을 밝히는 데서 멈추는 것이 아니라, 그렇게 해명된 도덕성을 공동체 내에서 실현되어야 할 사회적 도덕 규범 내지 인륜성으로 확대시키는 데 있었다. 그는 仁義禮智의 四德으로 이루어진 天地之性을 人倫의 차원으로 까지 有機的으로 확대시키고자 하였던 것이다. 장재 氣哲學의 궁극적 지향점은 太虛卽氣라는 우주유기체의 정합적 順理를 사회공동체의 인륜질서롤 구현시키고, 그러한 인륜질서을 인간의 내적인 당위성으로 환원시키고자 하는 데에 두어졌다. 장재가 중시한 인간이란 결국 人倫과 더불어 살아 가는 인간, 요컨대 공동체와 사회 속의 인간을 의미한다. 장재 인륜사상에서 말하는 인간이란 결국 人倫의 범주를 벗어날 수 없으며, 인간 삶에 관계된 모든 관념과 행위는 人倫의 영역과 불가분의 연계성에 의거 이루어지고 영위된다. 그리고 이러한 인간이 행해야 할 인간의 도리란 종국적으로 人倫에의 순응과 실천뿐이라고 보았던 것이다.

그러면 장재의 인륜사상이 현대 사회의 개인과 공동체의 관계 설정 그리고 공동체 의식의 함양 문제에 대해서 어떠한 의미를 줄 수 있을까. 현대 윤리학은 공동체, 도덕성, 그리고 개인 三者의 관계를 어떻게 볼 것인가를 두고 크게 두 흐름으로 나누어진다. 이들은 도덕성이 집단의 규범인가 아니면 개인의 양심인가의 문제를 두고 논쟁을 벌인다. 롤즈로 대표되는 자유론적 개인주의자들의 주된 관심은 개인의 기본적 권리와 자유에 두어진다. 그들에게 있어 도덕성은 개인의 정형화된 경험에 불과하다. 즉 그것을 각 개인이 직접적으로 일상생활에서 부딪히는 일들을 개인적으로 대처해 나가는 형식으로 보며 따라서 도덕적이라는 것은 외적인 일련의 어떤 규범을 따르는 것이라기보다는 오히려 어떤 범주에 속하는 문제들에 직면하여 그것들을 해결해 나갈 수 있는 능력을 의미한다. 이에 반하여 테일러, 맥킨타이어 등과 같은 공동체론자들에게 있어서는 기존의 전통적 도덕이론의 중심 개념이었던 국가에 대한 의무 혹은 공동체의 도덕적 善 등의 개념이 중요하다. 그들은 도덕성을 공동체의 권위에 뿌리를 두고 있는 기풍이나 하나의 규약이라 보면서 도덕적인 길은 공동체의 규범에 순응하여 행동하는 것이라 주장한다. 그런데 이들의 논쟁의 발생의 원인은 도덕성을 인간만의 것으로 국한시켜 보는 인간중심적 사고 방식 그리고 개인과 사회, 주체적 도덕성과 사회적 질서를 분리시켜 보려는 이원론적 생각에서 비롯한다.

여기에 반해 장재는 주체적 道德性과 공동체의 사회적 人倫性 그리고 天道의 順理性이 서로 맞닿아 있는 것으로 보았다. 이러한 장재의 견해는 人倫·道德에 대한 인간중심주의를 주장하것이 아니라, 自然과 人間, 天道와 人道의 有機的 一體性을 주장하는 것이다. 天道의 順理를 人道의 主體的 道德性으로 자각하고, 더 나아가 人道의 道德性을 社會的 人倫秩序로 체현시키고자 하는 장재의 '一而二, 二而一'의 合一的 구조는 개인과 공동체, 자연과 인간, 그리고 주체적 도덕과 공동체적 질서가 본질적으로 어떠한 관계에 있는가를 잘 보여주며, 또한 현대사회가 지향해야 할 바람직한 양자의 관계설정에 대해서도 의미있는 관점이라 볼 수 있겠다. 특히 공동체론적 전통이 강하게 남아 있는 우리에게 있어 이러한 장재의 有機的 一體性의 논리구조는 전통적 가치와 서구적 개인주의의 갈등과 조화라는 면에서 주의해 볼만한 흐름이라 볼 수 있다. 비록 전통적인 人倫의 상징적 개념이었던 禮가 오늘날 그 효력을 상실한지 오래되었지만, 인간과 인간 간의 관계 정립, 개인과 공동체의 간의 관계설정의 문제는 옛날이나 지금이나 여전히 중요한 문제로 남아있다. 오늘날 서구 개인주의와 자유주의 도덕관의 영향으로 개인의 자유, 평등이라는 관념이 거의 절대적인 지위를 점하고 있는 반면에, 공동체 의식은 개인과 개인 간의 관계 속에 함몰되어 나타나지 못하고 있는 상황에서 장재의 인륜개념은 주목할만 가치가 충분히 있다고 생각된다. 즉 「正蒙」의 '太和'와 「西銘」의 '民胞物與'로 상징되는 삶의 양식은 형태론적 관점에서 볼 것이 아니라 그 내용 혹은 원리 중시적 측면에서 파악할 경우 개인과 공동체의 바람직한 관계에 대해서 현대사회에서도 의미있을 것으로 여겨진다.

제8장

결 론

서론에서도 밝혔듯이 장재 사상에서 우주 유기체로서의 본질이 어떻게 인간의 내면적 도덕성으로 자리하게 되고, 그리고 이러한 도덕성이 사회 공동체의 인륜성으로 어떻게 실현되어 나아가는 하는 점을 체계적으로 고찰해 보려는 것이었다. 장재는 인간 주체의 도덕성 문제에서부터, 사회적 인륜성 구현의 부분에 이르기까지의 그 모든 내용들을 본체와 현상의 연계구도에 의거해 파악하고자 하였다. 왜냐하면 그는 인륜의 本原이 인간에게 있는 것이기 이전에 우주본체에 있다고 보았기 때문이다. 그리하여 그는 이 문제를 탐론함에 있어 氣一元의 본체와 현상의 유기적 구도, 즉 太虛卽氣의 논리를 정립하게 되었다. 이로써 장재는 程朱學의 理先氣後의 논리에 의거한 인륜이론과는 별개의 모습을 보이고 있었던 것이다.

따라서 필자는 이 우주론적 입장을 인륜사상 전개의 기초로 삼지 않을 수 없었다. 그러한 연후에 인륜사상의 중심이 되는 인간론과 수양론, 그리고 인륜 공동체의 이론을 파악한 것이다. 이제 앞서 살핀 내용들의 요지를 정리하면 다음과 같다.

< 1 >

먼저 장재가 왜 氣를 중핵으로 하는 太虛卽氣의 우주론을 인간과 인륜 이해의 기초로서 제시했을까 하는 점과 관련한 경우이다.

첫째, 장재는 人間과 人倫 파악의 사전 토대로서 太虛卽氣의 우주론을 정립한다. 장재는 佛家와 道家라는 한 시대정신을 마감하고 새로운 시대의 패러다임이 절실히 요구되는 시점에서 그 패러다임의 창출을 위해 진력했다. 그 노력의 결실은 '太虛卽氣'의 본체론에 토대한 氣 중심적 인간 해석과 그 인간이 지향해야할 유가적 인륜관으로 나타났다. 그에게 있어 氣는 인간과 인간을 에워싸고 있는 모든 세계를 우주 본체론과의 有機的 構圖 속에서 역동적으로 이해하기 위한 보편적 개념장치이자, 동시에 당시 시대사조였던 佛家의 非實有的 세계관과 도가의 物化主義的 세계관에 대항하기 위해 강조된 역사적 개념이었다. 장재는 바로 氣라는 개념에 입각해 북송이 당면했던 문제 해결의 토대로 삼으려 했던 것이다. 그는 氣 개념에 의거해 자연과 인간의 조화[天人一物], 자기와 타인의 조화[民吾同胞], 인간과 만물의 조화[物吾與也]의 성취를 통해 북송왕조가 지향해야 할 새로운 시대정신과 인륜정신을 선도하고자 했던 것이다.

둘째, 만물과 인간의 생성에 관련한 내용이다. 그의 太虛卽氣論은 실재론적 氣一元論의 입장에서 一物兩體의 氣의 운동성으로 세계와 만물의 존재를 설명한 형이상학적 우주본체론이다. 이에 따르면 만물은 太虛·太和·氣 三者로 구성된 太虛有機體의 응취산화의 연속적 과정 속에서 생성되고 사라진다. 즉 太虛本體는 구체적 내용물인 氣를 속에 함유하고 太和 원리에 따라 역동적 존재 양상을 드러내며, 氣는 浮沈·升降·動靜이 서로 感應하는 속성을 지니고 勝負·屈伸하면서 현상에 각양 각색의 만물을 생성시키는 데, 인간도 그 중의 하나이다. 그런데 인간은 다른 만물과는 달리 맑은 氣를 품부해 태어났기에 天性을 그대로 보존할 수가 있어 고차원적 지각능력을 지닌다.

셋째, 우주본체의 유기적 작용에 의해 태어난 인간이 人倫을 추구할 수밖에 없는 이유와 관련한 점이다. 그것은 인간과 여타 動·植物 사이의 본질의 차이에서 비롯한다. 인간과 만물의 구별을 태어날 때 품수한 氣의 通蔽·開闔·淸濁·正偏의 정도에 의거해 나눈다. 인간은 通·開·淸·正한 氣를 품부해 태어났기에 道理를 알아 그것을 실천할 수 있는 지각능력을 지닌 반면에, 蔽·闔·濁·偏한 氣를 받아 태어난 여타의 만물은 그러한 고도의 정신적 인지능력을 갖고 있지 못하다. 즉 인간도 여타의 動·植物과 마찬가지로 太虛의 氣를 품부해 태어난 만물 중의 하나에 불과하다는 점에서 본원적으로는 같지만 그런 가운데에서도 인간만은 動·植物과는 달리 맑은 氣를 품부해 했기 때문에 天性[天地之性]을 보존·발현할 수가 있다. 그리고 이를 근거로 선악시비의 판단을 내리는 동시에 그것을 주체적으로 실천에 옮긴다. 바로 이 점이 인간이 人倫을 추구할 수밖에 없는 근거가 된다.

< 2 >

다음으로는 太虛의 先天的 至善性을 품부해 태어난 인간이 후천적으로 惡行과 도덕적 부패를 야기하는 이유와 이것을 어떻게 극복할 것인가에 관한 장재의 견해를 정리해 보기로 한다. 이 점에 대한 그의 생각은 크게 인성론과 앎의 이론 그리고 수양론을 고찰함으로써 그 전모를 파악할 수 있었다.

첫째, 장재는 인간과 만물이 宇宙 本體의 虛明한 보편적 본성을 선천적으로 품부해 태어난다고 보았으며, 그 虛明한 本然性을 天地之性이라 命名한다는 점이다. 인간 본성의 선악 문제와 관련하여 天地之性의 虛明한 본연성이 지니는 가장 뚜렷한 특성은 至善性이다. 인간에 있어서 '性은 사람에 있어 善하지 않음이 없다'라고 하여 선천적으로 善의 단초를 기본적 心性으로 하는 善한 존재일 수밖에 없으며, 이에 따라 도덕적 세계의 건설을 통해 善性을 실현하려 노력한다. 그러나 인간의 현실에서는 인간의 惡行이 자행되고 그로 인해 사회가 도덕적으로 부패한다. 그는 인간의 악행과 사회의 도덕적 타락 현상을 氣質之性論으로 설명한다. 장재는 有善有惡이 혼재성을 자체 속성으로 하는 氣質之性에 대한 순화의 노력 여하에 따라 자체의 상대적 惡性을 절대적 善性에로 변화시킬 수 있는 점을 중시하였다. 氣質의 美惡·貴賤과 夭壽의 이치가 비록 부여받은 바 정해진 분수이긴 하나 불가변의 분수는 아니라고 파악했다. 생사 문제를 제외하고 자신의 의지에 따라 얼마든지 氣質之性의 상대적 惡性과 그에 따라 발생되는 사회의 도덕적 타락을 제거하고 天地之性의 절대적 善性에로 돌아갈 수 있는 여지를 남겼다. 여기에는 유학자로서의 삶에 대한 기본 견해, 즉 현실 중심의 인문주의에 토대한 도덕적 사회의 중심이념이 그대로 반영되어 있으며, 不善 矯正의 논리를 통해 당시 사회의 도덕적 부패 현상을 극복하려 했던 것이다.

둘째, 인간 본성에 대한 그의 앎의 노력은 見聞之知와 德性之知로 구체화된다. 見聞之知는 현실적이며 경험적인 삶의 영역에서 나타나는 다양한 양태들에 관한 앎의 노력을 대변해 주는 이론 장치이다. 사람들은 견문을 통해 삶에 필요한 정보자료와 실용적 지식 그리고 상식적 수준의 옳고 그름의 판단 기준 등을 얻게 된다. 선과 악, 옳음과 그름, 고차원과 저차원이 혼재하는 인간 현실의 삶 자체를 인정함과 동시에 그것에 대해 철저히 알고자 하는 인간 욕구의 발현 기제이다. 그러나 인간의 앎에 대한 욕구는 氣質之性에 대한 파악에 그치지 않고 生生不已하는 존재론적 본원이자 도덕 가치의 원천인 太虛의 본질, 즉 誠體의 至善性[天地之性]을 알고자 하는 데로 확대된다. 德性之知는 인간의 선천적 본질인 天地之性에 대한 앎의 노력으로, 인지적이며 경험적인 인식 작용만으로는 획득이 불가능한 지식이다. 단순히 이론만으로도 안 되며, 또한 실천만으로도 얻어지지 않는 인격적 수양과 인지적 앎의 과정을 동반하는 양동적 앎의 행위이다. 존재와 당위, 가치와 사실, 이상과 현실, 앎과 행위 등의 일치와 경건함을 요구하는 의지적 인식 기제이다. 고도의 수양과 직관적 작용이 이론과 실천의 변증법적 관계를 맺는 통합적 총체성이 필요한 앎이다. 여기에는 경건한 학문 탐구의 태도와 마음가짐, 본심을 그대로 보존할 수 있는 내면적 수신 등 천지자연 자체의 구조적 틀과 고유 속성을 올바르게 파악하고 순응할 수 있는 정신력의 지속성 문제가 중시된다.

셋째, 장재는 인간이란 氣質之性이 지닌 악의 기미나 조짐을 미리 알아 절제의 의도적 작위 과정을 통해 善의 방향으로 전환시킬 수 있는 능력을 지니고 있기에 바람직한 인간 삶의 방향을 지속적으로 모색할 수 있는 존재로 보았다. 이러한 이유로 장재에게 있어 수양론은 절대적으로 요구되며, 그를 통해 천성의 함양과 기질의 변화를 유도하고자 한다. 그 방법으로 德性之知의 확충을 말하며, 德性之知를 확충하는 방법으로로 窮理·盡性·至命의 인식론적 방법과 大心과 虛心의 내면적 수양을 제시한다. 장재는 주체의 이러한 노력에 의해 주관의 세계와 객관의 세계가 하나의 전면적 합일을 이루게 될 때 주체의 마음이 곧 객체의 마음으로 된다고 주장한다. 그렇게 됨으로써 이원화된 마음이 아니라 일원화된 마음, 즉 세계의 마음만이 존재하게 된다. 物과 我의 구분이 없어지게 되고 세계의 본질이 바로 나의 본질이 되며 또한 객체의 본질은 나의 본질이 된다. 여기에 현실성과 도덕성에 근거한 유가적 도덕 왕국의 존재 근거가 있다.

< 3 >

이어서 인륜정신의 구현이라는 실천적 과제와 관련한 장재의 견해를 정리해 보기로 한다. 그에게 있어 주체적 도덕성의 함양은 사회적 인륜의 실천과 직결되어 있다. 즉 그는 도덕주체인 자아의 인격완성에서 시작해 民胞物與의 民本社會속에서 宗法과 禮制 중심의 인륜공동체의 건설을 추구한다. 따라서 장재가 이러한 점을 어떻게 해결했는지를 개인적 修己의 측면과 사회적 治人의 측면 그리고 이 양자를 포괄하는 전체적 측면으로 나누어 살펴보았다.

첫째, 개인적 修己의 측면에서 볼 때 장재 도덕철학의 궁극적 지향점은 도덕자아의 인격완성에 있었다. 그는 인격완성의 주체인 도덕자아를 心으로 본다. 心은 선천적 至善性인 天

地之性과 후천적 善惡混在의 氣質之性 그리고 知覺의 조합물이다. 그는 天地之性이 후천적 자아의 氣質的 피제약성을 떨쳐내고 본래의 선천적 至善性을 회복할 수 있느냐의 관건을 自我의 知覺功能에 맡긴다. 知覺功能은 見聞의 경험적 자아와 德性의 도덕적 자아의 합작물이다. 見聞과 德性의 양자를 총괄적으로 조정하는 것이 統의 기능이다. 心은 統의 기능을 발휘하여 선천적 至善性이 情의 상태를 거쳐 色의 過不及의 상태에 이르지 않도록 조절과 통할의 기능을 다한다. 心이 이러한 統의 기능을 얼마나 발현하느냐에 따라 인격완성의 정도가 나누어진다.

장재는 인간은 누구나 개별적 노력 여하에 따라 후천적 기질의 장애를 극복하고 자신의 인격 성숙도를 한층 고양시킬 수 있는 변화의 가능성을 열어 놓고 있다. 바로 여기서 인격완성을 위한 후천적 노력의 성립근거가 마련된다. 단지 타고난 후천적 기질의 우열에 따라 인격성숙의 수월성 면에서 차이가 나지만 최상의 인격완성을 위해 노력만 한다면 누구나 성취할 수 있다는 현실적 개연성을 모든 사람에게 열어 놓고 있다. 그는 인격수양의 방법으로 변화기질을 통한 천성의 함양과 덕성지지의 확충 등을 말하며, 인격완성의 최종목표로 法聖賢을 든다. 장재에게 있어 이러한 이상적 인격은 개인이 지향해야 할 내재적 이념의 차원에 그치는 것이 아니라 국가공동체의 차원에로 직결된다.

둘째, 장재는 사회적 治人의 차원에서 民胞物與의 민본사회 구현을 말한다. 그는 모든 인간은 일단 '太虛卽氣'의 神化작용, 더 구체적으로는 陰陽二氣의 응취산화 과정을 통해서 태어났기에 본원적인 면에서 가치의 차등없이 동등하다고 보았다. 이러한 근거에서 民胞物與와 物吾與也의 泛愛主義를 주장한다. 하지만 그는 무차별적 겸애를 주장하는 理想論的 墨家者類가 아니라 현실 수용의 유학자였다. 유학자로서의 장재에게 있어 항상 관심의 대상이 되는 것은 갈등하고 싸우는 현실 자체였다. 현실에 존재하는 차등과 차별의 질서를 부정할 수 없다는 입장이다. 그리하여 그는 본체론적 차원의 만민의 평등성과 현상론적 차원의 차등성 가운데 어느 한쪽도 간과하지 않는 이론적 치밀성을 보여준다. 그의 이러한 생각은 민본주의적 이상사회관으로 표출된다. 그의 민포물여의 위민의식은 德治, 公利, 愛民, 足民, 均平, 人道及人의 정신으로 나타난다. 그리고 이를 뒷받침하기 위해 변법을 통한 사회개혁을 주장한다. 그는 그것을 추진하는 데 있어 원칙으로, 漸革과 善與人同을 견지할 것을 말한다. 왕안석이 주장하는 공리주의적 급진개혁을 苟道라고 비판하면서 다양한 요구와 각종의 절차를 원만히 고려하여 점진적인 방식으로 할 것을 이야기한다. 그러한 구체적인 제도로 周代의 井田制와 封建制 그리고 肉刑制의 부활을 제시한다. 그는 이러한 제도의 원만한 시행을 통해 북송의 현실적 당면 문제를 해결하고 민포물여의 민본사회를 이룰 수 있다고 생각한 것이다.

셋째, 장재는 개인적 修己와 사회적 治人이 조화된 현실적 국가로 宗法과 禮制를 근간으로 하는 인륜공동체를 지향한다. 그는 기본적으로 이 세상에는 하나의 근원적인 질서가 있으며, 그것에 의해 우주 자연의 변화 생성이나 현상적 질서가 조절 관리된다고 보았다. 바로 그러한 통제, 질서, 조화를 통해 현실의 무질서와 갈등과 모순이 순화되고 본래의 상태로 돌아가게 된다고 보았다. 周代의 宗法 制度는 이같은 노력의 현실화, 실제화를 이루게 할 수 있는 적합한 제도적 장치라 보고 그것의 현실적 시행을 적극 주장한다. 宗法의 체계는 河

流의 主流나 나무의 몸통과 같아서 나머지 모든 방계의 지류나 가지들은 주류나 몸통을 근간으로 하는 엄밀한 질서 관계 속에서 인륜 도덕을 실현하는 것이 최선의 삶이라고 본 것이다. 이러한 宗法的 질서 관계를 무시하고 자연주의화와 탈 세간화를 주창하는 인간관, 세계관, 그리고 가치관으로는 북송왕조가 당면한 수많은 현실적 과제를 해결할 수 없다고 파악한 것이다.

이제 마지막으로 장재의 인륜사상이 어떤 현대적 意義를 지닐 수 있을까 하는 점에 관하여 언급해 보고자 한다. 서론에서 보았던 것처럼 장재는 天道世界의 理致로 人道世界의 주체적 도덕성과 사회적 인륜질서를 포괄하려는 문제의식을 가지고 있었다. 그는 氣一元的 우주유기체의 본질이 어떻게 인간의 내면적 도덕성으로 자리하게 되며, 그리고 이러한 도덕성이 어떻게 사회공동체의 인륜성으로 확대되어 나가고, 또한 객관적 인륜성의 실천을 통해 어떻게 도덕성을 자각할 수 있는가 하는 점을 탐론하지 않을 수 없었다. 이 문제의식의 답은 다음과 같다. 즉 天道의 본질을 人道의 道德性으로 자각하고, 나아가 人道의 道德性이 공동체의 人倫性으로 체현된 이상적 삶의 공동체를 이루고자 하였다. 바로 이로부터 장재의 유기체적 天人合一의 논리에 의거한 본질주의적 가치추구의 태도를 읽어낼 수 있다. 본질주의적 가치추구의 태도란 가치를 주관과 객관으로 이원화시켜 보는 것이 아니라 天道의 理致, 주체적 道德性, 사회공동체의 人倫秩序를 有機的 연속성 속에서 일원화시켜 보려는 관점을 뜻한다.

그러면 장재의 인륜사상에 나타나는 이러한 본질주의적 가치 추구의 태도는 현대 사회가 요구하는 공동체 의식의 함양에 어떠한 기여를 할 수 있을까. 장재의 인륜사상은 인간의 상호 간의 관계에 의거하는 人倫을 중핵으로 삼아 성립된 도덕사상이다. 그는 도덕성의 개인적 측면과 사회적 측면을 절연의 시각에서 보는 것이 아니라 有機的 관점에서 파악한다. 그는 人倫으로 도덕의 개인성 측면과 사회성 측면을 통합시킨다고 볼 수 있다. 그는 우선 인간 도덕성의 근원을 天道, 즉 우주본체에 두려는 도덕철학의 목표를 무리 없이 수행한다. 그러나 장재의 궁극적 지향점은 인간의 도덕성의 내원이 天道에 있음을 밝히는 데서 멈추는 것이 아니라, 그렇게 해명된 도덕성을 공동체 내에서 실현되어야 할 사회적 도덕 규범 내지 인륜성으로 확산시키는 데 있었다. 그는 仁義禮智의 四德으로 이루어진 天地之性을 공동체의 人倫의 차원으로 까지 有機的으로 넓히고자 하였던 것이다.

장재 氣哲學의 궁극적 지향점은 太虛卽氣라는 우주유기체의 정합적 理致를 사회공동체의 인륜질서를 구현시키고, 그러한 인륜질서를 인간의 내적인 당위성으로 환원시키고자 하는 데에 두어졌다. 장재가 중시한 인간이란 결국 人倫과 더불어 살아가는 인간, 요컨대 공동체와 사회 속에서의 유기체적 자아의 구현을 의미한다. 즉 인간이란 결국 人倫의 범주를 벗어날 수 없으며, 인간 삶에 관계된 모든 관념과 행위는 人倫의 영역과 불가분의 연계성에 의거 이루어지고 영위된다. 그리고 이러한 인간이 행해야 할 인간의 도리란 종국적으로 人倫에의 순응과 실천뿐이라고 보았던 것이다.

현대 윤리학에서는 공동체, 도덕성, 그리고 개인 三者의 관계를 어떻게 볼 것인가를 두고 크게 두 흐름으로 나누어진다. 이들 논쟁의 발생 원인은 도덕성을 인간만의 것으로 국한시켜 보는 인간중심적 사고 방식 그리고 개인과 사회, 주체적 도덕성과 사회적 질서를 분리시켜 보려는 이원론적 생각에서 비롯한다. 이에 반해 장재는 주체적 道德性과 공동체의 사회적 人倫性 그리고 天道의 이치가 서로 맞닿아 있는 것으로 보았다. 이러한 장재의 견해는 人倫·道德에 대한 인간중심주의를 주장한 것이 아니라, 自然과 人間, 天道와 人道의 有機的 一體性을 주장하는 것이다.

그의 인륜사상이 당시의 현실적 맥락 속에서 맹아·형성·발전된 것이기 때문에 현대적 시각에서 그 의의를 논하는 데에는 많은 한계가 있다. 봉건제, 정전제, 육형제, 종법제 등의 복고를 주장한 것은 오늘날의 민주적 삶의 현실과는 너무 동떨어진 이야기이다. 그러나 장재의 인륜사상이 그것에 의하여 전적으로 제한을 받을 수는 없다고 본다. 왜냐하면 通時空間的으로 높이 평가될 만한 인륜사상의 보편적 요소가 발견되기 때문이다. 예컨대 인간성의 至善性에 대한 믿음, 民胞物與의 有機體的 의식, 見聞的 經驗知보다 道德的 德性知를 우위에 두는 관점, 心統性情의 논리, 大心과 虛心의 心論 등은 현대 사회의 많은 도덕적 부패와 타락을 치유하는 데 크게 기여할 수 있는 요소를 지니고 있다. 서양의 많은 학자들이 동양사상의 연구에 몰두하는 이유도 바로 이러한 측면에 있는 것이다. 즉 현대 자본주의의 물질문명이 가져온 사회적 병폐를 극복하는 데 동양의 정신문명이 기여할 수 있는 부분을 주목하고 있는 것이다. 그러므로 시대가 왕조사회에서 민주사회로 변화된 만큼 인륜사상의 형태론 측면에서 벗어나 내용적 세계를 주목한다면 현대에도 가치 있는 요소들을 말할 수 있는 것이다.

참 고 문 헌

Ⅰ. 原典資料

張載, 『張子全書』, 商務印書館, 中華民國 57年
張載, 『張載集』, 中華書局, 1978
朱熹注, 『張子全書』, 『欽定四庫全書』子部, 儒家類, 臺灣, 商務印書館
王夫之注, 『張子正蒙注』, 船山遺書全集 17, 臺灣, 自由出版社
王夫之注, 『張子正蒙注』, 中國思想名著 1. 上, 下, 臺灣, 世界書局
張載(정해왕 譯), 『正蒙』, 明文堂, 1991
李光地, 『注解正蒙』, 『欽定四庫全書』子部, 儒家類, 臺灣, 商務印書館
王植, 『正蒙初義』, 『欽定四庫全書』子部, 儒家類, 臺灣, 商務印書館
『二程全書』, 王孝魚 點校, 北京, 中華書局, 1981
『朱子語類』, 黎靖德編, 中華書局, 1983
『宋元學案』, 陳叔諒 李心莊 重編, 正中書局, 民國 三十三
『性理大全』, 保景文化社, 1984
『周易傳義大全』, 學民文化社, 1990
『性理大全』, 保景文化社, 1984
李滉, 『퇴계집』, 고전국역 총서 20, 민족 문화 추진회, 1982
장기근 譯, 『孟子新譯』, (범조사, 1986)
조남국, 조남욱 編譯, 『聖學과 敬』, 성균관대출판부, 1985

Ⅱ. 單行本

1. 國外 書籍 및 飜譯書

荒木見悟,『佛教と儒教』, (平樂寺書店, 1978)
山井湧,『明淸思想の 研究』, (東京大學校出版會刊, 1980)
三浦藤作(박재주 外譯),『中國倫理思想』, (원미사, 1997)
鬫口眞大外(정순일 譯),『中國佛教의 思想』, (민족사, 1989)
戶川芳郞 外(조성을·이동철 譯),『儒教史』, (이론과 실천사, 1994)
久保田量遠(최준식 譯),『中國 儒佛道 三教의 만남』, (민족사, 1990)
武內義雄(이동희 譯),『中國思想史』, (驪江出版社, 1987)
金裕治 外(조성을 譯),『中國思想概論』, (이론과 실천, 1986)
宮崎市定 著(조병한 編譯),『中國史』, (역민사, 1986)
守本順一郞(김수길 譯),『동양 정치 사상사 연구』, (동녘, 1985).
山田慶兒(김석근 譯),『朱子의 自然學』, (통나무, 1991).
藤澤誠,『中國의 思想家 下卷 張載篇』, (동경대학교 중국 철학 연구실 편, 1987)
島田虔次(김석근외 譯),『朱子學과 陽明學』, (까치, 1990)
宇野精一(김진욱 譯),『中國의 思想』, (열음사, 1986)
大濱晧(이형성 譯),『범주로 보는 주자학』, (예문서원, 1997)
赤塚忠 外(조성을 譯),『中國 思想史 概論』, (이론과 실천, 1987)
侯外廬 外(박완식 譯),『宋明理學史』, (이론과 실천, 1993).
勞思光(鄭仁在 譯),『中國哲學史(宋明篇)』, (探求堂, 1990).
黃秀璣,『張載』, (東大圖書公司, 1987)
牟宗三,『中國哲學的特質』, (學生書局, 民國六十四年).

牟宗三,『心體與性體(一冊)』, (中正書局, 1968)
牟宗三,『名家與筍子』, (學生書局, 1979)
陳俊民,『張載哲學與關學學派』, (學生書局, 1990)
陶希聖,『中國 政治 思想史』, (全民出版社, 1986).
陳定宏,『中國 社會 思想史』, (北京大學校 出版部, 1990).
韋政通,『中國哲學事典』, (大林出版社, 1978)
羅光,『儒家形上學』, (輔仁大學校出版社, 民國六十九年)
李震, 『三代宗法社會的起源與發展』, (中國歷史學會史學集刊 第八期)
李宗侗,『中國古代社會史』, (中華文化出版事業委員會)
丁山,『宗法考源』, (中央研究院歷史言語研究所集刊 第四冊)
程宜山,『張載哲學的 系統分析』, (學林出版社, 1989).
張立文,『宋明理學研究』, (人民大學校 出版部, 1985).
蔡仁厚,『孔孟筍哲學』, (學生書局, 民國73)
燕國材,『唐宋心理思想研究』, (湖南人民出版社, 1987)
程運,『張橫渠教育思想研究』, (商務印書館, 1968)
朱伯崑,『易學哲學史 第二卷』, (華夏出版社, 1995)
夏乃儒 主編,『中國哲學三百題』, (上海古籍出版社, 1988)
馮友蘭,『新原道』, (人人文庫, 1956)
陳正炎 外(이성규 譯)『중국의 유토피아 사상』, (지식산업사, 1993).
金諍(강길중 譯),『중국문화와 과거제도』, (중문, 1995)
張岱年(김백희 譯),『中國哲學大綱上』, (까치, 1998)
王處輝 編著(심귀득 外譯),『中國社會思想史』, (까치, 1992)
康學偉 外(심경호 譯),『周易哲學史』, (예문서원, 1994)
陳立夫(정인재 譯),『중국철학의 인간학적 이해』, (민지사, 1992)

張君勱(김용섭, 장윤수 譯), 『한유에서 주희까지』, (형설출판사, 1991)
楊適(노승현 譯), 『동서인간론의 충돌』, (백의, 1997)
錢穆(이완재·백도근 譯), 『주자학의 세계』, (이문출판사, 1996)
蒙培元(이상선 譯), 『중국 심성론』, (법인문화사, 1996).
張起鈞 外(송하경, 오종일 共譯), 『중국 철학사』, (一志社).
任繼愈 編著(전태원 譯), 『중국 철학사』, (까치, 1993).
馮友蘭(곽신환 譯), 『중국 철학의 정신』, (숭실대학교 출판부, 1987)
馮友蘭(정인재 譯), 『중국철학사』, (형설출판사, 1997)
陳來(안재호 譯), 『송명성리학』, (예문서원, 1997)
謝仲明(김현 譯), 『유학과 현대세계』, (서광, 1997)
막스쉘러(최재희 譯), 『인간의 지위』 (박영사, 1976)
Carsun Chang(이진표 譯), 『신유학사상의 전개(Ⅰ)』, (형설출판사, 1997)
Wm. T. De Bary(표정훈 譯), 『중국의 자유전통』, (이산, 1998)
James T.C.Liu(이범학 譯), 『왕안석과 개혁 정책』, (지식산업사, 1991)
F W. Mote(권미숙 譯), 『중국문명의 철학적 기초』, (인간사랑, 1991)

2. 國內 書籍

金庠基, 『中國 古代史綱』, (普文閣, 1973)
김용옥 엮음, 『삼국 통일, 한국 통일 下卷』 (통나무, 1994)
김용옥, 『동양학 어떻게 할 것인가』, (통나무, 1986)
김현, 『임성주의 생의 철학』, (한길사, 1995)
김형효, 『맹자와 순자의 철학 사상』, (三志院, 1990)

김형효, 『동서 철학에 대한 주체적 기록』, (고려원, 1985)
김충열, 『동양 철학과 현대 문명』, (동양 국제 학술 회의 논문집, 대동 문화 연구원, 1993)
김충열, 『중국 철학 산고』, (범학사, 1977)
김충열, 『노장철학강의』, (예문서원, 1995)
김두헌, 『한국 가족 제도 연구』, (서울대학교 출판부, 1980)
김길환, 『조선조 유학 사상 연구』, (일지사, 1980)
김성태, 『성숙인격론』, (고려대학교출판부, 1982)
김성태, 『敬과 注意』, (고려대학교출판부, 1982)
송영배, 『중국 사회 사상사』, (한길사, 1986)
송항룡, 『동양철학의 문제들』, (여강출판사, 1987)
송재운, 『陽明哲學의 硏究』, (思社硏, 1995)
신성곤 外, 『강좌 중국사 3』 (서울대학교 동양사 연구실, 지식산업사, 1994)
손인수 외 편저, 『한국인의 인간관』, (삼화서적주식회사, 1983)
신오현 편, 『인간의 본질』, (형설출판사)
이병도, 『한국유학사』, (아세아문화사, 1989)
이규성編, 『동양철학과 그 불멸의 문제들』, (이화여대출판부, 1995)
임종진, "송명 유학의 발생과 그 전개", 『동양 철학의 이해』, (소강출판사, 1995)
임능빈 編輯, 『東洋思想과 心理學』, (星苑社, 1995)
이기동, 『동양삼국의 주자학』, (성균관대출판부, 1995)
유명종, 『한국사상사』, (이문출판사, 1985)
유인희, 『朱子 철학과 중국 철학』, (범학사, 1984)
유승국, 『동양철학연구』, (근역서제, 1983)

유명종, 『송명 철학』, (형설출판사, 1976)
유교학회 편, 『유교 사상 연구』, (유교학회, 1987)
유교사전편찬위원회 편저, 『유교 대사전』, (박영사, 1990)
유사순, 『한국 유학 논구』, (현암사, 1980)
유정동, 『한국유학의 재조명』, (유정동선생 기념사업회, 1985)
양종국, 『송대사대부사회연구』, (삼지원, 1996)
중국철학연구회, 『동양의 인간 이해』, (형설출판사, 1976)
중국철학연구회, 『동양의 자연과 종교의 이해』, (형설출판사, 1992)
중국철학회, 『현대의 위기 : 동양철학의 모색』, (예문서원, 1997)
장윤수, 『程朱 哲學 原論』, (이론과 실천사, 1992)
정인재 外, 『中國 哲學 概論』, (방송통신대학교 출판부, 1988)
조남욱외, 『앎과 삶에 대한 윤리학적 성찰』, (한국정신문화연구원, 1998)
조민한, 『유자들이 보는 노장철학』, (예문서원, 1996)
중국철학연구회 編著, 『중국의 사회 사상』, (형설출판사, 1993)
채무송, 『퇴계율곡철학의 비교연구』, (성균관대출판부, 1985)
최봉영, 『한국인의 사회적 성격(Ⅱ)』, (느티나무, 1994)
현상윤, 『朝鮮儒學史』, (민중서관, 1949)
한국동양철학회 편, 『동양 철학의 본체론과 인성론』, (연세대학교 출판부, 1982)
한기언, 『동양 사상과 교육』, (법문사, 1978)
한형조, 『주희에서 다산으로』, (세계사, 1996)
한덕웅, 『퇴계심리학』, (성균관대학교출판부, 1994)
한국정신문화연구원, 『철학 종교 사상의 제문제Ⅴ』, (1989)

Ⅲ. 論文類

김득만, "중국 고대 철학에 있어서 天과 人", (『철학연구』 第54集, 대한철학회논문집, 1995)

김병채, "선진 유학의 도덕 형이상학과 그 전개", (『철학 논총』 창간호, 한양대학교 철학회, 1989)

김홍경, "주희 일일 분수설의 두 가지 이론적 원천", (『동양철학 연구』 10집, 1989)

김승현, "朱·王의 정의관", (『정신문화연구 통권51』, 1993)

김석제, "장횡거의 氣論에 관한 연구", (성균관대학교 석사 학위 논문, 1987)

김길환, "장횡거의 형이상학과 천인합일 사상", (『史叢』 17, 18합집, 고려대학교 사학회, 1973)

김양용, "장재의 도덕 철학", (제6회 한국 철학자 연합 대회보, 이문출판사, 1993)

김양용, "횡거의 역철학 연구", (제7회 한국 철학자 연합 학술대회보, 1994)

德弼立, "聖學의 인간 성취에 관한 연구", (성균관대학교 박사학위 논문, 1993)

문지성, "周代 宗法制度의 시행 범위에 관한 연구", (대전대학교 인문 과학 연구, 인문 과학 논문집, 통권17호)

목영해, "퇴계와 칸트의 도덕관의 교육론적 탐구", (부산대학교 박사논문, 1990)

손영식, "북송 신유학의 성립 배경에 관하여", (울산대학교 인문논총 3집, 1993).

손명수, "왕안석의 개혁 사상에 대한 일고찰", (고려대학교, 석사 학위 논문, 1985).

손영식, "송대신유학에서 철학적 쟁점의 연구", (서울대학교

박사논문, 1994)
송재운, "장횡거에 있어서의 氣와 人性에 관한 고찰", (동국대학교 석사 학위 논문, 1985)
유명종, "기철학적 二種類型", (『한국 학보』 제5기, 한국중국학회, 1985)
유무상, "주돈이에 있어서 천인합일 사상의 체계와 의의", (『東洋哲學硏究』 第16集)
안은수, "장재의 자연 인식", (동양 철학 연구 12집, 1991)
안은수, "주희의 『대학』 이해", (『동양 철학 연구』 제15집, 1996)
안점식, "장재의 氣 철학에 있어서 천인합일의 구조", (서울대학교 석사 학위 논문, 1986)
임정기, "장횡거의 性論 연구", (영남대학교 석사 학위 논문, 1985)
이동희, "주자의 철학적 특성과 그 전개양상에 관한 연구", (성균관대 박사논문, 1990)
이남영, "동양의 세계관과 인간관", (『동아 문화』 21집, 서울대학교 인문대학 동아문화연구소, 1983)
이남영, "송대 신유가 사상의 천인관", (『철학』 5집, 한국철학회, 1971)
이상선, "횡거의 性과 心", (『동양 철학』, 한국 동양 철학회, 1992)
이상선, "횡거의 太虛卽氣와 우주본체론", (『孔子學』 창간호, 1995)
안종수, "송명 유학의 직관적 인식론", (『철학 연구』 49집, 대한철학회, 1992).
유성태, "장횡거 기사상의 구조적 성격", (『역사 사회 철학』 4집, 채문연구소, 1990)

윤보식, "화담의 氣 철학에 관한 一考", (경북대학교, 석사 학위 논문, 1990)

윤사순, "퇴계의 인간관", (『철학 종교 사상의 제문제Ⅴ』, 한국정신문화연구원, 1989)

정해왕, "장재의 氣 철학", (부산대학교, 인문 논총, 38집, 1991).

정해왕, 정호의 理와 性에 관한 연구", (『철학 논총』10집, 영남 철학회 논문집)

장윤수, "장재의 우주론", (『한국의 철학』20호, 경북대학교 퇴계연구소, 1992)

장윤수, "장재의 삶과 문제 의식", (『철학 논총』9집, 영남철학회, 1993).

장윤수, "장재 기철학의 이론적 구조", (경북대학교 박사 학위 논문, 1993)

정병석, "徐花潭의 역학적 세계관에 대한 氣一元論的 해석", (『철학 논총』, 영남철학회 논문집 제8집, 1992)

정병석, "송명 유학의 근본 과제", (『중국학지』7집, 계명대학교 중국학연구소, 1991)

최영찬, "송대 신유학에 있어서 인간관", (『孔子 사상과 현대』, 孔子학회 엮음, 思社研)

최영찬, "송대 신유학 사상에 있어서 도덕 원리와 실천 원리", (『心泉 李康五 선생 화갑 기념 논문집, 1980)

한정길, "장재의 심성론", (연세대학교 석사 학위 논문, 1991)

姜廣輝, "試論張載的 天人合一思想", (中國人民大學書報資料社, 『人文染志』6期, 1982).

Lin Tung-chi, "The Chinese Mind : Its Taoist Substratum", Journal of the History of Ideas, Ⅷ, 3 (June 1947)

찾 아 보 기

(라)

(마)

(바)

(사)

(아)

(자)

(차)

지은이 | 이종흔
부산대학교 사범대학 국민윤리교육과 졸업
부산대학교 교육대학원 국민윤리교육 전공 졸업
부산대학교 일반대학원 철학과 석사 과정 졸업
부산대학교 일반대학원 국민윤리학과 박사과정 졸업

이경신서 012

장재의 도덕교육 사상

초판 1쇄 발행 2010년 12월 30일

지 은 이 이종흔

펴 낸 이 이정화
책임편집 이경기획
기획편집 이경기획
북디자인 이경기획
교 정 이경기획

펴 낸 곳 도서출판 이 경
주 소 부산시 북구 금곡동 695
출판등록 제02-08-112호(2004. 8. 4)
전 화 (051)334-8881(代)
팩 스 (051)334-8857

ISBN 978-89-91390-60-7 94190
ISBN 978-89-91390-36-2 94300(세트)

값 25,000원

총 판 한국출판협동조합(Tel. 02-716-5616~9)